駿台受験シリーズ

SYSTEM システム英単語 Basic 改訂新版

駿台予備学校講師
PRODIGY英語研究所 霜 康司／刀祢雅彦 共著

『システム英単語 Basic 改訂新版』で最強の単語力を身につけよう！

☆なぜ改訂が必要か

　時代と共に言葉は変わります。たとえばsustainable「地球に優しい」という言葉があります。この単語の最新のデータにおける頻度は，本書の初版時の**5倍以上**に増えているのです。**charity**「慈善」，**ingredient**「材料」は**2倍以上**，**immune**「免疫の」は**1.5倍**です。これらは社会的関心の強い環境，医療，福祉，生物に関する英文が増えつつあることを示しています。

　また，同じ単語でも，時代と共に注意すべき用法が変わってゆきます。たとえばsecretaryという単語は，「秘書」という意味だけでは最新の入試に対応できません。なぜなら**the Secretary General**「(国連の)事務総長」という用例が，**3倍以上**に増加しているからです。このように時代と共に数多くの単語が現れては消えてゆき，その用法も頻度も変わってゆくのです。

　当然のことながら，時代の英語に合わせて，英単語集も改訂されるべきだと私たちは考えます。本書の使命は，表紙にもうたっているとおり，最新のデータに基づき，単語の出現頻度，意味・語法・コロケーションなどを分析し，その結果を英語を学ぶすべての人に提供することです。今回の改訂にはおよそ2年を要しましたが，すべての単語を，その意味・語法まで頻度順で提示するために，私たちは最大のエネルギーを注ぎました。

●改訂にあたって

　今回の改訂にあたっては，エントリー単語ばかりでなく，派生語，熟語などもデータをチェックし直し，あらゆる角度から最新のデータに合うよう解説を増補改訂しました。また，語源の解説，＜ジャンル別英単語リスト＞などを新たに追加し，単語学習のサポート機能を強化しました。

　改訂にあたっては駿台文庫の杉浦理香さん，上山匠さんにはひとかたならぬご苦労をおかけしました。理想的な本を追求すればするほど，編集者の忍耐強い作業が必要になるのは言うまでもありません。またスタッフの斉藤千咲さん，野口絢子さん，新たに英文校閲をお願いしたPreston Houser先生，Paul McCarthy先生など，ここには記し切れない多くの方々の御尽力を得る機会に恵まれました。まことに幸運な本であったと心から感謝いたします。

　2011年　　秋

著者しるす

『システム英単語Basic 改訂新版』シリーズの効果的利用法

●五感を使って英語を覚えよう！

　まずは本書のミニマルフレーズ＜ Minimal Phrases ＞を丸ごと，英語で覚えてしまおう。該当単語を目にしたり耳にしたりすると，自然とそのフレーズが口をついて出てくるのが理想だ。そのためには，自分の五感を使うことが重要で，単に目で読むだけでなく，耳で聴き，口に出し，手で書いてみるという作業を通して，単語を自分のものにしよう。特に音声を使えばはるかに効果的に覚えられるので，ぜひ試してみよう。

☆本書でフレーズを読み，単語の意味・語法を確認！

↓

☆音声CD『システム英単語Basic 改訂新版CD』を
聴きながらシャドウイング！

↓

☆フレーズを書いてみてspellingもチェック！

↓

☆本書のポイントチェッカーやQ&Aを使って派生語なども覚える！

↓

☆『システム英単語Basic 改訂新版対応
チェック問題集』で確認！

●忘却を防ぐ反復練習

　覚えたことを忘れるのは当たり前。長期間記憶を保つためには，反復して復習する必要がある。たとえば今日1～100を覚えたら，次の日は20～120を覚える，というようにして，同じ単語を5，6日連続して確認しよう。もう大丈夫，と思ったら，さらにまたシャドウイングをして確認しよう。覚えていることを何度も確認する作業を通して，長期間残る記憶が形成されるのだ。

(初版はしがき)　システム英単語Basicのコンセプト

『システム英単語』は発売以来,多くの受験生と教師のみなさんの熱い支持をいただくことができました。最小の努力で最大の効果をあげる「ミニマル・フレーズ」をはじめ,大学入試はもちろん,さまざまな現代英語データベースの徹底した分析による一切ムダのない単語の選定,「意味まで頻度順」の配列,ねらわれる語法知識をしっかり解説した「語法Q&A」などのコンセプトは,どれも好評をいただくことができました。副教材として採用いただいている高校も急増しています。受験生のみなさんからは次のような声がたくさん寄せられました。

「今まで使っていた単語帳とは覚える速さが全然違います」
「単語の意味だけでなく,使い方も一緒に覚えられる」
「これまで色々な単語集にトライしてきたが,シス単が一番覚えやすかった」
「私は単語が弱かったのですが,やっと頼れる単語集に出会えました」

一方「ちょっとレベルが高い」「もっと基本的な単語からしっかりやりたい」「まずセンター対策をやりたい」といったご意見もいただきました。
『システム英単語Basic』はこのようなみなさんの要望にこたえるために生まれました。

☆センターレベルはこれで完璧

『システム英単語Basic』は,重要基本語のエントリーを充実させ,「足元をしっかり固める」単語集をめざしています。一見簡単に見えて,実は語法や意外な意味が落とし穴になりやすい「コワイ単語」を中心に,重要語を選定し,新たに第1章Starting Stageを作成しました。センター試験過去問に出た全単語をベースに,7000回分の大学入試,1億語を越えるタイム誌などのデータ,さらには無限に広がるインターネットの英語をも参考に,必要な情報だけを収録しました。センター試験で出題された語法問題も十分研究し,受験生に好評な語法Q&Aや語法知識の解説もたっぷりもりこんでいます。これでセンター試験・中堅私大レベルの単語とその語法対策はほぼ完璧,と言える内容になったと思います。

☆アブナイ基本語の語法をしっかりカバー　～語法最強単語集

Starting Stageを開いて見てください。そこにはhelp, grow, enjoy, homework, busy, wideなどの単語が並んでいます。中学生でも「知ってるよ」と言うような単語かもしれません。でもあなたは本当にこれらの単語の意味や語法を知っているでしょうか？　実は「訳」を一つずつ言えるだけなのではありませんか？

たとえば次の文はどこが間違っているのか,すぐにわかるでしょうか？どれも語法問題で

よくねらわれるものばかりです。(わからない人は後の参照ページを見てください)

　×My father helped my homework yesterday.　(→p.12)
　×I was grown up in a small town.　(→p.13)
　×We enjoyed very much at the party last night.　(→p.14)
　×Now I am very busy to prepare for the exam.　(→p.56)
　×She lives in a very wide room alone.　(→p.58)

　本書の解説を読めば、このような語法のポイントをもれなくマスターできます。

☆最新のトレンドをバッチリGET!

　『システム英単語Basic』は、時代とともに変わり行く入試英語の、最新のトレンドを反映したものになっています。センター試験だけでなく、最新の入試問題のべ7000回分を分析し、従来の単語集にはなかった用法を収録しました。

　たとえば最近の入試では次のような単語・語句が増えてきています。

nursing home「老人ホーム」→p.39　　transplant「移植」→p.250
assisted suicide「ほう助自殺」→p.248　greenhouse gas「温室効果ガス」→p.37
fuel cell「燃料電池」→p.155　　　　　personal information「個人情報」→p.67
wheelchair「車いす」→p.214

　これらは社会的関心の強い福祉、医療、エコロジー、ますます先端化するテクノロジーに関する英文が増えつつあることを示すバロメーターです。基本的な単語集といえども、現代の入試に対処するためにはこれらの語句を無視することはできません。もちろん本書はこれらをしっかり収録しています。

☆単語は「単」語にあらず——さらに強化されたコロケーションチェック機能

　単語は単独で使われるものではありません。単語の中には他の単語と非常に高頻度で結びつくものがあります。『システム英単語Basic』のミニマルフレーズでは、ある単語と強い連語関係（collocation）がある語を、下線のついた赤いイタリック体にして、一目でわかるように表示しています。赤シートなどを利用してこの赤イタリックの語を一緒にマスターすれば、バラバラ暗記とは比べ物にならない生きた単語力が身につきます。ぜひミニマルフレーズを丸ごと覚えてください。

☆論よりデータ——数字でズバリ！示す単語の用法

　『システム英単語Basic』では、単語がどんな形でよく使われるかや、どんなコロケーションが多いのかを、「よく出る」とか「多い」というような表現だけではなく、ズバリ「受動態が約50％」、「約70％がto Vを伴う」などの数字で示しています。最新の辞書ですらここまで具体的な情報は提示していません。たとえばちょっとattempt (p.126)、accompany (p.185), carbon (p.154), suppose (p.84) などの解説を見てください。これはデータベースの超綿密な分析をしているからこそできることなのです。

『システム英単語Basic』を駆使して無敵の語彙力を身につけてください。

Here is a royal road to learning English words.
「英単語マスターの王道，ここにあり」

English Vocabulary Revolution
"英語ボキャブラリー革命" が始まる
すべての受験生の皆さんへのメッセージ
『システム英単語』は数ある単語集とどこが革命的に違うのか

☆本当にその意味で覚えていいの？

つぎの単語の（重要な）意味を右のように覚えている人，今すぐこの本のページを開いて調べてみてください。そしてショックを受けてください。

そして本書で，これよりはるかに重要な意味をしっかり覚えてください。

senior	形	「年上の」→ p. 254
appeal	名	「訴え」→ p. 103
conduct	動	「案内する，指揮する，行動する」→ p. 298
interaction	名	「相互作用」→ p. 136
institution	名	「設立」→ p. 135

実は，上にあげた意味は，多くの受験生が使ってきたいくつかの有名な単語集や辞書に，まっ先に，ときには太字で書かれている意味なのだ。ところが，これらの意味は，ほとんど無視できるほどしか出ていないものや，ピントがずれているものばかりなのである。

『システム英単語』を編集するにあたり，私たちは最新の巨大な入試データベース（入試問題7000回分，設問数では大問30,000題以上）を文字どおり徹底的に分析した。またインターネット上でも公開されている巨大データベースBank of English，アメリカの有名雑誌TIMEなど，現代の実用英語のデータも可能な限りリサーチした。

ただ単語の頻度を調べるだけなら，コンピュータがあっという間にやってくれる。しかし，ある単語のどの意味，用法が多いのか，少ないのか，それがどんな設問になっているか，などということまで分析してくれるコンピュータはまだない。人間が一つ一つの実例を，丹念

に目で読んで確かめる以外にないのだ。本書が構想から完成まで実に5年以上を費やしたのは，この作業をいっさい手抜きなしにやったからだ。

　本書に書かれている単語の意味（訳）や，その配列順序が，いかに他の単語集と違っていても，別に奇をてらっているわけではない。それは私たちが膨大な数の実例を自分の目でチェックしてつきとめた「事実」なのだ。

　私たちはその事実をすべて具体的なデータで示すことができる。

　たとえば，seniorはbe senior to～で「～より年上だ」と覚えている人が多いだろう。ところがこの意味（用法）は，上に述べた入試データベースのsenior 347例中，わずか6例（すべて短文の穴埋め問題）しかなかった。つまり長文の中には一つも発見されなかった。一方，入試以外で調べた現代英語のデータではsenior 2019例のうち，この用法はなんと1例しかなかった。（こんなまれな用法を平気で設問にする出題者は，自らの無知を恥じるべきだ）

　institutionを「設立」の意味で用いた例は入試データベースの518例中，0個である。

　こんな意味（和訳）を太字で載せてあるのは，機械的なデータ処理しかしておらず，自分の目で実例をチェックするという地道な作業をまるでおこなっていない証拠だ。そして，こんなものを毎年何万人もの若者に覚えさせることは，日本の英語教育全体に関わる重大問題ではないか。

　ではそういう本はいったいどういう意味の並べ方をしているのだろうか。

☆「歴史主義的配列」という亡霊に用はない！

　「からだ」という日本語の意味を外国人に聞かれたら，あなたならどう説明するだろうか。いきなり「動物の死体のことです」という人がいるだろうか？しかし，驚いたことに「からだ」を引くと「①死体」となっている国語辞典（古語辞典ではない！）があった。「すけばん」を引くと「当番の人が休みの場合に代わりを勤める人」とだけ書いてある国語辞書もある！

　これらの辞書では，歴史的に古い（つまり由緒正しい？）意味から先にあげられているのだ。辞書を使う人がみんな古典日本語の研究者ならこれでいいだろう。

　でも現代の日本語を勉強している外国人にあなたはこういう辞書を勧めるだろうか？

　ところが，あなたが信頼して使っている多くの英和辞書や，それを猿まねした単語集では，こういうやりかたが今なおまかり通っているのである！依然として意味を「歴史主義」で，つまり，より古い意味，「起源的な」意味から先にあげているのだ。将来英語の歴史を研究しようという人ならいざ知らず，いくら由緒正しくても，今どきの入試に出ない時代遅れの意味を先に覚えさせられては，ふつうの受験生はたいへん迷惑ではないか。

　システム英単語はこんなナンセンスなやり方から完全に脱却している。最新の入試英語（＝現代英語）の分析に基づいて，入試で現実に出会う頻度が高い順に意味を並べている。また，「受験英語の常識（実は幻想）」では"重要"とされているのに，ほとんど出ていない意味には，(かなりまれ)，(まれ) などのただし書きをつけた。これがついていない意味をま

ず先にしっかり覚えよう。(「出ない意味なら載せなければいいではないか」という考えもあるだろうが，それではかえって受験生が安心できないと考え，あえてこういう形をとった。もちろん，ゆがんだ常識に警鐘をならす意味もある)

☆幻の多義語におびえるな！

単語集にはたいてい「多義語」のコーナーがあって，「この意味が盲点」「こんな意味も重要」みたいな話がたくさんならんで受験生の不安をあおっている。多義語をマスターすることは確かに大事だから，本書でもたっぷりページをさいてある。

しかしここでも問題は，その意味が実際にどの程度出るかということだ。

industryに「産業」の他に「勤勉」という意味があるのを知っているだろうか？
becomeに「～に似合う」という意味があるのを知っているだろうか？
dealに「～を分配する」という意味があるって？

「全部知ってるよ」という人，あなたは単語集や辞書の犠牲者かもしれない。あなたはbecomeが生きた英文の中で「似合う」の意味で使われているのを見たことが何度あるのか？
私たちは自分の目で確かめてみた。

industryが「勤勉」という意味で用いられた例は，入試データベースの1481例をチェックした内，たったの8個だった！入試7000回受けて8個しか出ない単語を覚える価値はゼロに近いが，industryの「勤勉」という意味を覚える価値も，それに近いということである。

また，becomeの実際の使用例を3639個自分の眼で読んで確かめたが，「～に似合う」という意味のものは長文中で1つだけ，語法問題でも3例のみであった。

dealが「～を分配する」の意味で用いられた例は，391例を調べて，1個だけだった。

『システム英単語』では，このような覚える価値の低い意味は収録していないか，(まれ)の表示をつけてある。

☆出る形で覚えなければ意味がない！

もし，外国人向けの日本語単語集が，「同じい 形」という（死語に等しい）見出し語をまず大きくかかげ，その派生語としてそれよりはるかに高頻度の「同じく」を小さな字で載せていたとしたら，どうだろう？

「画期」という名詞だけのせて「画期的な」をのせてない単語集を外国人に勧められるだろうか？

これと同様のことをやっている英語の単語集（そして辞書）がたくさんあるから受験生は困るのだ。

単語には形を変えるものがある。名詞なら単数形・複数形，動詞なら原形・ing形・過去

分詞形というふうに。単語によっては，ある形が極端に高頻度で，他の形がほとんど用いられないものがある。

『システム英単語』は「一番よく出る形で覚える」というポリシーで貫かれている。私たちはそういう変化形別の頻度まで，すべてチェックし，この本に反映させている。たとえばunderlieという単語はほとんどの単語集で原形のunderlieでエントリーされているが，この動詞の変化形を入試のデータベース，タイム誌などの入試以外の現代英語のデータベースで確認すると次のようになった。

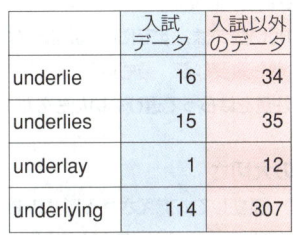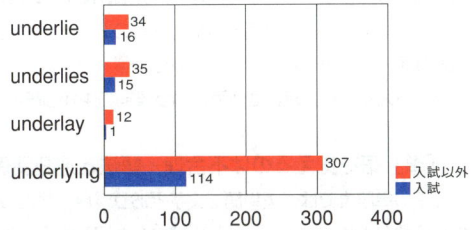

このデータを見れば誰でもunderlyingという形で最初に覚えることに異存はないだろう。本書では当然，underlying「根本的な」でエントリーしている。

☆「基本となる語は派生語より重要」という幻想
　同じことは，ある単語にいくつかの派生語がある場合にも当てはまる。たとえばgradual 形 とその派生語gradually 副 ではどちらが重要か？『システム英単語』入試データベースにはgradualは83個しか見つからないが，graduallyは567例も出現するのだ。eventual 形 とeventually 副 にいたっては，26：697なのである。このように派生語だから重要でないとは限らないのだ。『システム英単語』は当然，gradually, eventuallyをエントリーとして載せ，この形をまず覚えるようにしてある。

ミニマルフレーズが単語の記憶法を革命する！

　単語集は「覚えるためのもの」だ，というのが共通の認識だろう。にもかかわらず，多くの単語集は，「何を，どう覚えればよいか」という点に関してあまりにも無神経で工夫が足りなかったのではないだろうか？
　「『重要単語』とその訳をならべてやったから覚えろ」というのでは，色々な健康食品を料理もせずテーブルにごろごろと並べて「体にいいから食べろ」と言っているのに等しいのではないだろうか？
　それなら例文をつけたら，というのが普通の発想だろう。しかしすべての単語にだらだら

と長い例文をつけるのは効率的ではない。単語のイメージをとらえるのに不要な，時にはじゃまになるような情報がまぎれこむ恐れもある。別に完全な例文にしなくても，短い語句の形で十分明確なイメージが与えられる単語も多いのだ。

☆「ミニマルフレーズ」とは？
　『システム英単語』では，単語記憶のパワフルな武器として，だらだらした例文を廃し，超コンパクトなフレーズを採用した。「minimal（最小限）の長さ＝最小の労力で最大の学習効率を上げる」という思いを込め，***minimal phrase***と名付けた。

　この一切のムダをそぎ落とした，ほんの2〜5語程度の短い語句は，すでに述べたような精密なデータ検証に基づき，その単語の最も重要な意味，最も重要な形，最も重要な連語関係をとらえるべく，時には何百という候補の中から細心の注意をはらって選びぬいたものだ。

☆「単」語を覚えるのは不合理―語法と連語関係の大切さ
　従来の単語集では，英単語を文字どおり『単』語として―孤立して―覚えさせる形式のものが多数を占めている。しかし，ぽつんと切り離された単語は，いわば死んで干からびた単語の標本だ。そこからは何の具体的イメージもうかんでこない。

　単語は「単」語として使われることはない。言うまでもなく，実際の単語は，文という「生態系」の中で，つねに他の語と意味的・文法的な関係を結び，互いに意味を限定しあって生きているのだ。したがって単語をバラバラに孤立した形で覚えようということ自体，きわめて不自然な行為なのである。

　生きて機能している単語を最小限の形で示すのが，ミニマルフレーズだ。

　たとえばeffort「努力」は入試データベースの1628例のうち476個が後ろにto不定詞をしたがえ，350個がmakeの目的語になっている。したがってmake an effort to V「Vしようと努力する」という形で覚えるのが最も合理的なのだ。

　influence「影響」1321例中，318例が前置詞onと，416例がhaveの目的語として用いられ，「〜に影響を与える」の形で使われている。

　acid「酸」は200例中87例がacid rain「酸性雨」の形で用いられている。

　ミニマルフレーズは，このような語と語の結び付き＝「連語関係」の徹底した研究データに基づいて作られている。たとえば，effort, acid, influenceのフレーズはこうなっている。

☐ ***make*** an **effort** *to* help him	彼を助けようと努力する
☐ **acid** rain	酸性雨
☐ ***have*** a bad **influence** *on* children	子供に悪い影響を与える

on が斜体字になっているのは、influence といっしょに覚えてほしいという意味だ。

次に動詞のミニマルフレーズを見てみよう。たとえば exchange のフレーズは，

exchange yen *for* dollars	円をドルに交換する

となっている。ここには、exchange A for B「AをBと交換する」という重要なパターンが具体化されている。このパターンでは主語は別に重要ではないからはぶかれている。

形容詞は，名詞の性質を述べる語だから、名詞と組み合わせるだけでぐっと意味が鮮明になる。たとえば、strict は「厳しい」とだけいわれても、どういう厳しさを意味するのかわからないが，

strict rules	厳しい規則

というミニマルフレーズで覚えてもらえば、はっきりイメージできるだろう。(strict 307 例中、32 例が rule を修飾している)

同じ形容詞でも、構文的な知識が重要なものもある。たとえば grateful は

I'm **grateful** *for* your help.	君の助けに感謝している

という形で載っている (grateful 168 例中、57 例が for をともなっている)

多くの単語集の例文では、覚えようとする単語よりもはるかに難しい単語が入っていることがしばしばある。それではサンマ料理にフォアグラやトリュフを使うようなものだ。学生は難しい単語に気をとられ、肝心の単語の印象はかすんでしまう。ミニマルフレーズでは覚えるべき単語より難しい（頻度の低い）単語は極力用いないように注意している。

多くのミニマルフレーズではデータ分析により、その単語の最もよく用いられる変化形をとりあげている。たとえば動詞 suppose はたいていの辞書・単語集では最初に「と思う」という訳が上げられているが、入試問題の suppose 1307 例中 579 例 (44%) が be supposed to V「Vすることになっている」である。したがって、suppose のフレーズは

You *are* **supposed** *to* wear a seat belt.	シートベルトを締めることになっている

とした。

さらにミニマルフレーズは、「復習の友」として暗記のチェックにも威力を発揮する。覚えるべき単語と訳が太字・赤字になっているから、赤シートを用いるかページの半分を隠すことで、例文式のものよりずっと速く該当単語の確認ができる。また、CD版（別売）で、毎

日耳から minimal phrases を聴けば，劇的に学習効果が上がる。様々な実験でも，音声を使用することが，単語を暗記する際に大きな助けとなることが示されているので是非利用して欲しい。

ポイントチェッカーと語法Q&Aが単語のツボを get！

従来の単語集のほとんどは，ページを左右に分け左の欄に英単語とその発音記号だけを並べ，その他の情報は，訳も関連語も語法的な知識もすべて右の欄にただ詰め込んだ形になっている。

ところが「何が重要な知識か」は英単語によってまったく違うのだ。和訳だけ覚えればよいもの，語法を間違いやすいもの，派生語・同義語がしばしば問われるもの，発音やアクセントに注意すべきものなど，実に多様である。

単語集が上に述べたような形をとる限り，単語の知識もまた漫然と焦点の定まらないものにならざるをえない。

そこで考案したのがこの「ポイントチェッカー」だ。

『システム英単語』の左の欄には「 発音?, 名?, 同? 」などの記号が並んでいる。これはその単語について特に注意してマスターしてほしい点を問いかけの形で明示しているのだ。本のページの右半分を隠した状態では，目にはこの記号だけがとびこんでくる。ここであなたは答を考える機会を持つことができる。それぞれの記号の右を見ると，その問いに対する答となる情報が書かれている。発音記号は普通は見出し単語の下に書かれているが，「 発音? や アク? 」がある場合は右欄に移されている。

教室では教師は生徒に次々と質問を発するが，ふつうその答をすぐには言わず，生徒に考える時間を与える。このようにポイントチェッカーはある単語特有の重要ポイントを差異化・強調するだけでなく，まるで教師からの問いかけのように，チェックの機能もはたすわけだ。

語法Q&Aはその単語に関する重要な語法的知識を，シンプルに問いかけ，その答を解説する形で語法を説明するコーナーだ。左欄に Q のマークを見つけたら，立ち止まってまず答を考え，次に右欄の A の解説をよく読んでほしい。

このように，システム英単語が革命的なのは，超精密なデータ分析だけではない。「ミニマルフレーズ」，「ポイントチェッカー」，および「語法Q&A」という3つのアイデアを駆使し，覚えやすさ・情報の重要度の差異化・チェックのしやすさも革命的に進化させているからだ。

なお，この本が完成に至るまでには，本当に多くの方々の暖かいご協力とご支援をいただきました。

駿台予備学校英語科の先生方には，構想当初からさまざまな形で貴重な助言や激励をいた

だきました。またPRODIGY英語研究所の麻生裕美子先生には3色刷りのアイデアなど具体的なアドバイスをいただきました。

　本書の中核であるミニマルフレーズの校閲では神戸山手女子短期大学のDavid Lehner先生，大手前女子短期大学のFrederick Arnold先生，大阪学院大学のBrad Reinhart先生にご協力をいただきました。

　駿台文庫の方々，特に本書を担当いただいた甲田亜樹さん，関一男さんには，大変なご苦労をおかけしました。また，『システム英単語』の基礎編として本書を作成するにあたっては，今井勇さんにたいへんお世話になりました。

　また多くの駿台生の皆さんには，利用者の立場からさまざまなご意見，ご批判をいただき，大変参考になりました。松本尚子さん，佐藤明美さんにも友人としていろいろ助言していただきました。

　この場を借りて心から感謝いたします。

2004年　　　春

著者しるす

『システム英単語Basic 改訂新版』の効果的な使い方

システム英単語は，便利な「3つのアイデア」で英単語学習をより的確に，より能率よくできるシステムになっています。大いに活用してください。

1 「ミニマルフレーズ」について

この本では，すべての見出し単語が **minimal phrase**「ミニマルフレーズ」という簡潔な語句の形で提示されています（青わくの部分）。ここには単語の最も重要な意味・形・用法・連語関係までがギュッと凝縮されています。大いに活用してください。

赤い太字が見出し単語です。また赤いイタリック（斜体）の部分は，見出し語と密接な連語関係がある語です。

まず **minimal phrase** とその和訳をよく見てその単語がどういう意味・どんな形で，そしてどんな語とともに用いられているかをしっかり確認してください。必ずしも最初から **minimal phrase** を暗記しようとする必要はありませんが，もちろん暗記すれば即強力な単語力がつきます。（くわしくは「"英語ボキャブラリー革命"が始まる」を参照）

<例>

apologize *to* him *for* being late	遅れたことを彼に謝る
↑ ↑──────↑	↑
見出し単語　連語関係のある語	見出し語の訳

2 「ポイントチェッカー」について

ページの左寄りには，「ポイントチェッカー」が並んでいます。これはその単語について特に重要な派生語や反意語同意語，出題頻度の高い発音・アクセントについてチェックをうながすサインです。その意味は次の通りです。

- 動? 動詞形は何ですか。
- 名? 名詞形は何ですか。
- 形? 形容詞形は何ですか。
- 副? 副詞形は何ですか。
- 同? 同意語は何ですか。
- 反? 反意語は何ですか。
- 同熟? 同じ意味を表す熟語を答えなさい。

以上の記号がついている場合，答は記号の右側に書かれています。答を自分で考えてから右側を見てチェックしてください。

- アク? アクセントはどこにありますか。
- 発音? （下線の部分を）どう発音しますか。（一部の黙字を除き，単語に下線があります）

発音記号は普通各ページの左の欄にありますが，上の記号がついている場合は，右の欄に発音記号が書かれています。答を自分で考えてから右側を見てチェックしてください。

<例>

475
injure

  アク? [índʒər]
  名? ◇ínjury   名負傷，害

3 「語法Q&A」について

左の欄に Q の記号と質問が書かれている場合があります。これはその単語の語法や意味に関する重要事項をチェックするためのコーナーです。答を自分で考えてから右側の A の解答や解説を見てチェックしてください。（ A ↑ と書いてあるときは，記号の上に答に相当する情報が記載されています）

<例>

Q obey to your parents はどこがいけない？ A obeyは他動詞だから，toは不要。

なお，本書では，意味や用法が比較的複雑な単語のページ（例p. 12）と，比較的単純な単語のページ（例p. 112）で2種類の異なるレイアウトを用いていますが，記号などの使い方は同じです。

その他の記号については次の通りです。

動	動詞	接	接続詞	=	同意語
名	名詞	前	前置詞	⇔	反意語
形	形容詞	助	助動詞	源	語源の説明
副	副詞	代	代名詞	諺	ことわざ
◇	派生語・関連語	多義	重要な意味が2つ以上あるので注意		
◆	熟語・成句	語法	語法や構文に注意	cf.	参照

熟語の中のカッコ

 [ ] 直前の語と入れ替え可
 ( ) 省略可能

各ページの右上に，別売の音声CDのトラック番号を記しました。たとえば **Disc3-23** とあれば，CDのDisc 3のtrack 23のことを表しています。

章立てについて

　本書の編集に当たって，入試（長文・会話・語法文法問題など）での出現頻度，センター試験のすべての過去問，さらに中学校の英語教科書，入試以外の現代英語における頻度など，あらゆるデータを多角的に分析した。

　最初の＜基礎単語のチェックリスト＞は中学の教科書に出現している単語も多く，平均的な高1の授業で登場するものがほとんどだ。第1章「Starting Stage」および第2章「Basic Stage」はどちらも基本単語で，第3章「Essential Stage」はやや難易度が高くなる。基本的に頻度順・重要度順になっているから，最初から順番に学習するのが望ましい。第4章「多義語のBrush Up」は他の章とは異なり，一つの単語に複数のフレーズが提示されている。多義語は入試の最頻出の項目の一つであるから，忘れずにマスターしておいて欲しい。

　本書1冊をこなせば，センター試験をほぼ完全にカバーできるばかりか，標準的な入試問題なら楽にクリアできるはずだ。難関大の受験や，TOEICの受験を考える人はさらに『システム英単語　改訂新版』と『システム英熟語　改訂新版』へ進んで欲しい。

　いずれの章でも，(かなりまれ) (まれ) (超まれ) などの注がついている意味・用法は，覚えなくても大丈夫である。これらの印は「他の参考書に大きく載っていたとしても，データ的には覚える必要はない」という印だと考えて頂きたい。

ミニマルフレーズ校閲
Preston Houser/Paul McCarthy
David Lehner/Frederick Arnold/Brad Reinhart
カバー立体イラスト・本文イラスト
Tone Masahiko

 目 次

English Vocabulary Revolution Basic

基礎単語のチェック ……………………………………2

第1章 **Starting Stage**
◇ **Verbs** 動詞 …………………………12
◇ **Nouns** 名詞 …………………………27
◇ **Adjectives** 形容詞 …………………………53
◇ **Adverbs** 副詞・その他 …………………68

第2章 **Basic Stage**
◇ **Verbs** 動詞 …………………………78
◇ **Nouns** 名詞 …………………………123
◇ **Adjectives & Adverbs** 形容詞・副詞 ; etc. ……156

第3章 **Essential Stage**
◇ **Verbs** 動詞 …………………………184
◇ **Nouns** 名詞 …………………………212
◇ **Adjectives & Adverbs** 形容詞・副詞 ; etc. ……252

第4章 多義語の Brush Up ……………………………278

ジャンル別英単語
［公共施設・建物］［住居］ …………………10
［動物］ ……………………………………122
［植物］ ……………………………………170
［虫］［魚介類］［鳥］［図形］ ………………182
［人体］［食事］［衣服］ ……………………276

INDEX ……………………………………311

XVII

基礎単語のチェック

ここに挙げている単語は中学で習ったものも多く, さして苦労はないだろう。ウォーミング・アップのつもりでチェックして欲しい。

基礎単語のチェック

● 名詞

1 million [míljən] 百万

2 travel [trǽvl] 旅行 動旅行する

3 war [wɔ́ːr] 戦争

4 attention [ətén∫ən] 注意
◆pay attention to A「Aに注意を払う」

5 motion [móu∫ən] 運動, 動き

6 front 発音? [fránt] 前部, 正面
◆in front of A「Aの正面に」

7 style [stáil] 様式, 型, 文体

8 voice [vɔ́is] 声; 意見

9 position [pəzí∫ən] 位置, 場所, 立場, 職

10 ship [∫íp] 船 動〈荷物など〉を送る

11 symbol [símbl] 象徴, シンボル, 記号

12 god [gád] 神, (God)キリスト教などの唯一神

13 heat [híːt] 熱, 暑さ 動〜を熱する; 熱くなる(＋up)

14	**plane** [pléin]	飛行機(＝airplane)
15	**meat** [míːt]	肉　★ふつう不可算名詞だが種類を言う時には可算名詞になる。 ◇végetable　名野菜
16	**secret** [síːkrət] スィークレット	秘密
17	**childhood** [tʃáildhud]	子供時代
18	**essay** [ései]	エッセイ，評論，小論文 ★日本語の「エッセイ」と違い，随筆とは限らない。
19	**toy** [tɔ́i]	おもちゃ
20	**gesture** [dʒéstʃər]	身ぶり
21	**teenager** [tíːneidʒər]	10代の若者，ティーンエイジャー(13〜19歳) (＝teen(s))
22	**umbrella** [ʌmbrélə]	傘
23	**tail** [téil]	尾，しっぽ
24	**wing** [wíŋ]	翼，羽
25	**rhythm** [ríðm]	リズム
26	**pond** [pánd] パンド	池，沼，貯水池
27	**subway** [sʌ́bwei]	地下鉄
28	**hobby** [hábi] ハビー	趣味　★知識・技術が要るものが普通。

基礎単語のチェック

#	英単語	意味
29	**salad** [sæləd]	サラダ
30	**rival** [ráivl]	競争相手, ライバル
31	**ghost** [góust]	幽霊, お化け
32	**victory** [víktəri]	勝利
33	**nonsense** [nánsens]	無意味, ばかげたこと
34	**discount** [dískaunt]	割引き 動 ~を割引きする
35	**flag** [flǽg]	旗
36	**glove** (発音?) [glʌv]	手ぶくろ ★数えるには a pair [two pairs] of gloves。
37	**problem** [prábləm]	(解決を要する)問題
38	**ocean** [óuʃən]	海, 海洋
39	**magazine** [mǽgəzi:n]	雑誌
40	**button** [bʌ́tn]	(服の)ボタン; 押しボタン
41	**hole** [hóul]	穴
42	**event** (アク?) [ivént]	できごと, 事件
43	**illness** [ílnəs]	病気

44 **film** [fílm] 映画，フィルム

45 **earth** [ə́ːrθ] ①地球；地上　②土

46 **blackboard** [blǽkbɔːrd] 黒板

47 **message** [mésidʒ] メッセージ，伝言，伝えたい主題

48 **wood** 発音? [wúd] 木材，材木

49 **typhoon** [taifúːn] 台風
◇húrricane　名ハリケーン

50 **cigarette** [sìɡərét] (紙巻き)タバコ
◇cigár　名葉巻
◇tobácco　名(パイプにつめる)タバコの葉

51 **business** [bíznəs] ①事業；仕事　②企業，会社

52 **course** [kɔ́ːrs] コース，進路；講座
◆of course「もちろん」

53 **design** [dizáin] デザイン；設計　動~をデザインする，設計する

54 **atom** [ǽtəm] 原子
◇atómic　形原子の，原子力の

55 **diary** [dáiəri] ①日記(帳)　②手帳，スケジュール帳

56 **condition** [kəndíʃən] ①状態，体調　②条件

57 **schedule** [skédʒuːl] 計画，予定(表)

基礎単語のチェック　5

58 **monster** [mánstər]	怪物
59 **train** [tréin]	列車, 電車　動~を訓練する
60 **roof** [rú:f]	屋根

動詞

61 **return** [ritə́:rn]	帰る；~を戻す　名帰ること, 帰還
62 **ride** [ráid]	(自転車・乗物・馬などに)乗る　名乗ること
63 **burn** [bə́:rn]	燃える, 焦げる；~を燃やす, 焦がす
64 **attack** [ətǽk]	~を攻撃する　名攻撃(+on~)
65 **hate** [héit]	~が嫌だ, 大きらいだ, (+toV, Ving)Vしたくない 名憎しみ, 嫌悪
66 **shoot** [ʃú:t]	~を撃つ ◇shót　名発射, 発砲
67 **fall** [fɔ́:l]	落ちる, 倒れる (fall; fell; fallen)　名①秋　②落下
68 **drive** [dráiv]	運転する, 〈車〉を運転する, 〈人〉を車で運ぶ(drive; drove; driven [drívn])
69 **fill** [fíl]	~を満たす(+with)
70 **build** [bíld]	~を建設する, 作り上げる
71 **feel** [fí:l]	~を感じる；~の気持ちがする ◇féeling　名感情, 感覚

72 happen
[hǽpn]
起きる
◆ happen to V「偶然Vする」

73 carry
[kǽri]
〜を運ぶ，〜を持ち歩く

● 形容詞

74 popular
[pάpjələr]
人気のある；大衆の，民間の
源 **popul-**(人々)
★省略形は pop。例 pop music = popular music
◇ populárity　名人気，評判

75 safe
[séif]
安全な
◇ sáfety　名安全(性)，無事

76 quiet
[kwáiət]
静かな，穏やかな

77 weak
[wíːk]
弱い，下手な
◇ wéaken　動〜を弱める；弱まる

78 hungry
[hʌ́ŋgri]
空腹な，飢えた
◇ húnger　名空腹，飢え

79 wet
[wét]
ぬれた，しめった，雨がちの，雨の

80 grand
[grǽnd]
雄大な，壮大な

81 double
[dʌ́bl]
2倍の，二重の　動〜を2倍にする；2倍になる

82 ill
[íl]
病気だ

83 dry
[drái]
乾燥した(⇔wet)

84 full
[fúl]
いっぱいの，満ちた(+ of)

基礎単語のチェック ● 7

85 same
[séim]

同じ；同一の
★the(that; this; those; these)を伴う。

86 modern
[mádərn]

現代の，近代の

87 sharp
[ʃáːrp]

鋭い；急な　副きっかり
例 a sharp rise「急な増加」

88 mild
[máild]

おだやかな，(程度などが)軽い，温和な

89 digital
[dídʒitl] デジトゥる

デジタルの(⇔ ánalog)
★つづり注意。

90 important
[impɔ́ːrtənt]

重要な

91 wrong
[rɔ́(ː)ŋ]

悪い，誤っている

92 normal
[nɔ́ːrml]

標準の，正常な，普通の
⇔ abnórmal　形例外的な，特異な，異常な

93 monthly
[mʌ́nθli]

月一回の，毎月の　副月に一回
◇wéekly　形毎週の　副週に一回

副　詞

94 suddenly
[sʌ́dnli]

突然に，急に，不意に，予期せずに
◇súdden　形突然の，思いがけない
◆sudden death「突然死」

95 maybe
[méibi(ː)]

多分，おそらく

96 forever
[fərévər]

永遠に(= for ever)，ずっと

97 however
[hauévər]

しかし　接どんなに〜でも

前置詞

98 below [bilóu]
~より下のほうに(⇔above)　副下に, 階下に

99 beside [bisáid]
~の横に　副近くに, そばに

100 above [əbʌ́v]
~より上方に(⇔below)　副上に

ジャンル別英単語

公共施設・建物

- **park** [páːrk] — 公園, 駐車場 動〈車を〉駐車する
- **college** [kálidʒ] — (単科)大学 ★しばしば university を含む。
- **university** [juːnəvə́ːrsəti] — (総合)大学
- **church** [tʃə́ːrtʃ] — 教会
- **palace** [pǽləs] — 宮殿, 大邸宅
- **gallery** [gǽləri] — 美術館, 画廊
- **museum** [mjuːzíəm] — 博物館, 美術館
- **theater** [θíətər] — 劇場
- **hall** [hɔ́ːl] — ①会館, ホール ②玄関ホール；ろうか
- **hospital** [háspitl] — 病院
- **bank** [bǽŋk] — 銀行
- **restaurant** [réstərənt] — レストラン, 飲食店
- **factory** [fǽktəri] — 工場
- **garage** [gərɑ́ːdʒ] — 車庫, 車修理工場

住居

- **gate** [géit] — 門, 入口
- **yard** [jɑ́ːrd] — 庭
- **wall** [wɔ́ːl] — 壁, 塀
- **roof** [rúːf, rúf] — 屋根
- **ceiling** [síːliŋ] — 天井
- **corridor** [kɔ́(ː)rədər] — ろうか (建物のろうか) (列車内)通路
- **stairs** [stéərz] — 階段
- **elevator** [éləveitər] アク? — エレベーター ◇élevate 動〜を持ち上げる
- **apartment** [əpɑ́ːrtmənt] — アパート, マンション
- **closet** [klázət] — クロゼット, 押入れ
- **drawer** [drɔ́ːr] — 引き出し

第1章

高校英語の最初歩の単語。カタカナで使う単語も多いが，気を許してはならない。意味は知っていても意外な語法が隠されていたり，発音がカタカナと全然違っていたりする。英語の土台を固めるためには必須の単語だ。

Starting Stage

✿ *Verbs* 動詞 ✿

MINIMAL PHRASES
Disc1-01

▫ **help** him find a room	彼が部屋を見つけるのを手伝う
▫ **try** *to* find a word	言葉を見つけようとする
▫ **hold** a gun with both hands	両手で銃を持つ

1
help
[hélp]

~を助ける，手伝う；役立つ　图手助け，援助
- ◆ help A (to) V (原形)　「AがVするのを手伝う，AがVするのに役立つ」

★ Aが省略され，help (to) V になることがある。
- ◆ help A with B　「AをBのことで手伝う」
- ◆ May [Can] I help you?　「何か御用ですか」
- ◇ hélpful　形役に立つ

Q help his homework はなぜだめ？

A help は目的語に人をとり，仕事などはとらないから。help him with his homework か help him (to) do his homework が正しい。

2
try
[trái]

①(try to V) Vしようとする　②~を試す，やってみる
③(try Ving) 試しにVしてみる　图試み，試行
- ◆ try A on　「Aを試着する」

Q 下の2つの違いは？
　1) I tried to talk to her.
　2) I tried talking to her.

A 1)「彼女に話しかけようとした」
　2)「試しに彼女に話しかけてみた」
　1)では実際に話しかけたかどうかは不明だが，2)は実際に話しかけたことになる。

3
hold
[hóuld]

①~を保持する，おさえる　②〈会など〉を開催する
- ◆ hold on　「(電話を切らずに)待つ」

例 Hold on a minute, please.「ちょっと待ってください」
- ◆ hold on to A　「Aにしがみつく」
- ◆ hold true for A　「Aに当てはまる」
- ◆ get hold of A　「①Aを手に入れる②Aに連絡をとる」

MINIMAL PHRASES　　　　　　　　　　　　　　　Disc1-02

☐ **grow** *up* in a small city	小さな町で育つ
☐ **Let** me talk to her.	彼女と話をさせてください
☐ He **seems** *to be* happy.	彼は幸せそうだ

4
grow
[gróu]

① 〈動植物が〉育つ，〈植物がある場所に〉生える
② 〈植物〉を栽培する　③しだいに〈ある状態〉になる
例 grow older「大きくなる，年をとる」
◆grow up　　　　「人が成長する，大人になる」
◇grówn-up　　　形大人になった　名大人(=adult)

名?
◇growth　　　　名成長

Q She grew up two children. の誤りは？

A 「〈人〉を育てる」の意味ではgrowは使えない。She brought up two children.が正しい。

5
let
[lét]

(let A＋原形V) AにVさせてやる，Vするままにしておく，Vさせる

★×let A to V; ×let A Ving; ×let A Ved. 左の形はすべて不可。ただし，let A be Vedは可能。

◆let A know B　　「AにBを知らせる」
◆let alone A　　「ましてやAは〜ない」
　　　　　　　　★否定文の後で用いる。
◆let go of A　　「Aを放す」
◆let A down　　「Aをがっかりさせる」

6
seem
[síːm]

①(seem (to be) A) Aのように思える，見える
②(seem to V) Vするらしい，Vするように思える

語法
★seemは進行形にはならない。後のto Vは状態動詞(have, knowなど)。

◆it seems that〜　「〜のようだ」
★He seems happy.＝It seems that he is happy.
◆it seems as if [though] 〜　「まるで〜のようだ」
★if [though] 節中は仮定法もしくは直説法。
◇séemingly　　　副一見
◇séeming　　　　形外見の，うわべの
例 a seeming difference「見かけの違い」

1 Starting Stage・動詞

MINIMAL PHRASES　　　　　　　　　　　　　Disc1-03

▫ **enjoy** read*ing* comics	マンガを読むの**を楽しむ**
▫ **create** new problems	新しい問題**を生み出す**
▫ **choose** the best answer	もっともよい答**を選ぶ**
▫ **spend** time think*ing*	考えるのに時間**を費やす**

7
enjoy
[endʒɔ́i]

Q I enjoyed at the party.
　はどこがいけない？

① 〈活動・時間・食べ物など〉を**楽しむ**
② 〈権利・利益など〉を**持っている**

A enjoy は他動詞だからつねに目的語が必要。I enjoyed myself at the party. か I enjoyed the party. が正しい。

◆enjoy oneself　　　「楽しむ」
◇enjóyable　　　形（ものが人にとって）楽しい

8
create
[kriéit]

〜を生み出す，創造する

★カタカナの「クリエイト」にはよい響きがあるが，create は problem など悪いものを生み出す場合にもよく用いるので注意。

◆All men are created equal. 「すべての人は平等に
　　　　　　　　　　　　　　　　　つくられている」
◇creátion　　　　名 創造，作り出すこと
◇creátive　　　　形 創造的な，独創的な
◇creatívity　　　 名 創造性，独創性

9
choose
[tʃúːz]

名？

（〜を）**選ぶ**(choose; chose; chosen)
◆choose to V　　「V することを選ぶ」
◆choose from A　「A の中から選ぶ」
◇choice　　　　名 選択，選択肢

10
spend
[spénd]

語法

Q spend money（　　）
　① to travel　② traveling

〈時間・お金など〉を**費やす，使う**(spend; spent; spent)
★「無駄に使う」は waste。
◆spend A Ving　　　　「A を V することに費やす」
★Ving の前に in を置くこともある。
◆spend A in [on] B　「A を B に費やす」

A ②「旅行にお金を使う」to V は不可。

MINIMAL PHRASES　　　　　　　　　　　　　　Disc1-04

▫ He **appears** *to be* sleeping.	彼は眠っているように見える
▫ **lie** in bed	ベッドで横になる
▫ **lie** to her father	彼女の父にうそをつく
▫ **arrive** *at* the station	駅に着く

11
appear
[əpíər]

① ～のように見える(= look), 思われる(= seem)
② 現れる
◆ A appear to V 「AはVであるように見える, 思われる」 ★Vは be, have など状態動詞が普通。
◆ it appears that A V 「AはVであるように見える, 思われる」
◇ appéarance 名①外見, 様子 ②出現

反？
⇔ disappéar 動消える

12
lie¹
[lái]

① 横になる　★lie in bed は睡眠や病気のため床についていること。
② ある, 位置する
例 **The origin lies in Africa.**「その起源はアフリカにある」

Q 活用形は？

A 活用形は, lie; lay [lei]; lain [lein]; lying [laiiŋ]となる。lay (☞ p.20)と区別しよう。

13
lie²
[lái]

動 うそをつく (lie; lied; lied; lying)　名 うそ
★上の lie とは同じつづり字でも別単語なので活用形も違う。

Q 「うそでしょう？」は？

A **Are you joking?** など。**You're lying.** は強い非難になるので, 使う場面に注意しよう。

14
arrive
[əráiv]

着く, 到着する
◆ arrive at A 「A(狭い場所)に着く」
★Aは地点, 駅, 空港名など。
◆ arrive in A 「A(広い場所)に着く」
★Aは国, 都市など。町, 村などは at, in 両方ありうる。

名？
◇ arríval 名到着

同熟？　同？
= get to, reach

1 Starting Stage・動詞　● 15

MINIMAL PHRASES　　　　　　　　　　　　　　Disc1-05

▫ **discover** a new world	新しい世界を発見する
▫ **act** as a group	集団として行動する
▫ The sun **rise**s in the east.	東に太陽が昇る
▫ Don't **forget** *to* call him.	彼に電話するのを忘れないで
▫ **hang** a picture on the wall	壁に絵をかける

15
discover
[diskʌ́vər]
（名?）

～を発見する，(discover that ～) ～ということを知る，気づく

源 dis (取る) + cover (おおい, カバー)

◇discóvery　　　名発見

16
act
[ǽkt]　（名?）

行動する，(act as A) Aの役を果たす，演じる　　名行動
◇áction　　　名行動

17
rise
[ráiz]

上がる，高まる；生じる；昇進する

★The sun rises in the east. 「東から日が出る」 from は×。
◆give rise to A　「A(悪いことなど)を引き起こす」★頻出！
◇súnrise　　　名日の出⇔súnset「日没」

18
forget
[fərgét]

～を忘れる

◆Don't forget to V.　「(これから)Vすべきことを忘れるな」★この形が一番多い。
◇forgétful　　　形忘れっぽい

Q forget to V と forget Ving の違いは？

A forget to V は「(これから)Vすべきことを忘れる」, forget Ving は「(すでに)Vしたことを忘れる」

19
hang
[hǽŋ]

～をかける，ぶら下げる；かかる，ぶら下がる
(hang; hung; hung)
◆hang up　　　「(電話を)切る」
⇔hold [hang] on　「切らないで待つ」
◆hang out　　　「(ある場所で)過ごす, ぶらつく」
◆hang on (to A)　「(Aに)しがみつく」

MINIMAL PHRASES　　　　　　　　　　　　　　　　　　Disc1-06

◻ I **wish** I could fly.	飛べればいいのにと思う
◻ *be* **born** with a talent for music	音楽の才能を持って生まれる
◻ **win** a prize	賞を勝ち取る
◻ **fight** for freedom	自由を求めて戦う
◻ **pick** *up* a coin	コインを拾い上げる

1 動

20
wish
[wíʃ]

①(+(that)〜)〜であればいいのにと思う
②(+ to V) V したい　★want to V より丁寧な言い方。
名 願望, 願い, 望み

★①で that は普通省略する。
★①は実現できない願望を表し, that 節中では仮定法を用いる。
◆wish for A　　「A が欲しい」
★容易に手に入らないものに用いる。

21
born
[bɔ́ːrn]

(be born) 生まれる　★bear「〜を産む」の受け身形。
◆be born with A　「A(能力・病気など)を持って生まれる」
◇bear　　　　　　動〈子供〉を産む (bear; bore; born)

22
win
[wín]

〈競技・戦争など〉に勝つ；〈賞・選手権など〉を勝ち取る
(win; won; won [wʌn])

(語法) ★win the game とは言えるが, win him とは言えない。「〈人〉に勝つ」は beat を使う。☞ p.300

23
fight
[fáit]

(fight (against) A) A(敵・病気・災害など)と戦う,
(fight for A) A を求めて [A のために] 戦う　名 戦い, けんか
◇fighter　　　　名 戦うもの, 戦士
◆fire fighter　　「消防士」

24
pick
[pík]　　(多義)

①(pick A up) A を拾い上げる, 手に取る；A を買う
②(pick A up) A を車で迎えに行く, A を車に乗せる
③〜を選ぶ = choose
◆pick A out　　「A を選び出す」
★日本語の「ピックアップする」(選ぶ)は英語ではふつう pick out。

1 Starting Stage・動詞　● 17

MINIMAL PHRASES　　　　　　　　　　Disc1-07

☐ She *is* dressed *in* black.	彼女は黒を着ている
☐ communicate *with* each other	お互いに考えを伝え合う
☐ The number of children dropped.	子供の数が減った
☐ throw a pie at him	彼にパイを投げる
☐ promise *to* go with him	彼と行くと約束する

25
dress
[drés]

服を着る；～に服を着せる　名ドレス，ワンピース
◆be dressed in A 「Aを着ている」= wear A
◇dréssing　　　名①服装　②ドレッシング

26
communicate
[kəmjúːnəkeit]

考えを伝える；～を伝える
◆communicate with A 　「Aと考えを伝え合う」
★Aが each other のときも with を忘れないように！
◆communicate A to B 　「BにAを伝える」
◇communicátion 名意思伝達，コミュニケーション

27
drop
[dráp]

落ちる，減少する；～を落とす　名落下，減少；しずく
◆drop in　　　　「ふらりと立ち寄る」
　　　　　　　　　（at＋場所，on＋人）
◆drop by　　　　「ふらりと立ち寄る」
◆drop out　　　 「(学校などを)途中でやめる，
　　　　　　　　　ドロップアウトする」

28
throw
[θróu]

～を投げる，投げ込む(throw; threw; thrown)
◆throw A away 　「Aを捨てる」= discard A

29
promise
[práməs] プラミス

(～を)約束する　名約束
◆make a promise (to V) 　「(Vする)約束をする」
◆keep a promise 　　　　「約束を守る」
◆break a promise 　　　 「約束を破る」

MINIMAL PHRASES　　　　　　　　　　　　　Disc1-08

❑ **separate** gold *from* sand	砂から金を分離する
❑ **pull** his hair	彼の髪を引っ張る
❑ **push** a button	ボタンを押す
❑ **hunt** wild animals	野生の動物を狩る
❑ **hide** the truth *from* them	彼らに真実を隠す

30
separate
[sépəreit]

〜を分ける，分離する　　形 [sépərət] 別れた，個々の
★ **be separated** は「〈夫婦が〉別居する」の意味でも使う。
◇ separátion　　　　名 分離，離れること

31
pull
[púl]

〜を引く，〜を引き抜く，〜を引きつける
◆ pull up　　　　　「〈人が〉車を止める，〈車が〉止まる」
◆ pull A down　　　「〈家など〉を取り壊す」

32
push
[púʃ]　　反？

〜を押す，〜を押して動かす
⇔ pull　　　　　　動 〜を引く

33
hunt
[hʌ́nt]

(〜を)狩る；さがし求める(+ for)
◇ húnting　　　　　名 狩猟，さがすこと
例 job-hunting「職探し」

34
hide
[háid]

〜を隠す；隠れる (hide; hid; hidden)
★ 過去分詞 hidden は「隠された，隠れた」の意味で形容詞的に用いられることが多い。例 the hidden meaning「隠された意味」
◆ hide A from B　「A を B(人)に隠す」
★ hide A to B や hide B + A は×。

MINIMAL PHRASES　　　　　　　　　　　　Disc1-09

◻ **lay** my hand on the Bible	聖書に手を置く
◻ **climb** Mount Everest	エベレストに登る
◻ **relax** on the sofa	ソファでくつろぐ
◻ **invite** her *to* dinner	彼女をディナーに招待する

35
lay　　　多義
[léi]

①〜を置く，敷く　②〈卵〉を産む　③〈基礎など〉を築く
(lay; laid; laid; laying)
- ◆lay an egg　　　「卵を産む」
- ◆lay A off　　　「Aを解雇する，くびにする」＝fire A
- ◆lay A out　　　「〈衣服など〉を広げる，並べる；
　　　　　　　　　　〈建物など〉を設計する」

36
climb
[kláim]

〈山・木など〉に登る

Q 「東京タワーに登る」は climb Tokyo Tower でいい？
A 不自然。乗り物やエレベーターなどで登る時は go up を用いるのが普通。

- ◆mountain climbing　　「登山」

37
relax
[riléks]

リラックスする；〜をくつろがせる
- ◇reláxing　　　形〈人を〉くつろがせる
- ◇reláxed　　　形〈人が〉くつろいだ，
　　　　　　　　　〈場所・雰囲気などが〉うちとけた
- ◇relaxátion　　名息抜き，休養；ゆるみ，緩和

38
invite
[inváit]

〜を招待する，誘う
- ◆invite A to [for] B　「AをBに招待する」
- ◆invite A to V　　　「AにVしようと誘う」

名？
- ◇invitátion　　　名招待，誘い

MINIMAL PHRASES　　　　　　　　　　　　　　Disc1-10

☐ **ring** a bell	ベルを鳴らす
☐ **collect** information	情報を集める
☐ **gather** food	食料を集める
☐ **wake** up early	早く目が覚める
☐ Stress *is* **linked** *to* illness.	ストレスは病気と関係がある

39
ring
[ríŋ]

〈鐘・ベル・電話などが〉**鳴る**；(人に)**電話をかける**，
〈ベルなど〉を**鳴らす**(ring; rang; rung)
名①鳴る音，響き　②(指)輪
★「電話をかける」の意味は主に《英》で，《米》では call を使う。

40
collect
[kəlékt]

〈情報・お金など〉を**集める**(= gather)，収集する
◇colléction　　　名集めること，収集
◇colléctor　　　名集める人[装置]，収集家

41
gather
[gǽðər]

〈情報・食料など〉を**集める**，採集する；集まる
◆hunter-gatherer「狩猟採集生活者」

42
wake
[wéik]

目を覚ます，**目が覚める**；〜を起こす，目覚めさせる
◆wake-up call　　「モーニングコール」
★英語では普通 morning call とは言わない。

43
link
[líŋk]

①(be linked to [with] A) Aと**関係がある**
②〜をつなぐ，関連づける
名関連，関係，きずな，つながり；輪

1 Starting Stage・動詞

MINIMAL PHRASES　　　　　　　　　　　　Disc1-11

□ **repeat** what he just said	彼が言ったことを繰り返す
□ **mix** yellow *with* blue	青と黄色を混ぜる
□ **recycle** paper	紙を再生利用する
□ **roll** down the street	道を転がる
□ I **request**ed that she *send* me money.	彼女にお金を送ってくれと頼んだ

44
repeat
[ripíːt]

(〜を)繰り返して言う，(〜を)繰り返し行う
◇repéatedly　　　副繰り返して，しばしば

45
mix
[míks]

①〜を混ぜる；混じる　②〈人が〉うちとけて付き合う
◆ (be) mixed with A 「Aと混じっている」

Q a mixed society はどんな社会？
A 「多様な人種からなる社会」

46
recycle
[risáikl]　(名?)

〜を再生利用する
◇recýcling　　　名(廃棄物質の)再生利用，リサイクル

47
roll　(多義)
[róul]

①〜を巻く，〜を転がす　②進む，(坂などを)転げ落ちる
名巻き

諺 A rolling stone gathers no moss. 「転石こけむさず」元は「職などを変えすぎる人はものにならない」の意味だが，《米》では移動することはよいことだという意味でも用いられる。

48
request
[rikwést]　(語法)

〜を頼む，〜を要請する　名要望，依頼

★普通 request の後の that 節の動詞は原形か should V の形になる。suggest, demand なども同様だ。

Q He requested that the door (　) left open.
① was　② would be
③ be　④ had been

A ③ 「彼はそのドアを開けておくよう頼んだ」should be としてもよい。

22

MINIMAL PHRASES

Disc1-12

☐ **lift** a heavy rock	重い岩を持ち上げる
☐ The wind is **blowing** from the north.	北から風が吹いている
☐ **dislike** washing dishes	皿洗いがきらいだ
☐ **sail** west from Spain	スペインから西に船旅をする
☐ **limit** the speed	速度を制限する

49
lift
[líft]

～を持ち上げる，引き上げる　名持ち上げること
◆ give A a lift 「Aを(自動車などに)乗せる」《英》
　 = give A a ride《米》

50
blow
[blóu]

〈風が〉吹く；～を吹く　名打撃，ショック
◆ blow up 「爆発する，～を爆破する」
　　　　　　　　(＝ explode)
◆ blow A out 「Aを吹き消す」

51
dislike
[disláik]

～がきらいだ　名嫌悪，反感(＋of, for)
★動詞を目的語にするときはVingが普通。
例 I dislike walking.「歩くのがきらいだ」

52
sail
[séil]

航行する；〈帆船〉を操る
名帆，航海
◇ sáiling　　　名航海(術)　形船の
◇ sáilboat　　名帆船，ヨット
◇ sáilor　　　 名船員，乗組員

53
limit
[límit]

～を制限する，限定する　名制限，限定
◆ be limited to A 「Aに限定される」
◇ limitátion　　名限度，限界

1 Starting Stage ・ 動詞

MINIMAL PHRASES　　　　　　　　　　　Disc1-13

◻ comment *on* the news	そのニュースについて論評する
◻ Barking dogs seldom bite.	ほえる犬はめったにかまない
◻ dig a hole in the ground	地面に穴を掘る
◻ wrap a birthday present	誕生日の贈り物を包む
◻ The sun is shining.	太陽が輝いている

54
comment
[kάment]

論評する，批評する，コメントする　　名論評，コメント
◆comment on A 「Aについてコメントする」
◇cómmentator　　名(ニュースなどの)解説者

55
bite
[báit]

(〜を)かむ(bite; bit; bitten)　名一かみ，一口の食物；かみ傷

諺 Barking dogs seldom bite.「ほえる犬はめったにかまない」「大声でわめくやつはあまりこわくない」という意味。

56
dig
[díg]

〈穴〉を掘る，〈場所〉を掘りかえす，〈物〉を掘り出す
(dig; dug; dug)
★dig up +〈場所・物〉の形が多い。

57
wrap
[rǽp]

〜を包む，〜を巻く　名包装紙，包むもの

58
shine
[ʃáin]

〈太陽・明かりなどが〉輝く，光る；〈明かり〉を向ける
(shine; shone; shone)
◇súnshine　　名日光，日射し

24

MINIMAL PHRASES　　　　　　　　　　　　　　Disc1-14

◻ **shut** the door	ドア**を閉める**
◻ **boil** water	湯**をわかす**
◻ **knock** *on* the door	ドアを**ノックする**
◻ **lend** him 5,000 yen	彼に 5,000 円**を貸す**
◻ **mark** the beginning of a new age	新時代の幕開けの**印と**なる

59
shut
[ʃʌt]

同?

〜を**閉じる**，閉め出す；閉まる (shut; shut; shut)
形 閉まっている (= closed)
= close
◆ shut up　　　　「黙る」　★命令文でよく使う。

60
boil
[bɔ́il]

〜を**ゆでる，わかす**；わく
◆ boiling water　　「熱湯」
◆ boiled egg　　　「ゆで卵」

61
knock
[nák]

ノックする，たたく；〜を強打する
◆ knock A down　「A を取りこわす，A を打ちのめす」

62
lend
[lénd]

反?

〜を**貸す** (lend; lent; lent)
◆ lend A B　　　　「A (人) に B を貸す」
　= lend B to A
⇔ bórrow　　　　動 〜を借りる

63
mark
[máːrk]

〜に**印を付ける**，〜を採点する
名 印，記号，得点
◇ marked　　　　形 著しい，際だった，明白な

MINIMAL PHRASES　　　　　　　　　　　　　　　　Disc1-15

☐ **pass** through the gate	門を<u>通る</u>
☐ **shout** *at* him	彼を<u>どなる</u>
☐ **Imagine** that you are a cat.	自分がネコだ<u>と想像し</u>なさい
☐ **I hope** you like it.	君がそれを気に入ること<u>を望む</u>

64
pass   【多義】
[pǽs]

① (〜を)**通る**，**通過する**　② <試験>に**合格する**
③ <時が>**過ぎる**；<時>を**過ごす**　④ 〜を**手渡す**
例 Please pass me the salt.「塩を取ってください」
◆ pass away 　　　「亡くなる(dieの婉曲表現)；
　　　　　　　　　　　消え去る」

65
shout
[ʃáut]

叫ぶ，大声で呼びかける；〜を叫ぶ

★ shout to him は「(聞こえるように) 大声で彼に言う」ということだが，shout at him は「(怒って) 彼をどなる」ということ。

66
imagine
[imǽdʒin]

〜と**想像する**(+that〜)，〜を**想像する**

源 「imageをうかべる」の意味。
◇ image 　【アク】　名 [ímidʒ] 　イメージ；映像
◇ imaginátion 　　　　名 想像，想像力
◇ imáginary 　　　　　形 架空の，想像上の
◇ imáginative 　　　　形 想像力豊かな，独創的な

67
hope
[hóup]

(+(that) SV) **SVを望む**，SVであればいいと思う
(+toV) Vしたい　　　名 望み；(よいことが起きる)可能性

★ that節中が現在形でも未来のことを表すことが多い。
◆ I hope so.　　　「そうだといいと思う」
⇔ I hope not.
◆ hope for A　　　「Aを望む」

Q1 I hope you to come again. の誤りは？
A1 hope + O + to V という形はない。I hope (that) you('ll) come again. が正しい。(頻出！)

Q2 We hope peace. の誤りは？
A2 We hope *for* peace. が正しい。hopeは自動詞。

26

❀ *Nouns* 名詞 ❀

MINIMAL PHRASES

Disc1-16

◻ stay *in* this **place**	この**場所**にとどまる
◻ get a new **job**	新しい**仕事**につく
◻ the **fact** *that* you are here	あなたがここにいるという**事実**
◻ stop at a red **light**	赤**信号**で止まる

68
place
[pléis]
（多義）
Q 動詞の意味は？

①**場所**，土地　②(one's〜)立場，境遇
動 〜を置く，設置する＝put
A ↑
◆take the place of A　「Aに取って代わる」
◆in place of A　　　「Aの代わりに，交換に」
　　　　　　　　　　＝in A's place

69
job
[dʒáb]
（語法）

仕事，勤め口，作業
★jobは可算名詞，workは不可算名詞。
◆do a good job　　「うまくやる」
★仕事以外のことにも使う。

70
fact
[fǽkt]

事実，こと　★the fact + that節「〜という事実［こと］」の形が全体の約1/4をしめる。
◆in fact　　「①(具体例の前で)実際②それどころか③実は(＝actually)」
◆as a matter of fact　「実は，実をいうと」
◆the fact is that SV　「実はSVなのだ」

71
light
[láit]
（多義）

光，明かり，信号
形 ①軽い(⇔heavy)　②明るい(⇔dark)
動 〈タバコなど〉に火をつける，〈部屋など〉に明かりをつける
◆traffic light　　　「交通信号」★青信号はgreen light。
◆in (the) light of A　「Aを考慮して，Aの観点から」

MINIMAL PHRASES　　　　　　　　　　　　　　Disc1-17

▫ people from different **culture**s	異<u>文化</u>の人々
▫ at the end of the 20th **century**	二十<u>世紀</u>の終わりに
▫ people of all **age**s	あらゆる<u>年齢</u>の人々
▫ in many **area**s of the world	世界の多くの<u>地域</u>で
▫ get **information** about the man	その男に関する<u>情報</u>を得る
▫ the cost of **living**	<u>生活</u>費

72
culture
[kʌ́ltʃər]

①<u>文化</u>；(ある文化を共有する)**社会**　②**教養**(まれ)　③**栽培**(まれ)
◆culture shock 　　　　　「カルチャーショック」
◇cúltural 　　　　　　　形文化の，文化的な

73
century
[séntʃəri]

<u>世紀</u>，**100年**　源 cent(百)
◇millénnium 　　　　　　名1000年★複数形は millennia。

74
age
[éidʒ]

①<u>年齢</u>；(物の)**古さ，年代**　②**時代**　動**高齢化する**
◆middle age 　　　　　「中年」
◆old age 　　　　　　「老年」
◆aging society 　　　　「高齢化社会」
◆the Stone Age 　　　「石器時代」
◆the Middle Ages 　　「(ヨーロッパの)中世」

75
area
[éəriə]

①<u>地域</u>　②(活動・学問などの)**分野，領域**

76
information
[ìnfərméiʃən]

Q He has many informations. の誤りは？

<u>情報</u>

A informationは不可算名詞なので，複数形はなく，manyもつけられない。a lot of〔much〕information なら正しい。

77
living （多義）
[líviŋ]

①<u>生きること</u>，**生活**　②<u>生計</u>，**生活費**
形①生きている　②現在使われている
◆make a living 　　　　「生活費を稼ぐ，生計を立てる」
◆the standard of living 　「生活水準」

MINIMAL PHRASES　　　　　　　　　　　　　Disc1-18

▫ buy new **land**	新しい土地を買う
▫ the **history** of science	科学の歴史
▫ people *in the* past	過去の人々
▫ make plans for *the* future	将来の計画をたてる
▫ He is in good **health**.	彼は健康状態がいい

1 名

78
land
[lǽnd]

土地，(海に対する)陸，農地，国
動〈飛行機が〉着陸する(⇔take off「離陸する」)
- ◆by land　　　　「陸路で」⇔by sea「海路で」

79
history
[hístəri]

歴史，経歴
- ◇histórical　　　形歴史的な
- ◇históric　　　　形(人物・場所などが)歴史上重要な
- ◇prehistóric　　形有史以前の，古代の
- ◇histórian　　　名歴史家

Q historical と historic はどう違う？　　A ↑

80
past
[pǽst]

(the～)過去　　形過去の　　前～を過ぎて，～を越えて

81
future
[fjúːtʃər]

(the～)未来，将来
- ◆in the future　　「将来；今後」
- ◆the present　　「現在」

82
health
[hélθ]

健康，健康状態
- ◆be in good health　　「健康状態がいい」
- ◆be good for the [one's] health　　「健康によい」
- ◆health care　　「健康管理」
- ◇héalthy　　　　形健康な；健康によい

1 Starting Stage・名詞 ● 29

MINIMAL PHRASES
Disc1-19

☐ an open **space**	空いている**場所**
☐ ***on*** the other **side** of the road	道の反対**側**
☐ gun-control **law**s	銃規制**法**
☐ her **dream** ***of*** becoming a singer	彼女の歌手になりたいという**夢**
☐ children and **adult**s	子供と**大人**

83
space 〔多義〕
[spéis]

①**空間**，場所；空いた土地　②**宇宙**
◇ spácecraft　　　名宇宙船（＝spaceship）

84
side
[sáid]

側，面，片側；脇腹
◆ side effect　　　「(薬などの)副作用，思わぬ結果」
◆ side by side　　「横に並んで，一緒に，共存共栄して」
◇ sídewalk　　　名歩道（＝pavement）

85
law 〔多義〕
[lɔ́ː]

①**法律**　②**法則**　例 the laws of science「科学の法則」
◇ láwyer　　　名弁護士

86
dream
[dríːm]

夢；願望，理想　動夢見る
◆ dream of A [Ving]　「A [Vすること]を夢に見る，空想する」
◆ have a dream　　「①夢がある②夢を見る」

Q 「夢を見た」は I saw a dream. でいい？

A I had a dream. が普通。see は不自然。

◆ the American dream「アメリカン・ドリーム」
★誰でも努力すれば出世できるという考え方。

87
adult
[ədʌ́lt]

大人，成人　形大人の，成人向けの
◆ adult education　　「成人教育」

MINIMAL PHRASES　　　　　　　　　Disc1-20

◻ *at* that moment	その瞬間に
◻ pay a high price	高い値段を支払う
◻ the Amazon rain forest	アマゾンの雨林
◻ How is *the* weather?	天気はどうですか
◻ *have* conversations with Americans	アメリカ人と会話する

88
moment
[móumənt]

瞬間，時；(副詞的に)一瞬の間，ちょっと

例 wait (for) a moment 「ちょっと待つ」
- ◆at any moment　「今にも，いつでも，いつなんどきでも」
- ◆at the moment　「今のところ，現在」

★現在形の文で使い，現状は長く続かないだろうという含みがある。

- ◆the moment + SV　「〜する瞬間に」= as soon as〜

★接続詞のように使う。

例 The moment I closed my eyes, I fell asleep.
「目を閉じた瞬間に私は眠りにおちた」

- ◆for the moment　「さしあたり，当座は」

89
price
[práis]

値段，価格；(〜s)物価；代償

★priceの高低はhigh; lowで表す。expensive; cheap は普通用いない。

90
forest
[fɔ́(:)rəst]

森林
- ◆forest fire　　　「森林火災，山火事」

91
weather
[wéðər]　　(語法)

天気，(一時的な)天候

★weather は不可算名詞なので不定冠詞 (a; an) は付かない。また，特定の時・場所の天気には the が付く。
例 I like hot weather.　　　「私は暑い天気が好きだ」
例 The hot weather will continue.「この暑い天気は続くだろう」

92
conversation
[kɑnvərséiʃən]

会話　★「英会話学校」は (private) English school が普通。「英会話を習う」も take English lessons または learn English でよい。「英会話が得意」も be good at (speaking) English で十分。

1 Starting Stage ・名詞

MINIMAL PHRASES　　Disc1-21

▫ the fear *of* making mistakes	まちがうのではないかという<u>不安</u>
▫ the ability *to* think	考える<u>能力</u>
▫ *have* a car accident	自動車<u>事故</u>にあう
▫ *the* international community	国際<u>社会</u>
▫ higher than average	<u>平均</u>より高い

93
fear
[fíər]

恐れ，不安(＋of, for)　動～を恐れる(＝be afraid of)
- ◆for fear of Ving 「Vするのがこわくて，Vするといけないから」
- ◆for fear that SV 「SがVするのがこわくて，SがVするといけないから」
- ◇féarful 形①〈人にとって〉こわい　②〈人が〉恐れる(＋of, that節)

94
ability
[əbíləti]

能力　★「Vする能力」は the〔one's〕ability to V だ。the ability of Ving はまれ。
- ◇áble 形(be able to V) Vする能力がある
- ◇disábled 形心身障害のある(＝handicapped)

95
accident
[æksədənt]

Q 「事故にあう」を meet an accident と言える？

事故；偶然のできごと
- ◆by accident 「偶然に」＝accidentally

A 不自然（meet with なら可）。普通は have an accident か be in an accident を用いる。

96
community
[kəmjú:nəti]

(地域)社会，(民族，職業などが同じ人々の)共同体
- ◆the international community 「国際社会」

97
average
[ǽvəridʒ]

平均　形平均的な
例 the average American family「平均的なアメリカの家族」
- ◆on (the/an) average 「平均して」

MINIMAL PHRASES　　　　　　　　　　　Disc1-22

❏ his **success** *in* business	彼のビジネスでの<u>成功</u>
❏ animals and **human being**s	動物と<u>人間</u>
❏ *in* my **opinion**	私の<u>意見</u>では
❏ have a good **memory**	<u>記憶力</u>がよい

98
success
[səksés]

Q1 誤りを正せ。
1) He achieved a success in life.
2) The project was great success.

①成功　②成功した人，うまくいったこと
★①は不可算名詞，②は具体的な人・ものを指すので可算名詞だ。

A1
1) a をとる。「彼は人生で成功を果たした」①の意味なら不可算名詞。
2) a great success とする。「計画は大成功だった」②の意味だから可算名詞。

◇succéssful　　　形成功した，うまくいく
◇succéed　　　　動①成功する(+in)　②〈人の〉あとを継ぐ；(succeed to A) A (仕事など)を受け継ぐ　☞ p.303

Q2 「V するのに成功する」は？

A2 succeed in Ving。succeed to V は不可。

99
human being
[hjúːmən bíːiŋ]

人間，人類　★人間一般を指すときは複数形にする。
◇húman　　　　形人間の，人間に関する　名人間

100
opinion
[əpínjən]

①意見　②評価
◆in A's opinion　「A の意見では」
◆public opinion　「世論」

Q 「意見を言う」は say an opinion か？

A say は opinion を目的語にできない。state [give; express] an opinion が正しい。

101
memory
[méməri]

記憶，記憶力；思い出
例 long-term memory「長期記憶」
◇mémorize　　　動～を記憶する
◇memórial　　　名記念館，記念物，記念日
　　　　　　　　形記念の

1 Starting Stage・名詞

MINIMAL PHRASES　　　　　　　　　　Disc1-23

□ put in *a bit of* sugar	少し砂糖を入れる
□ come into **contact** *with* Europeans	ヨーロッパ人と<u>接触</u>する
□ high **blood** pressure	高<u>血</u>圧
□ the **belief** *that* people are machines	人間は機械だという<u>考え</u>

102
bit
[bít]

少量，(a (little) bit of A)少しのA
◆a (little) bit 　「少し」(副詞句として)
例 It's a bit cold.「少し寒い」

Q not a little と not a bit の違いは？
A not a little は「少なからず，かなり」，not a bit は「少しも～ない」。

103
contact
[kάntækt]

接触，交流　動〈人〉と連絡をとる，～と接触する
◆come into [in] contact with A 　「Aと接触する，〈人・文化など〉と触れ合う，交流する」
◆eye contact 　「アイコンタクト」
★話すときなど人と目をあわせて意思の疎通をはかること。

Q「彼と連絡を取った」は I contacted with him. でいい？
A だめ。contact は他動詞だから with は不要。I contacted him. が正しい。

104
bl<u>oo</u>d

血　★oo というつづりで [ʌ] と発音するものは blood と flood「洪水」だけだ。a flood of blood「血の洪水」と覚えておこう。

(発音？)
[blʌ́d]
◇bleed 　　　　　動出血する
◆blood pressure 「血圧」
◆blood type 　　「血液型」

105
belief
[bilí:f]　(動？)

信念(＋in)，考え
◇believe 　　　　動～を信じる，考える
◆believe in A 　「①Aの存在を信じる
　　　　　　　　②Aの価値を信じる」

MINIMAL PHRASES　　　　　　　　　　Disc1-24

- There is no **doubt** *that* he is dead.　　彼が死んでいることに疑いはない
- the **date** of the meeting　　　　　　　その会議の日程
- before the **birth** of Christ　　　　　　キリストの誕生より前に

106
doubt
[dáut]

疑い，（事実であることに対する）**不信**
動 ～かどうか疑問に思う，～に疑問を持つ

- ◆there is no doubt that ～　「～に疑いがない，～にちがいない」
- ◆no doubt + SV　「疑いなく[たぶん]ＳＶだ」
- ◆without (a) doubt　「疑いなく，確かに」
   = beyond doubt
- ◆doubt if [whether, that] ～　「～かどうか疑問に思う，信じない」

(形?)

- ◇dóubtful　形①〈人が〉疑問を持っている
   ②疑わしい
- ◇undóubtedly　副疑いなく

107
date
[déit]

①**日付**，日程　②デート，人と会う約束　動①（人と）デートする　②～の日付をつける　★ (be) dated + 日付の形が多い。例 a letter dated May 1「5月1日付の手紙」

- ◆be out of date　「時代遅れだ」
- ◆be up to date　「最新だ」

★名詞につく時は up-to-date。

- ◆date back to A　「A（時代）に作られた，始まった」
   = date from A

例 The custom dates back to the Roman period.
「その習慣はローマ時代に始まった」

- ◆to date　「今までに，今までの」(= so far)

108
birth
[bə́ːrθ]

誕生

- ◆birth rate　「出生率」
- ◆give birth to A　「Aを産む」

1 Starting Stage・名詞

MINIMAL PHRASES　　　　　　　　　　　　　　　Disc1-25

▫ have three **meal**s a day	一日に3回<u>食事</u>をとる
▫ the **sale** of books	本の<u>販売</u>
▫ Cycling is a lot of **fun**.	サイクリングはとても<u>楽しい</u>
▫ an American **tourist**	アメリカ人の<u>観光客</u>
▫ the main **goal** of this study	この研究の主たる<u>目的</u>

109
meal
[míːl]

食事, 食事の時
例 eat between meals「間食をとる」

110
sale
[séil]

販売；(sales) 売り上げ(高)
◇ sálesclerk　　　名 販売店員
★ sales clerk とスペースを入れることもある。
◆ for sale　　　「売り物の, 売りに出ている」
◆ on sale　　　「安売りの, 特価で」

111
fun
[fʌ́n]

楽しみ　★不可算名詞だが, be fun「楽しい」の形で形容詞的に使うことが多い。
◆ A be fun to V　「AをVするのは楽しい」
　　　　　　　　　= it is fun to V + A
例 Movies are fun to watch. = It's fun to watch movies.
◆ have fun　　　「楽しむ」
◇ fúnny　　　　形 ①奇妙な(= strange)
　　　　　　　　　　②ゆかいな(= amusing)

112
tourist
[túərist]

観光客, 旅行者　　形 観光客用の
◇ tour　　　　　　名 旅行
◇ tóurism　　　　名 観光事業, 観光産業

113
goal
[góul]　同? (2つ)

目的, ゴール
= púrpose, aim

MINIMAL PHRASES　　　　　Disc1-26

☐ **None** of us know him.	私たちは誰も彼を知らない
☐ make a big **noise**	大きな音を立てる
☐ a direct **flight** to New York	ニューヨークへの直行便
☐ send a letter *by* air **mail**	航空郵便で手紙を送る
☐ run out of **gas**	ガソリンがなくなる

114
none
[nʌ́n]

（語法）

どれも…ない，誰一人…ない
◆none of the [one's, these など]＋名
★不可算名詞も受けられる。
★本来は単数扱いであったが，後ろの名詞にあわせて複数扱いされることも多い。
★2者の場合は neither を用いる。
◆(It is) None of your business.「君の知ったことか」

115
noise
[nɔ́iz]

音，騒音
◇nóisy　　　　　　形うるさい，騒がしい

116
flight
[fláit]

飛行，(飛行機の)便(びん)　★flyの名詞形だ。
◆flight attendant「(飛行機の)客室乗務員」

117
mail
[méil]

郵便　動～を郵送する，投函する
★普通，不可算名詞として使うので，a を付けないし複数形にもしない。
◇é-mail　　　　　　名Eメール　★email も可。
★可算名詞もある。例 send e-mails「Eメールを送る」

118
gas
[gǽs]

（多義）

①ガス，気体　②ガソリン
◆gas station　　　「ガソリンスタンド」
　　　　　　　　　★gasoline stand は和製英語。
◆natural gas　　　「天然ガス」
◆greenhouse gas「温室効果ガス」
　　　　　　　　　★温暖化の原因とされる CO_2，メタンなど。

1 Starting Stage ・名詞　● 37

MINIMAL PHRASES　　　　　　　　　　　　　　　　Disc1-27

□ *do* great **damage** to the human body	人体に大きな害を与える
□ the answer **sheet**	解答用紙
□ work on a **farm**	農場で働く
□ test a new **drug** on animals	動物で新薬をテストする
□ go to the **post** office	郵便局に行く

119
damage
[dǽmidʒ]

①害，損害　②賠償金　★②はつねに damages の形で用いる。
◆ cause damage 「害を与える」
◆ do [cause] damage to A 「Aに害［損害］を与える」
　= do A damage

Q The typhoon gave many damages. の誤り（2つ）は？

A ① gave → did ［caused］（give damage とは言わない），
　② many damages → a lot of damage（「損害」の意味では不可算名詞だ）

120
sheet
[ʃíːt]

① 一枚の紙，用紙　②シーツ　★ paper は不可算名詞なので，紙を数える時には two sheets of paper 「2枚の紙」のようにいう。

121
farm
[fáːrm]

農場；飼育場　動〈土地〉を耕作する
◇ fárming　名農耕
◇ fármer　名農民

122
drug
[drʌ́g]

①薬　②（麻薬・覚せい剤などの）ドラッグ
★②の意味があるので①の意味には medicine を用いるほうが安全。

123
post　多義
[póust]

①郵便　②地位，職
動〈郵便物〉をポストに入れる，〈ビラなど〉をはる
◆ post-A　「Aの後(の)」
⇔ pre-A　「Aの前(の)」
例 the post-Cold War world 「冷戦後の世界」

MINIMAL PHRASES　　　Disc1-28

・the smell of popcorn	ポップコーンのにおい
・a nurse in a nursing home	老人ホームの看護師
・We have a special guest today.	今日は特別なお客がある
・work as a tour guide in Paris	パリで観光ガイドとして働く
・the flow of water	水の流れ

124
smell
[smél]
Q The food (　) good.
　① is smelling　② smells

におい，香り　動～のにおいをかぐ；（＋形）のにおいがする
A ②「その食べ物はいいにおいがする」　SVCの文型で使うsmellは状態動詞なので進行形にはしない。

125
nurse
[nə́ːrs]

看護師　動〈人〉を看護する，看病する，〈子供〉のおもりをする
◆nursing home　「療養所；老人ホーム」★頻出！

126
guest
[gést]
Q 「ホテルの客」はどれ？
① visitor　② guest　③ tourist
反？

(招待された)客，ゲスト；ホテルの客
A ②（①訪問者，③観光客）
⇔host（女hostess）　名主催者，接待する人　☞ p. 43

127
guide
[gáid]

案内(係)，ガイド(ブック)　動～を案内する，指導する
◆guide dog　「盲導犬」
◇gúidance　名案内，指導，ガイダンス

128
flow
[flóu]

流れ　動流れる
◆blood flow　「血流」

1 Starting Stage・名詞　● 39

MINIMAL PHRASES　　　　　　　　　　　　　　　Disc1-29

▫ be *in a* hurry to catch a train	電車に乗ろうと急いでいる
▫ a large-scale market	大規模な市場
▫ have a job interview	就職の面接を受ける
▫ tell a joke	冗談を言う
▫ *a* series *of* events	一連の出来事

129
hurry
[hə́ːri]

急ぎ，あわてること　動急ぐ，あわてる
◆be in a hurry　　「急いでいる」
◆hurry up　　　　「急ぐ」　★命令文が多い。

130
scale
[skéil]

①規模，スケール，程度　②物差し，目盛り
③はかり，天秤
◆on a A scale　　「Aの規模で」（Aは形容詞）
★約30％がこの形で出る。例 on a large scale「大規模に」

131
interview
[íntərvjuː]

①（就職などのための）面接；面談　②（有名人などとの）会見，
インタビュー（+with）　動〜と面接する，〜に会見・
インタビューする　★他動詞だから前置詞は不要。

132
joke
[dʒóuk]

冗談，しゃれ，悪ふざけ　動冗談を言う
例 You must be joking.「まさか，冗談言うなよ」

133
series
[síəri(ː)z]

(a series of A)一連のA；（テレビ・出版物などの）シリーズ
もの　★この単語は単複同形。
★a series of ＋名詞の複数形は，全体で単数扱いになることも複数扱
　いになることもある。

40

MINIMAL PHRASES　　　　　　　　　　　Disc1-30

☐ make an error *in* grammar	文法の誤りを犯す
☐ die *on* the spot	その場で死ぬ
☐ Fill in the blanks.	空欄を埋めなさい
☐ become a movie actor	映画俳優になる
☐ study mathematics	数学を学ぶ

134
error
[érər]

（不注意などによる）誤り（= mistake）

Q「スペルミス」を英語で言うと？
A spelling error が正しい。「スペルミス」は和製英語。

135
spot
[spát]

①地点，場所，名所　②しみ，斑点
動①〜を見つける，発見する　②〜を汚す，しみをつける
◆on the spot 「すぐに，即座に，その場で」
　　　　　　　（= at once）

Q spot him in the crowd の意味は？
A「群衆の中で彼を見つける」

136
blank
[bl金k]

空欄，空白　形空白の，白紙の
◆blank space 「空欄，余白」

137
actor
[金ktər]　反?

俳優，役者
⇔ áctress　　　　名女優

138
mathematics
[mæθəmǽtiks]

数学
★s がついているが不可算名詞，単数扱い。

Q 省略形は？
A math
◇mathemátical　形数学の，数学用の
◇mathematícian　名数学者

1 Starting Stage・名詞 ● 41

MINIMAL PHRASES　　　　　　　　　　　Disc1-31

◻ Help me with my **homework**.	宿題を手伝って
◻ ***take*** a **bath** every day	毎日風呂に入る
◻ Walk two more **block**s.	あと2ブロック歩きなさい
◻ US **soldier**s in Iraq	イラクのアメリカ兵士
◻ make a long **journey**	長い旅行をする

139
homework
[hóumwəːrk]

Q 「宿題がたくさんある」を英語で言うと？

宿題

★高校・大学では assignment のほうが普通。☞ p. 196

A I have a lot of homework. が正解。数えられない名詞だから many をつけたり homeworks としてはだめ。

140
bath

発音？

動？

入浴；風呂(場)
[bǽθ]
◆take a bath　　「入浴する」
◇báthroom　　　名 浴室；(家庭の)トイレ
◇bathe　発音　動 [béið]　水浴する，入浴する
◇báthing　　　　名 (海)水浴，水泳

141
block
[blák]

① (石などの)ブロック，かたまり　② 街の区画，ブロック
◆building block　「構成要素」

142
soldier
[sóuldʒər]

(陸軍の)兵士，軍人

143
journey
[dʒə́ːrni]

旅行
◇trável　　動 旅行する，進む　名 旅行，移動
◇trip　　　名 旅行，外出　動 旅行する
◇tour　　　名 旅行，巡業　動 〈地域〉を旅行する

★travel は幅広く移動を表す言葉。journey はやや堅い響きがあり，陸路の長い旅行に用いる。trip はくだけた言葉で，tour は組織的な視察[観光]旅行。

MINIMAL PHRASES　　　　　　　　　　　　　　　　　Disc1-32

▫ the **host** country	<u>主催</u>国
▫ the shortest **route** to Korea	韓国への最短<u>経路</u>
▫ eat from **plate**s of gold	金の<u>皿</u>から食べる
▫ have *a sense of* humor	<u>ユーモア</u>のセンスがある
▫ sit on the green **grass**	緑の<u>草</u>の上に座る
▫ pay $1,000 *in* **cash**	1,000ドルを<u>現金</u>で払う

1名

144
host
[hóust]

(行事などの)**主催者**，接待する人
◆host family　　　「ホームステイを受け入れる家庭」
◆a host of A　　　「たくさんのA」
★この host は見出し語とは別の語。
◇hóstess　　　　　名 女性の主催者，接待する人

145
route
[rúːt]

道，ルート，経路；方法

146
plate
[pléit]

①皿，平皿　②(金属などの)板；表札；ナンバープレート
★料理が盛られている dish(大皿)から取ってそれぞれが食べる皿のこと。

147
humor
[hjúːmər]

ユーモア
◇húmorous　　　　形 ユーモアのある，おどけた

148
grass
[grǽs]

草，草地
◆grass-roots movement　　「草の根運動」☞ p.50
★一般大衆からはじめる政治運動のこと。
◇lawn　　　　　　名 芝生

149
cash
[kǽʃ]

現金　動 〈小切手など〉を現金に換える
◆in cash　　　　「現金で」

1 Starting Stage・名詞　●　43

MINIMAL PHRASES　　　　　　　　　　　　　　　Disc1-33

▫ the west **coast** of Australia	オーストラリアの西<u>海岸</u>
▫ get a *high* **salary**	高い<u>給料</u>をもらう
▫ become a national **hero**	国民的<u>英雄</u>になる
▫ the **gap** *between* the rich and poor	貧富の<u>格差</u>
▫ be caught by a **guard**	<u>守衛</u>につかまる

150
coast
[kóust]

海岸地域，沿岸
◇beach　　　　　　　名浜辺，波打ちぎわ
◇séaside　　　　　　名（観光地の）海辺

151
salary
[sǽləri]　　（語法）

給料
★ふつう週給，月給などの固定給をいう。時間給でもらう場合は **wage**。
★salary の高い安いは **high, low** が普通（**large, small** も可）。**cheap, expensive** は不可。

152
hero

（発音?）
（反?）

英雄；(物語の)主人公
[híːrou]
⇔heroine　　アク　　名[hérouən] 英雄的女性；女主人公，ヒロイン
◇heróic　　　　　　形英雄的の，英雄的な

153
gap
[gǽp]

格差，へだたり　　★約35％が **between** を伴う。
◆generation gap 「世代間の（意識・行動の）ずれ・断絶」

154
guard
[gáːrd]

守衛，ガードマン(= security guard)
動～を保護する；(guard against A) A に用心する
★ guard man とは言わない。

MINIMAL PHRASES　　　　　　　　　　　Disc1-34

☐ pass the test *with* ease	楽に試験に受かる
☐ My father was in the army.	父は軍隊にいた
☐ the Battle of Sekigahara	関が原の戦い
☐ teach pupils	生徒に教える
☐ in the second paragraph	第二段落に

155
ease
[íːz]

楽，安心；容易さ　　動〈苦痛・緊張など〉をやわらげる
◆with ease　　　　「楽に，簡単に」＝easily
◆at ease　　　　　「安心して，くつろいで」
◇easy　　　　　　形簡単な，楽な

156
army
[ɑ́ːrmi]

軍隊；陸軍
◇návy　　　　　　名海軍

157
battle
[bǽtl]

(ある地域での)戦い，戦闘；闘争　　動戦う（少数）

158
pupil
[pjúːpl]

生徒，児童；弟子
★pupilは《米》では小学生を，《英》では小・中学・高校生をいう。
　studentは小学生から大学生まで幅広く使われうる。
◆primary［elementary］school pupil　「小学生」

159
paragraph
[pǽrəgræf]

段落，パラグラフ；短い文章

1 Starting Stage・名詞　●　45

MINIMAL PHRASES

Disc1-35

▫ the **mystery** of life	生命の謎
▫ **coal**, oil, and gas	石炭, 石油, ガス
▫ I want to ride my **bike**.	自転車に乗りたい
▫ *make a* **fool** *of* him	彼をばかにする
▫ *for the* **sake** *of* the children	その子供たちのために

160
mystery
[místəri] 形?

謎, 秘密
◇mystérious　　　形謎の

161
coal
[kóul]

石炭, 炭

162
bike
[báik]

自転車 (= bicycle); オートバイ
★普通は自転車, 広い意味では二輪車一般を指す。

163
fool
[fú:l]

ばか　　動 ~をだます; ばかなことをして暮らす
◆ make a fool of A 「Aをばかにする, だます, 笑いものにする」
◇fóolish　　　形ばかな

164
sake
[séik]

ため, 目的, 理由
★たいてい for the sake of A あるいは for A's sake の形で使う。
◆ for its own sake 「それ自身が目的で, それに興味があるので」

46

MINIMAL PHRASES　　　　　　　　　　　　Disc1-36

☐ He's a nice **guy**.	彼はいい**男**だ
☐ *get* a driver's **license**	運転**免許**をとる
☐ go into a **cave**	**洞穴**に入る
☐ put a **label** on a bottle	ビンに**ラベル**を貼る
☐ his **twin** brother	彼の**双子**の兄弟

1
名

165
guy
[gái]

男，やつ　★口語的表現。
- ◆you guys 　　　「君たち，お前ら」
  ★くだけた表現。男女どちらに対しても使われる。
- ◆bad guy 　　　「(映画などの)悪役(⇔good guy)」

166
license
[láisəns]

免許，許可；免許証，許可証
★「免許を取る」の時は take ではなく get を使う。

167
cave
[kéiv]

洞穴，洞くつ

168
label
発音?

ラベル，レッテル，札　動～にラベルを貼る
[léibl]　★「ラベル」とは発音しない。

169
twin
[twín]

双子(の片方)，双生児，ツインサイズのベッド
例 They are twins.「彼らは双子だ」
- ◆twin room 　　　「ツイン・ルーム」

1 Starting Stage・名詞　● 47

MINIMAL PHRASES　　Disc1-37

☐ look for a **mate**	つがいの相手を探す
☐ the long **shadow** of a man	男の長い影
☐ climb a **ladder**	はしごを登る
☐ a $100,000 bank **loan**	10万ドルの銀行ローン
☐ put my hands on my **knee**s	ひざに手を置く

170
mate
[méit]

(動物・鳥の)**つがいの相手**, 仲間(friend), 連れ(companion)
動 交尾する, 〈動物〉をつがわせる
◇clássmate　　　名 同級生, 同期生

171
shadow
[ʃǽdou]

影；(不信などの)**暗い影**
★shadowは輪郭のはっきりした影のこと。形や境がはっきりしない光の当たらない部分はshade。☞ p. 224

172
ladder
[lǽdər]

はしご；(出世の)**階段**
★「はしごの下を通る(walk under a ladder)」のは不吉だとされる。

173
loan
[lóun]

ローン, **借金**, **貸付金**　　例 bad loan「不良債権」
動 (利子を取って)〈金〉を貸す, 〈物〉を貸す

174
knee
[níː]

ひざ
◇kneel　　　　　動 ひざまずく, ひざをつく
◇élbow　　　　　名 ひじ
◇leg　　　　　　名 脚　★太もも(またはひざ)から足首まで。
◇foot　　　　　名 足　★くるぶしより下。

MINIMAL PHRASES　　　　　　　　　　Disc1-38

□ have **chest** pains	胸が痛む
□ go down the **stairs**	階段を下りる
□ *have* a bad **headache**	ひどい頭痛がする
□ *in* their cultural **setting**	彼らの文化的環境で
□ people in my **hometown**	故郷の人々

1 名

175
chest
[tʃést]

胸

★ breast も胸だが，普通女性の乳房の意味だ。

176
stairs
[stéərz]

階段

◇ úpstairs 　　副上の階(2階)へ　形階上の　名階上
◇ dównstairs 　副下の階へ　形階下の　名階下
例 go upstairs [downstairs]「上[下]の階へ行く」

177
headache
[hédeik]

頭痛

◇ stómachache 　名腹痛
◇ tóothache 　　名歯痛
◇ ache 　　　　動痛む　名痛み

178
setting
[sétiŋ]

背景，環境，(舞台などの)設定

179
hometown
[hóumtáun]

故郷

★ 町(town)だけでなく，生まれた村や都市にも使える。

1 Starting Stage ・名詞 ● 49

MINIMAL PHRASES　　Disc1-39

▫ the **root** of many misunderstandings	多くの誤解の<u>根源</u>
▫ cry out with **joy**	<u>喜び</u>で叫び声をあげる
▫ walk on the **shore**	<u>海岸</u>を歩く
▫ go to bed *at* **midnight**	<u>夜の12時</u>に寝る
▫ a **poet** and a novelist	<u>詩人</u>と小説家

180
root　(多義)
[rúːt]

①根　②根源，元　動(be rooted)根付いている
例 **be deeply rooted in the culture**「その文化に深く根ざしている」
◆grass (-) roots　「草の根，庶民；民衆の」
◆grass-roots movement　「草の根運動」
◆take root　「〈思想・習慣など〉根付く」
◇leaf　　　　　　　　　名葉

181
joy
[dʒɔ́i]

喜び，うれしさ
◇jóyful　　　　　　　　形 (事・人が) 楽しい，喜びに満ちた

182
shore
[ʃɔ́ːr]

(海・湖・河の)岸

183
midnight
[mídnait]

夜の12時(頃)（⇔ noon「昼の12時」）
★**in the middle of the night**「深夜に」はもっと幅広い時間帯をいう。

184
poet
[póuət]

詩人
◇póem　　　　　　　　名詩
◇póetry　　　　　　　　名詩，詩歌　★不可算名詞。
　　　　　　　　　　　　★集合的に文学のジャンルとして。
◇nóvelist　　　　　　　　名小説家

MINIMAL PHRASES　　　　　　　　　　　　　　Disc1-40

▫ a report in a medical **journal**	医学雑誌の報告
▫ receive the Nobel **Prize**	ノーベル賞を受ける
▫ a **tool** for learning	学習の道具
▫ talk about the **topic**	その話題について話す
▫ a sound **wave**	音波

1 名

185
journal
[dʒə́ːrnl]

雑誌；日誌
◇jóurnalism　　　名ジャーナリズム，報道(界)

186
prize
[práiz]

賞，賞品，景品
◆prize winner　　　「受賞者」

187
tool
[túːl]

道具，工具；手段
◆a stone tool　　　「石器」

188
topic
[tápik]

話題，論題

189
wave
[wéiv]

波，波動
動①揺れる　②〈人〉に手を振って挨拶する；〜を振る
◆wave goodbye　　　「手を振って別れを告げる」
◆heat wave　　　「熱波，猛暑」
◆radio wave　　　「電波」
◆brain wave　　　「脳波」

1 Starting Stage・名詞　●　51

MINIMAL PHRASES　　　　　　　　　　　　　　　　　　Disc1-41

◻ have **control** *over* the market	市場を支配する
◻ live *in* **harmony** *with* nature	自然と調和して暮らす
◻ a **balance** *between* work and play	仕事と遊びのバランス
◻ heat **energy** from the sun	太陽からの熱エネルギー

190
control
[kəntróul]

支配（力），制圧，制御，規制
動 ～を支配する，制圧する
- ◆have control over A 「Aを支配［制圧，制御］する」
- ◆A be under control 「Aが支配［制圧，制御］されている」
- ◆gun control 「銃規制」
- ◆birth control 「避妊，産児制限」
- ◇sélf-contról 名 自制(心)

191
harmony
[háːrməni]

調和（+ with），ハーモニー　★約30%がinを伴う。
- ◆in harmony with A 「Aと調和して」
- ◇harmónious 形 調和がとれた

192
balance
[bǽləns]

バランス，つり合い　動 ～のつり合いをとる，～を両立させる
例 balance work and family life 「仕事と家庭を両立させる」
- ◇bálanced 形 バランスがとれた

193
energy
[énərdʒi] 形?

エネルギー　★「エネルギッシュ」はドイツ語から。
- ◇energétic 形 精力的な，エネルギーに満ちた

✺ *Adjectives* 形容詞 ✺

MINIMAL PHRASES　　　　　　　　　　Disc1-42

☐ He is **different** *from* other people.	彼は他の人と<u>違う</u>
☐ I'm **sure** that he'll pass.	彼は合格すると私は<u>確信している</u>
☐ This book is **difficult** to understand.	この本を理解するのは<u>難しい</u>

194
different
[dífərənt]

(名?)
(動?)

異なる，違う
◆be different from A　「Aと違う」
◆be different in A　「Aの点で違う」
◇dífference　　　　　名違い，差
◇díffer　アク　　　　動異なる

195
sure
[ʃúər]

(同?)
(語法)

①**Aを確信している**(be sure of [about] A／be sure that〜 [wh節])
②(be sure to V)**きっとVする，Vするのは確実である**
=cértain

★certainはIt is certain that〜と形式主語構文をとれるが、sureは形式主語構文では使えない。

Q 1) He is sure of success.
　 2) He is sure to succeed.
　 上の2つはどう違う？

A 1)「彼は成功を確信している」
　 2)「彼はきっと成功するだろう」
　 2) で確信しているのは彼ではなく、この文を言っている人(私)である。2) = I'm sure that he'll succeed.

196
difficult
[dífikʌlt]

(名?)

難しい；気難しい (まれ)
◆A is difficult to V　　「AをVするのは難しい」
★Vは他動詞(または自動詞＋前置詞)で、AはVの意味上の目的語でなければならない。例 He is difficult to talk to.「彼は話しかけにくい」
◇dífficulty　　　　　　名難しさ，困難
◆have difficulty (in) Ving　「Vするのに苦労する」
★to Vは不可。

Q 「彼が勝つのは難しい」は He is difficult to win.でいい？

A だめ。to Vの意味上の主語はbe difficult to Vの主語にはなれない。It is difficult for him to win.と形式主語構文にするのが正解。(easyも同様)

1 Starting Stage・形容詞 ● 53

MINIMAL PHRASES

Disc1-43

☐ have *at* least three children	少なくとも3人の子供を持つ
☐ several years ago	数年前に
☐ learn a foreign language	外国語を学ぶ
☐ my whole life	私の全人生

197
least
[líːst]

最も小さい，最も少ない

★littleの最上級だ。例 the least amount「最小の量」
◆at least 「少なくとも」
★超頻出！ leastの8割がこの熟語だ。
◆(not) ... in the least「全く…(ない)」=(not)... at all

198
several
[sévərəl]

いくつかの，かなりの　代いくつかのもの

★普通，3から10ぐらいの数を表す。

199
foreign
[fɔ́ːrən]

外国の

◆foreign country 「外国」
◇fóreigner 名外国人

200
whole
[hóul]　(語法)

すべての，全…，…全体

★wholeは一つのものの全体を表す。
　×the whole books → ○all the books;
　×the whole tea → ○all the tea
◆as a whole 「全体として」 ★名詞の後が多い。
◆on the whole 「概して，全体として」
◇whólly 副まったく，全面的に

Q the ( ) society
① all ② whole

A ② 「社会全体」 the whole + 名はよいが，the all + 名とは言わない。

MINIMAL PHRASES　　　　　　　　　　　　Disc1-44

☐ Leave me **alone**.	私を<u>一人</u>にしておいて
☐ It is **necessary** to stop him.	彼を止めることが<u>必要だ</u>
☐ the **main** reason	<u>主な</u>理由
☐ Germany is **famous** *for* its beer.	ドイツはビールで<u>有名だ</u>

201
alone
[əlóun]

一人で，単独で　★名詞の前には置かない。

形①一人で　②～だけ（＝only）　★必ず修飾される語の後に置く。

例 **Man does not live on bread alone.**
　「人はパンだけで生きるのではない」

◆leave A alone　　「Aを独りにしておく，Aにかまわない」

◆let alone A　　（否定文の後で）「Aは言うまでもなく」

例 **I can't walk, let alone run.**「走るのはもちろん，歩くこともできない」

202
necessary
[nésəseri]

必要な，なくてはならない

★it is necessary that～のthat節中ではshould＋Vか動詞の原形が用いられることが多い。

◇necéssity　　　　名必要(性)，必需品，不可欠なこと

Q It is necessary that he (　) do it.
①ought ②should ③would

A ②「彼がそれをする必要がある」↑

203
main
[méin]　同?

主な，主要な

＝chief

◇máinly　　　　副主に，大部分は

204
famous
[féiməs]

有名な，名高い

◆A be famous for B　　「AはBで有名だ」

★BはAの所有物・性質など。

◆A be famous as B　　「AはBとして有名だ」

★A＝Bの関係。盲点！

◇fame　　　　名名声

Q She is famous (　) a dancer.

A as　She＝a dancerの関係に注意。

1 Starting Stage・形容詞

MINIMAL PHRASES　　　　　　　　　　　Disc1-45

☐ be **afraid** *of* making mistakes	誤りを犯すことを恐れる
☐ fall into a **deep** sleep	深い眠りに落ちる
☐ be **busy** *with* part-time work	バイトでいそがしい

205
afraid
[əfréid]

(人が)恐れる，心配する　★補語として用いる。
- ◆be afraid of A 　　　「Aを恐れる」(＝fear A)
- ◆be afraid of Ving 　　「Vすることがこわい」
- ◆be afraid to V 　　　「こわくてVできない」
- ◆be afraid (that) ～　「～するのではないかと恐れる；残念ながら～だと思う」
- ◆I'm afraid so. 　　　「残念だがそうだろう」
- ◆I'm afraid not. 　　　「残念ながらそうではないだろう」

206
deep
[díːp]　　名?　　反?

深い
- ◇depth 　　　名深さ
- ◇déepen 　　動深まる；～を深める
- ⇔shállow 　　形浅い

207
busy
[bízi]

いそがしい，(電話が)話し中である，(通りが)交通量が多い
例 a busy street 「にぎやかな通り」
- ◆be busy with A 　　「A(仕事など)でいそがしい」
- ◆be busy Ving 　　　「Vするのにいそがしい」
- ◆The line is busy. 　「話し中です」

Q He is busy ( ).
① to work ② working

A ② busy to Vとは言わない。

56

MINIMAL PHRASES　　　　　　　　　　　　Disc1-46

□ The same *is* true *of* the Japanese.	同じ事が日本人にも<u>当てはまる</u>
□ carry a **heavy** bag	<u>重い</u>かばんを運ぶ
□ It is **dangerous** to swim in the river.	その川で泳ぐのは<u>危険だ</u>

208
true
[trúː]

真実の，本物の，正確な
- ◆be true of A　　「Aに当てはまる」
- ◆be true to A　　「Aに忠実だ」
- ◆come true　　「〈夢などが〉実現する」
- ◆hold true　　「〈法則などが〉当てはまる，有効である」
- ◆That's true.　　「本当にそうですね」

★相手の意見に同意する表現。

(名?)　◇truth　　　　　名真実
　　　◇trúly　　　　　副実に，まったく
(反?)　⇔false　　　　　形事実に反する，うその

209
heavy
[hévi]

①**重い**　②(量や程度が)**大きい，ひどい**：(雨や雪，交通が)**はげしい**
- ◆heavy rain　　「大雨」
- ◆heavy traffic　　「はげしい交通」

Q 「重い病気」を英語で言うと？　A serious disease [illness] が普通。heavy は普通用いない。

210
dangerous
[déindʒərəs]

(人などにとって)**危険な，危害を加えそうな**(+ to)
- ◆A be dangerous to V　　「AをVするのは危険だ」

★Vは他動詞(または自動詞+前置詞)で，AはVの意味上の目的語。

◇dánger　　　　　名危険；危険なもの

Q1 The river is dangerous to swim. の誤りは？
A1 swim の後に in が抜けている（It is dangerous to swim in the river. の the river を主語の位置に移した文と考えよう）。

Q2 「彼の命が危ない」を英語で言うと His life is dangerous. でいい？
A2 だめ。dangerous は「人などにとって危険」の意味。「危険にさらされている」は in danger だ。正解は His life is in danger.

1 Starting Stage・形容詞　●　57

MINIMAL PHRASES　　　　　　　　　　　　　Disc1-47

▫ a **wide** street	幅の広い道路
▫ a very **exciting** game	すごくおもしろいゲーム
▫ It's **impossible** to understand him.	彼を理解するのは不可能だ
▫ our **daily** lives	私たちの日常生活

211
wide
[wáid]　反?　名?　動?

(幅が)広い，広範囲にわたる
⇔ nárrow　　　　　　形 狭い
◇ width　発音　　　名 [widθ]　広さ
◇ wíden　　　　　　動 ～を広げる；広くなる
◇ wídely　　　　　　副 広範囲に，広く

Q 「広い部屋」は a wide room でよいか？

A ×。a wide room は「幅の広い部屋」になってしまう。面積が広い部屋なら a large room と言い，狭い部屋なら a small room と言う。a narrow room は「細長い部屋」。

212
exciting
[iksáitiŋ]

〈人を〉わくわくさせる，おもしろい
◇ excíted　　　形 〈人が〉わくわくしている，
　　　　　　　　　　興奮している(+ about, at)
◇ excíte　　　　動 〈人を〉興奮させる
◇ excítement　 名 興奮

Q He is ( ) about the movie.
① excited ② exciting

A ① 「彼はその映画を見て興奮している」

213
impossible
[impásəbl]

不可能な

Q1 He is impossible to do the job. はなぜだめ？

A1 be impossible to V の不定詞の意味上の主語(he)は文の主語にはなれない。「彼にはその仕事ができない」は It is impossible for him to do the job. が正しい。

Q2 He is impossible to understand. の意味は？

A2 「彼を理解するのは不可能だ」= It is impossible to understand him.

214
daily
[déili]　同?　(2つ)

日常の　副 毎日，日ごとに
形 = éveryday,　副 = every day

MINIMAL PHRASES　　　　　　　　　　　　　　Disc1-48

☐ He was surprised *to* hear it.	彼はそれを聞いて驚いた
☐ his fellow workers	彼の仕事仲間
☐ a tired body	疲れた体
☐ get angry *with* him	彼に腹を立てる

215
surprised
[sərpráizd]　(語法)

〈人が〉驚いている，〈顔つきが〉驚いた

★ surprise「〈人〉を驚かす」の派生語なので，〈人〉 is surprised.で「人が驚いている」という意味になる。

◆ be surprised at A 「Aに驚く」
　　　　　　　　　★ be surprised that ～も可。

◇ surpríse　　　　動〈人〉を驚かす　名驚き
◇ surprísing　　　形〈人を〉驚かすような，驚くべき
◇ surprísingly　　副意外に(も)，驚くほど

Q a (　) report
① surprising　② surprised

A ①「驚くべき報告」

216
fellow
[félou]

仲間の，同僚の　名男，やつ

★名詞の前に置く。
例 fellow citizens「同胞市民」, fellow students「学友」

217
tired　(多義)
[táiərd]

①疲れた　②飽きた，うんざりした

★ tire「〈人〉を疲れさせる」から派生した形容詞。

◆ be tired from A 「Aで疲れている」　★意外に少ない。
◆ be tired of A 「Aに飽きている」　★頻出！
◇ tíring　　　　形 (仕事などが)疲れさせる，骨の折れる；退屈な

Q I got tired (　) waiting.

A of「私は待つのに飽きた」

218
angry
[ǽŋgri]　(名?)

腹を立てた（+ with [at] 人，about [at] 物事）
◇ ánger　　　　名怒り

Q He is angry (　) me.

A with (または at)

1 Starting Stage・形容詞

MINIMAL PHRASES　　　　　　　　　　　　　　　　Disc1-49

▫ **wild** animals	野生動物
▫ a **dark**-haired girl	黒い髪の少女
▫ find a **dead** body	死体を発見する
▫ Be **careful** not to make this mistake.	この誤りをしないよう気をつけなさい
▫ **ordinary** people	普通の人々

219
wild
[wáild]

野生の；荒涼とした
◇ wíldlife　　　　　名野生生物
★集合的に用いる不可算名詞。

220
dark
[dá:rk]

(はだ・髪・目が)黒い，濃い茶色の；暗い　名暗やみ
◆ in the dark　「暗やみで」
◇ dárkness　　　　名暗やみ，暗さ

221
dead
[déd]　反？ (3つ)
　　　　動？
　　　　名？

死んだ，〈植物が〉枯れた，〈火などが〉消えた
⇔ alíve, live, líving　形生きている
◇ die　　　　　動死ぬ，枯れる，消える
◆ die out　「絶滅する」
◇ death　　　　名死

Q He has been (　) for two years.
① dying ② dead ③ died

A ②「彼が死んで2年たつ」直訳すると「2年間死んでいる」。dyingだと「死にかけている」の意味になる。

222
careful
[kéərfl]

気をつける，注意深い
◆ be careful not to V　「Vしないように気をつける」
◆ be careful about [of] A　「Aに気をつける」
★「車に気をつけて」はcarefulを使わず，Watch [Look] out for cars.とするのが普通。
◇ cárefully　　　副注意深く (= with care)
反？
⇔ cáreless　　　形不注意な

223
ordinary
[ɔ́:rdəneri]　反？

普通の，並の
⇔ extraórdinary　形並はずれた　☞ p.265

MINIMAL PHRASES　　　　　　　　　Disc1-50

▫ stay at a **cheap** hotel	<u>安い</u>ホテルに泊まる
▫ **Central** America	<u>中央</u>アメリカ
▫ She is **friendly** to others.	彼女は人に<u>親切だ</u>
▫ Language is **unique** *to* humans.	言語は人間<u>特有の</u>ものだ
▫ I'm **glad** *to* hear that.	それを聞いて<u>うれしい</u>

224
cheap
[tʃíːp]　　反?
Q My salary is (　).
　① low　② cheap

(商品・サービスなどが)**安い**，金がかからない；安っぽい
⇔ expénsive　　形高価な，金のかかる

A ① cheapは「金がかからない」という意味だからsalary, incomeなど収入には用いない。これらにはlowやsmallを使う。(なおpriceには時にcheapを用いることがあるが，lowを用いるのがよいとされる)
☞ p.31

225
central
[séntrəl]

中央の，(～にとって)**中心的な**(+to)
◇ cénter　　　　　名中心

226
friendly
[fréndli]

親切な(+to)，**仲がよい**(+with)，人なつっこい
◆ environmentally friendly 「環境にやさしい」
◇ fríendship　　　名友情，友好

227
unique
[juːníːk]

独特の，**唯一の**，**特有の**
★ uni-は「一つ」の意味。
◇ uníquely　　　　副比類なく，独特に

228
glad
[glǽd]

〈人が〉**うれしい**(= happy, pleased)　★補語として用いる。
◆ be glad to V 「①Vしてうれしい②喜んでVする」
例 A: Will you join us? 「一緒にやらない？」
　 B: I'd be glad to. 「喜んで」

1 Starting Stage ・形容詞

MINIMAL PHRASES　Disc1-51

▫ find **another** way	もう一つの道を見つける
▫ in the **bright** light	明るい光の中で
▫ **regular** working hours	通常の勤務時間
▫ True or **false**?	正しいかまちがいか
▫ keep a **constant** speed	一定の速度を保つ
▫ **commercial** television	商業テレビ放送

229
another
[ənʌ́ðər]

もう一つ[一人]の　代 もう一つのもの[人]
源 an（一つの）+ other（他の）
◆A is one thing; B is another「AとBは別のものだ」

230
bright
[bráit]

①（光・色などが）**明るい**，輝く　②頭がいい
例 a bright child「利口な子供」

231
regular
[régjələr]

①いつもの，通常の（= usual）　②規則正しい；
定期的な

232
false
[fɔ́ːls]

まちがいの，いつわりの

★ wrong が「うっかりまちがえた」のニュアンスを持つのに対し，false は「わざとまちがえた，にせの」というニュアンスを持つ。テストの選択肢がまちがいなのは false で，それにひっかかったら"Wrong!" だ。

反?　⇔ true　　形 真の，正しい

233
constant
[kánstənt]

不変の，一定の；休みない
◇ cónstantly　　副 絶えず，いつも，一定して

234
commercial
[kəmə́ːrʃl]

商業の，商業的な；(商業)広告用の
名 （テレビ・ラジオの）広告，コマーシャル
◆commercial television ［TV］「(スポンサーつきの)商業テレビ放送, 民放」

MINIMAL PHRASES　　　　　　　　　　　Disc1-52

◻ My **dear** friend,	親愛なる友よ
◻ It is **fair** to say so.	そう言うのは正当だ
◻ Be **honest** with yourself.	自分に正直になりなさい
◻ He *is* proud *of* himself.	彼は自分に誇りを持っている
◻ *fall* asleep in class	授業中に眠りこむ

1 形

235
dear
[díər]

親愛なる，いとしい　名いとしい人
★ my dear の形で呼びかけに使う。
◆Oh dear!　　　　　　「おやまあ」

236
fair
[féər]

①正当な，公正な　②かなりの
例 fair share「公平な分配」

237
honest
(発音?)

正直な，誠実な
[ánəst]　★ h は発音しない。
◆to be honest　　　　「正直に言うと」
　= to tell the truth
(名?)　◇hónesty　　　　　　名正直，誠実さ
(反?)　⇔dishónest　　　　　形不正直な

238
proud
[práud]

誇りを持っている，自尊心のある
◆be proud of A　　　「Aを誇りに思う」
★ be proud that ～も可。
◇pride　　　　　　　名誇り，自尊心，満足感
◆take pride in A　　　「Aを誇りに思う」
◆pride oneself on A　「Aを自慢する」

239
asleep
[əslíːp]

眠って
◆fall asleep　　　　　「寝入る，眠りこむ」
◆be fast [sound] asleep　「ぐっすり寝ている」

Q 「眠っている赤ちゃん」にan asleep baby はなぜだめ？
A asleep は補語として用いる。名詞の前には用いない。a sleeping baby が正しい。

1 Starting Stage・形容詞　●　63

MINIMAL PHRASES　　　　　　　　　　　　　　　　　Disc1-53

◻ make a **loud** noise	騒々しい音を立てる
◻ the **chief** reason for his success	彼が成功した主な理由
◻ **overseas** travel	海外旅行
◻ a very **clever** monkey	とても利口なサル
◻ **upper**-class people	上流階級の人々

240
loud
[láud]

(音・声が)**大きい**，騒々しい，うるさい(⇔low)
副 大きな声[音]で
★「大声で話す(笑う，etc.)」はloudでもloudlyでもよいが，loudlyの方が頻度は高い。ただし，talk out loudのようにoutがあるとloudが普通。比較級・最上級ならtalk louder [loudest]が多い。
◇lóudly　　　　　副 大声で，騒々しく
◇alóud　　　　　副 声に出して

241
chief
[tʃíːf]

主な；最高位の　　　名 (組織の)長，チーフ
◇chíefly　　　　　副 主に，主として（＝mainly）

242
overseas
[óuvərsíːz]

海外の，外国の
副 海外へ(＝abroad)　例 go overseas「海外へ行く」
名 海外，外国，国外

243
clever
[klévər]

①**利口な**，器用な；ずるがしこい
②(機械などが)巧妙な

244
upper
[ʌ́pər]
反?

①(2つのうちの)**上の方の**，上部の
②(地位などが)上位の，上級の，上流の
⇔lówer　　　　　形 下部の，下位の

MINIMAL PHRASES　　　　　　　　　　Disc1-54

◻ wash **dirty** dishes	<u>汚れた</u>皿を洗う
◻ a **smart** shopper	<u>賢い</u>買い物客
◻ the **royal** family	<u>王室</u>
◻ He *is* **crazy** *about* fishing.	彼は釣り<u>に夢中だ</u>
◻ *be* **absent** *from* school	学校を<u>欠席している</u>

245
dirty
[də́ːrti]　反?

汚れた，不潔な，〈言葉が〉きたない　　動 ～を汚す（まれ）
⇔ clean　　　　　　　　　　　　　形 清潔な

246
smart　多義
[smáːrt]

① 利口な，賢い　② (身なりの)きちんとした，
(衣服などが)ぱりっとした
例 her smart dress「彼女のすてきな服」

Q 「彼女はスマートだ」は？
A She is slim. 日本語の「スマート」のように「細身の」の意味では slim や slender を使う。smart には「細身の」という意味はない。

247
royal
[rɔ́iəl]

国王[女王]の，王室の
★英国の官庁・公共機関・団体名などの前に置く。
例 the Royal National Theatre「英国国立劇場」

248
crazy
[kréizi]

① (人・物事が)狂っている
② (be crazy about A) Aに夢中だ

Q He must be crazy to do such a thing. の意味は？
A 「そんなことをするとは彼は狂っているに違いない」

249
absent
[ǽbsənt]　名?

(その場に)いない，欠席している
◆ be absent from A　「Aに欠席している」
◇ ábsence　　　　　名 不在，欠席

1 Starting Stage ・形容詞　● 65

MINIMAL PHRASES　　　　　　　　　　　　　　　　　　　Disc1-55

□ speak in a **gentle** voice	やさしい声で話す
□ **delicious** Indian food	おいしいインド料理
□ a **lazy** student	怠惰な学生
□ the **outer** wall	外側の壁
□ **smooth** plastic	すべすべしたプラスチック
□ You look **pale**.	君は青白い顔をしている

250
gentle
[dʒéntl]

(性格が)やさしい, おだやかな
◇ géntly　　　　　副 やさしく, おだやかに

251
delicious　アク？

おいしい(＝ good, tasty)
[dilíʃəs]

252
lazy
[léizi]

① (やる気がなくて)怠惰な, 無精な, なまけものの
② くつろいだ, のんびりした (少数)
例 enjoy lazy weekends「のんびりした週末を楽しむ」

253
outer
[áutər]　反？

外側の, 中心から離れている
⇔ ínner　　　　　形 内側の
◆ outer space　「(大気圏外の)宇宙空間」★頻出！

254
smooth　発音？

なめらかな, すべすべした; (運動などが)円滑な, 順調な
[smúːð]
◇ smóothly　　　　副 なめらかに, すらすらと, 円滑に

255
pale
[péil]

青白い, 青ざめた, 淡い　例 a pale blue「淡い青色」

MINIMAL PHRASES　　　　　　　　　　　Disc1-56

◻ It is **clear** that he did it.	彼がそれをしたのは明らかだ
◻ have a **personal** interest	個人的な興味を持つ
◻ my **lovely** daughter	私のかわいい娘
◻ books for the **blind**	盲目の人のための書物
◻ search for **intelligent** life in space	宇宙の知的生命体を捜す

256
clear
[klíər]

①明らかな；はっきりした　②透明な　③晴れた
動〈場所〉をきれいにする；〈ごみ・障害物など〉をどける
◇cléarly　　　　　　　　　副明らかに；はっきりと

257
personal
[pə́ːrsənl]

個人の，個人的な
◆personal computer　　「パソコン」
◆personal information　「個人情報」
◇personálity　　　　　　名①個性，性格，人格
　　　　　　　　　　　　　②名士，有名人
★日本語の「テレビタレント」は **a TV personality** だ。

258
lovely
[lʌ́vli]

美しい，かわいい；すてきな，（天気が）よい
★普通女性に用いる。男性には **handsome** などを使う。
★ **ly** が付いていても形容詞になるのは **friendly**「やさしい」などと同じだ。

259
blind
[bláind]

盲目の，目が見えない；(blind to A) A に気づかない
◇cólor-blind　　　　　　形色盲の

260
intelligent
[intélidʒənt]

知的な，知能が高い
◇intélligence　　　　　　名知性，知能

1 Starting Stage・形容詞　●　67

✽ *Adverbs* 副詞・その他 ✽

MINIMAL PHRASES　　　　　　　　　　Disc1-57

▫ watch TV **rather** *than* study	勉強する**より**テレビを見る
▫ drink coffee **almost** every day	**ほとんど**毎日コーヒーを飲む
▫ be **quite** different	**まったく**異なっている

261
rather
[rǽðər]

① (A rather than B) **B よりもむしろ A**
② (形容詞・副詞を修飾して) **かなり**
例 a rather high position「かなり高い地位」
◆ would rather V 「V したい」　★want to V よりも丁寧。
★would rather S V（仮定法過去形）という形もある。

262
almost
[ɔ́ːlmoust]
　同?

① **ほとんど**　★every, all, always, no, impossible などにつく。
② (動詞について) **もう少しで，あやうく**(…しかける)
= néarly

Q Almost Japanese know that. の誤りは？

A almost は副詞だから名詞に直接つけない。Almost all Japanese know that. あるいは Most Japanese know that. が正しい。ただし，everyone, nothing などにはつけられる。

263
quite
[kwáit]

① **まったく，完全に**　② **非常に，とても**　★主に《米》。
③ **かなり，まあまあ**
◆ not quite　「完全に〜ではない，まったく〜ではない」
★部分否定。例 I'm not quite sure.「はっきりとはわからない」
◆ quite a few 「たくさんの」= many

68

MINIMAL PHRASES　　　　　　　　　　Disc1-58

□ She hasn't arrived **yet**.	彼女は**まだ**到着していない
□ **Perhaps** it's true.	**ひょっとすると**それは本当かもしれない
□ The river is beautiful, **especially** in summer.	その川は**特に**夏美しい
□ I like it **simply** because it's useful.	それが好きなのは**単に**役立つからだ
□ use robots **instead** *of* people	人**の代わりに**ロボットを使う

264
yet　(多義)
[jét]

① (否定語の後で)**まだ**　② (疑問文で)**もう**，すでに
接**けれども**，しかし　★文頭で使うか，または文と文をつなぐ。
◆and yet 　　　「しかし，けれども」= but
◆have yet to V 　「これからVしなければならない，まだVしていない」
◆yet another [more] A 「さらにもう一つの[多くの]A」
◆as yet 　　　　「(否定文で)まだ，今までのところ」
★将来はわからないという含みがある。

265
perhaps
[pərhǽps]

ことによると，ひょっとしたら
★perhapsの確信度は50％未満である。話し手の確信度は次の順に弱くなる。
no doubt > probably > maybe; perhaps > possibly

266
especially
[ispéʃəli]

特に，とりわけ(= particularly)　★文頭には置かない。

267
simply　(多義)
[símpli]

①**単に**，ただ(= only)　②**とても**，まったく；
(否定語の前で)**どうしても**，絶対　③簡単に，単純に

Q I simply cannot believe it. を訳せ。
A 「私にはどうしてもそれが信じられない」

268
instead
[instéd]

代わりに
◆instead of A 　　「Aの代わりに，Aでなく」

MINIMAL PHRASES

Disc1-59

☐ **Either** you *or* he is lying.	君か彼のどちらかがうそをついている
☐ He **finally** found a job.	彼はやっと仕事を見つけた
☐ It is strange **indeed**.	それは実に奇妙だ
☐ Ask someone **else**.	だれか他の人に聞いて
☐ **Neither** Tom *nor* his wife is happy.	トムも奥さんも幸せではない

269
either
[íːðər/áiðər]

① (either A or B) **AかBのどちらか**
② (否定文の後で) 〜もまた…ない
形 どちらかの；どちらの〜も　代 どちらか，どちらでも
例 He can't swim, and I can't either.「彼は泳げないし，僕も泳げない」
★ either A or B が主語のときは，動詞は B に合わせるのが正しいとされる。

270
finally
[fáinəli]

① **やっと**，ついに　② **最後に**　★話をしめくくる時用いる。
源 fin (終わり) + al (形容詞語尾) + ly (副詞語尾)　cf. finish
◇ fínal　　　　　　　　形 最後の，最終的な

271
indeed
[indíːd]

実に (= really)，確かに (= certainly)，まったく
★ very nice indeed のように very をさらに強めて用いることがある。

272
else
[éls]

他に，**他の**　★ something, someone, anything, anyone, what などのうしろにおいて「他の」を表す。

273
neither
[níːðər]

① [〜 A nor B] **AもBも(…し)ない**，AでもBでもない
② **…もまた(…し)ない**　★ neither + 助動詞 [be動詞] + 主語の語順。
例 "I don't smoke." "Neither do I."
　「私はタバコは吸わない」「僕もです」

MINIMAL PHRASES　　　　　　　　　　　　　　　Disc1-60

◻ move **forward**	前へ進む
◻ a **highly** developed society	高度に発達した社会
◻ I want to go **abroad**.	外国へ行きたい
◻ go **straight** to the room	まっすぐ部屋に行く
◻ look straight **ahead**	まっすぐ前を見る

274
forward
[fɔ́:rwərd]

Q I'm looking forward to ( ) you.
① seeing ② see

前へ，未来へ　★50%以上が下の形で使われる。
◆look forward to Ving [A]　「Vすることを[Aを]楽しみに待つ」

A ① この to は普通の前置詞なので後には Ving が来る。超頻出！

275
highly
[háili]

Q The bird flies highly. の誤りは？

高度に，非常に　★valued「評価される」，intelligent「知的な」など，抽象的な語と用いる。

A 具体的な動作には high を用い，highly は用いない。The bird flies high.「その鳥は高く飛ぶ」が正しい。

276
abroad
発音？

Q 誤りはどちら？
① He traveled to abroad.
② They come from abroad.

外国へ(に，で)
[əbrɔ́:d]　★oaを[ɔ:]と発音するのは broad と abroad だけ。他は[ou]。
◆study abroad　「留学する」

A ① が×。正しくは He traveled abroad.。abroad は「〜へ，に，で」の意味を含むので，to, for, in, at, on などの前置詞は不要。ただし「海外から(の)」は from abroad でいい。

277
straight
[stréit]

まっすぐ，一直線に；正直に，率直に
形 まっすぐな，一直線の

278
ahead
[əhéd]

前へ，進んで
◆Go ahead.　「どうぞ，遠慮なくやってください」
★人を促す時に用いる表現。

1 Starting Stage・副詞　その他

MINIMAL PHRASES   Disc1-61

◻ live **apart** *from* my parents	親から離れて暮らす
◻ "Did you win?" "**Naturally**."	「勝ったのか？」「当然さ」
◻ **Unfortunately**, he didn't come.	残念ながら彼は来なかった
◻ speak Japanese **fairly** well	日本語をかなり上手に話す
◻ My car was **badly** damaged.	私の車はひどく壊れた

279
apart
[əpáːrt]

離れて，別に
◆ apart from A 「①Aと離れて②Aは別として」
◆ set A apart (from B) 「Aを(Bから)分ける，区別する」

280
naturally　多義
[nǽtʃərəli]

①当然，もちろん　②生まれつき
③自然に，普段どおり

281
unfortunately
[ʌnfɔ́ːrtʃənətli]

反？

あいにく，残念ながら，不運にも　★文修飾で使う。
◇ fórtunate　　　　　形 幸運な，運のよい
◇ unfórtunate　　　形 不幸な，不運な
⇔ fórtunately　　　　副 幸運にも，運よく

282
fairly
[féərli]

かなり(= rather)　★fairlyは肯定的な評価に使うことが多い。
ratherは否定的な語と使うことが多い。

283
badly
[bǽdli]

①(損傷などの程度が)ひどく　②へたに，まずく
③とても，すごく
★③は need, want などを強調する。例 I need money badly. 「とても
お金が必要だ」

MINIMAL PHRASES　　　　　　　　　　　Disc1-62

◻ move back and forth	前後に動く
◻ go downtown	中心街へ行く
◻ He came back three years later.	彼は3年後に戻ってきた
◻ go upstairs to the bedroom	2階の寝室に行く

284
forth
[fɔ́:rθ]

前へ
◆back and forth 「前後に, 往復して」
◆and so forth 「その他いろいろ」= and so on

285
downtown
[dáuntáun]

町の中心へ, 繁華街へ　★go to downtownとしないこと。
名中心街, 繁華街　例 downtown Tokyo「東京の中心街」
★「下町」ではない！

286
later
[léitər]

後で, 後ほど　形もっと遅い
★ふつう three years later は過去のある時を基準に「その3年後に」の意味。「(今から) 3年後に」は later を使わず in three years という。また, 未来のある時よりも後のことなら, three years after (A) という。ただし, later 単独なら「(今から) 後で」という意味でも使う。例 I'll go there later.「後でそこに行こう」
◆See you later. 「また後で；さようなら」
◆later on 「(もっと) 後で」
◆no later than A 「遅くてもA以内に」
◆in later life 「晩年」
◆sooner or later 「遅かれ早かれ」

287
upstairs
[ʌpstéərz] 反?

階上へ, 2階へ　　　形階上の, 2階の
⇔dównstairs　　　副階下へ, 1階へ
　　　　　　　　　形階下の, 1階の

1 Starting Stage・副詞 その他

MINIMAL PHRASES　　　　　　　　　　　　　　Disc1-63

◻ live **far** *from* home	家から**遠く**離れて暮らす
◻ Thank you **anyway**.	**とにかく**ありがとう
◻ people **throughout** the world	世界**中**の人々
◻ It's **beyond** my understanding.	私の理解を**こえて**いる

288
far
[fáːr]

①**遠くに**　②**はるかに**，ずっと　★比較級などにつく。
形 **遠い**
◇ fúrther　　　　　副 さらに遠くへ；さらに
　　　　　　　　　形 さらに遠い；それ以上の
★farの比較級。距離の意味ではfartherを使うこともある。
◆ (be) far from A　　　　「①Aから遠い
　　　　　　　　　　　　　②Aにはほど遠い」
◆ as far as A be concerned　「Aに関する範囲では」
◆ as far as I know　　　　「私が知る範囲では」
◆ by far　　　　　　　　「とびぬけて，断然」
　　　　　　　　　　　　★最上級[たまに比較級]を強める。

289
anyway
[éniwei]

(前で述べたことにかかわらず) **とにかく**，いずれにしても，
(それた話題をもとにもどす時) **それはさておき**
★Thank you anyway.は，①Aがたのみごとをしたが，Bがそれをできなかったときや，②AがBの誘いを辞退したときに，Aが言うせりふ。
◇ ánywhere　　　　　副 どこにでも

290
throughout
[θruː(ː)áut]

前〈場所〉の**いたる所に**，〈時間〉を**通して**，〜の間中
副 始めから終わりまで，ずっと；まったく

291
beyond
[bijánd]

前 〜の向こうに，〜を**こえて**；〜できる範囲をこえて
◆ (be) beyond A's control　「Aにはどうすること
　　　　　　　　　　　　　もできない」
◆ (be) beyond the reach of A　「Aがとどかない」
◆ beyond doubt　　　　　「疑う余地なく」

MINIMAL PHRASES　　　　　　　　　　　　　　　Disc1-64

within a mile *of* the station	駅から1マイル以内で
have *neither* father nor mother	父も母もいない
I'll leave tomorrow unless it rains.	明日雨が降らない限り出発する
work *every* day except Sunday	日曜以外毎日働く

292
within
[wiðín]

前〈時間・距離〉以内で；～の内部に；～の範囲内で
◆ from within (A)　「(Aの)内部から」
◆ within A of B　　「BからA以内で」

(語法) ★ofの代わりにfromは用いない。

293
nor
[nɔ́ːr]

接①(neither, noなど否定語の後で)～もない
②…もまた(…し)ない＝neither

(語法) ★否定語の後のorはnorと同じ意味になる。
例 have no father or mother
★②はnor＋(助)動詞＋主語の語順。
例 I don't smoke, nor does she.
「私はタバコは吸わないし，彼女も吸わない」

294
unless
[ənlés]

接～しない限り，～する場合を除いて

★if ... notに近いが，unlessは唯一例外の条件を表すのでexcept ifにより近い。
例 I'll be surprised if he doesn't come.
「彼が来ないとしたら驚くだろう」
上の例で～unless he comesとしてはいけない。もしそうすると，「彼が来る場合を除いて私は驚く」という意味になりおかしい。

295
except
[iksépt]

前 接～を除いて，～以外は

★普通all, every, noなどとともに使う。文頭には普通置かない。
◆ except for A　「Aを除けば，Aがあることを除けば」

★except forは文全体に対する「ただし書き」的に用いる。
例 The project went very well, except for a few problems.
「いくつか問題はあったが，その計画はうまくいった」

(反?)　⇔ besídes　　　前～に加えて　副その上に

MINIMAL PHRASES　　Disc1-65

- You **ought** *to* see a doctor.　　君は医者に診てもらう<u>べきだ</u>
- **Unlike** my wife, I get up early.　　妻<u>と違って</u>私は早起きだ
- *in* spite *of* difficulties　　困難<u>にもかかわらず</u>
- **during** the war　　戦争<u>の間</u>
- I don't know **whether** it is true *or not*.　　本当<u>かどうか</u>わからない

296
ought
[ɔ́ːt]

助 (ought to V) ⟨人は⟩Vすべきである
(ought to have Ved) Vすべきだったのにしなかった
★否定形は ought not to V だ。

297
unlike
[ʌnláik]

前 ～と違って，～に似ず
★unlike の後に in などの前置詞が来ることもある。
　例 unlike in Japan「日本でとは異なり」

298
in spite of
[spáit]

前 ～にもかかわらず
★ほとんどこの形で使い，in spite of で1つの前置詞と考えてよい。

299
during
[d(j)úəriŋ]

前 ①⟨特定の期間⟩の**間ずっと**　②⟨特定期間⟩の間のある時に

Q1 during I stayed in London はなぜだめ？
A1 during は前置詞だから後に節(主語＋動詞)は置けない。during my stay in London か while I stayed in London とする。

Q2 I met him (　　) staying in Paris.
① while ② during
A2 ① during の後に Ving は使えない。while Ving は OK。

300
whether
[hwéðər]

接①(名詞節を導いて)**～かどうか**　★whether + to V も可。
②(副詞節を導いて)**～であろうと**(なかろうと)

(語法)
★副詞節の時は whether 節中で or ～ や or not が必ず付く。名詞節の時は or ～ があってもなくてもよい。
★whether or not ～ とすることもある。
　例 The sun rises whether we look at it or not.
　 = The sun rises whether or not we look at it.
　　「私たちが見ようと見まいと陽は昇る」

第 2 章

最頻出の単語。基本的な単語が多いからって馬鹿にしてはいけない。それだけに，設問になる頻度も高いのだ。語法が問われるもの，熟語が大切なもの，発音が重要なものと，多彩だ。ひとつひとつ，しっかり覚えていこう。

Basic Stage

Take it easy!

✕ *Verbs* 動詞 ✕

MINIMAL PHRASES　　　　　　　　　　Disc1-66

□ **follow** her advice	彼女の助言<u>に従う</u>
□ **consider** the problem seriously	真剣にその問題<u>を考える</u>
□ **increase** *by* 20%	20%<u>増加する</u>
□ **expect** you *to* arrive soon	君がすぐ来ること<u>を予期する</u>

301
follow　〈多義〉
[fálou]

①〜(の後)に**続く**　②〈指示・方針など〉に**従う**
◆as follows　「次のように」
◇fóllowing　形次の，以下のような
◆A (be) followed by B　「Aの次にBが続く」

302
consider
[kənsídər]　〈語法〉

〜を**考慮する**；(+A+(as)B) AをBとみなす；
(+Ving) Vしようかと思う
★consider to V は×。
◇considerátion　名考慮，思いやり
◇consíderate　形思いやりのある
◇consídering　前接〜を考慮すると

〈形？〉

Q I considered about his proposal. はなぜだめ？
A consider は他動詞なので about は不要。
　cf. I thought about his proposal.

303
increase
[inkríːs]　〈反？〉

増える；〜を**増やす**　名[ínkriːs]　増加
⇔decréase　動減る；〜を減らす　名減少[´ ー]
◇incréasingly　副ますます(= more and more)

304
expect
[ikspékt]

〜を**予期する**，予想する，期待する
◆expect to V　「Vするつもり[予定]だ」
◆expect A to V　「AがVするのを予期する」
◆expect A from [of] B　「AをBに期待する」
◇expectátion　名予期，期待

Q life expectancy の意味は？　A 「平均寿命」

MINIMAL PHRASES　　　Disc1-67

decide *to* tell the truth	真実を語る<u>決意をする</u>
develop a unique ability	特異な能力<u>を発達させる</u>
provide him *with* information	彼に情報<u>を与える</u>
continue *to* grow fast	急速に成長し<u>続ける</u>
The list includes his name.	リストは彼の名前<u>を含んでいる</u>

305 decide
[disáid]

（名?）

~することを**決意する**；~を**決定する**，~と**判断する**

◆decide to V 「Vする決意をする」
　★Ving はダメ。
◇decísion 名決意，決定
◇decísive 形決定的な，断固とした

306 develop
[divéləp]

（名?）

①**発達する**；~を**発達させる**　②~を**開発する**

◆developing country 「発展途上国」
◆developed country 「先進国」
◇devélopment 名発達，成長，開発

307 provide
[prəváid]　（語法）

（接続詞にすると?）

~を**供給する**，**与える**

◆provide A with B 「AにBを与える」
　= provide B for [to] A
◆provide for A 「Aに備える；Aを養う」
◇provísion 名供給；用意
◇províded 接もし~ならば(= if)
　= províding

308 continue
[kəntínjuː]

続く；(~を)**続ける**(= go on, carry on)
◇contínuous 形絶え間ない，休みない
◇contínual 形繰り返される
◇continúity 名連続性

309 include
[inklúːd]　（反?）

~を**含む**，**含める**
⇔exclúde 動~を除外する

Q including A の意味は?　　A 「Aを含めて」(= A included)

2 Basic Stage・動詞　●　79

MINIMAL PHRASES　　　　　　　　　　　　Disc1-68

◻ **remain** silent	黙ったままでいる
◻ **reach** the mountain top	山頂に達する
◻ **allow** him *to* go out	彼に外出を許可する
◻ *be* **forced** *to* leave	立ち退きを強制される
◻ **offer** help *to* the poor	貧しい人に援助を申し出る

310
remain
[riméin]

①〈ある状態の〉**ままでいる**　②とどまる，残る
图遺物，遺跡，化石，残り物
◆remain to be Ved　「これからVされねばならない」

311
reach
[ríːtʃ]

~に**着く**（＝ arrive at）；~に**達する**　图届く範囲
◆reach for A　　　「Aをとろうと手をのばす」
◆within A's reach「Aの手の届く範囲に」

Q We reached to the hotel.
の誤りは？

A 「~に着く」の意味での **reach** は他動詞だから，to は不要。

312
allow
[əláu]　★発音問題で頻度１位。

発音？
同？（２つ）
反？

①~を**許可する**，許す　②~を可能にする（＝ enable）
①＝ permít, let
⇔ forbíd　　　　　動~を禁ずる
◆allow A to V　　「AがVするのを許す，可能にする」
◆allow for A　　 「Aを考慮に入れる」

Q forgive とどう違う？

A **forgive** は「〈失敗・罪など〉を許す」

313
force
[fɔ́ːrs]

~を**強制する**　图力，暴力（＝ violence）；軍隊
例 the air force「空軍」
◆be forced to V　「Vするのを強制される，Vせざるをえない」　★この形が最も多い。

314
offer
[ɔ́fər]

アク？

~を**申し出る**；~を与える　图申し出，提案
◆offer to V　　　「Vすると申し出る」
◇óffering　　　　图申し出，提供，供え物

MINIMAL PHRASES　　　　　　　　　　　Disc1-69

❑ **realize** the error	まちがい<u>を悟る</u>
❑ **require** more attention	もっと注意<u>を必要とする</u>
❑ **suggest** a new way	新しいやり方<u>を提案する</u>
❑ **worry** *about* money	お金のこと<u>を心配する</u>
❑ **wonder** where he has gone	彼はどこに行ったの<u>かと思う</u>

315
realize
[ríəlaiz]

①~を**悟る**，気づく（＋that～）　②~を**実現する**
◇realizátion　　　名①認識，理解　②実現

316
require
[rikwáiər]

~を**必要とする**（＝need）；~を**要求する**（＝demand）
◇requírement　　　名要求される物，必要条件

317
suggest　(多義)(語法)
[səgdʒést]

①~と**提案する**　②~を**ほのめかす**，暗示する
◆suggest (to A) that S＋(should)原形V
　　　「(Aに)~と提案する」　★toも重要！
◇suggéstion　　　名提案；暗示

Q I suggested that he (　) there.　① went　② go

A ②「彼がそこに行くよう提案した」「提案する」の意味のときは，that節中に，原形Vか，should＋Vを使う。また，＋O＋to Vの形はない。

318
worry
[wə́:ri]

心配する；~に**心配させる**　名心配(事)
◆be worried about A　「Aのことを心配する」

Q He worried me.とHe worried about me.の違いは？

A He worried me.　　「彼は私に心配をかけた」
　He worried about me.　「彼は私のことで心配した」

319
wonder
[wʌ́ndər]

①(＋wh/if節)~**かと疑問に思う**
②(＋at A) Aに**驚く**, Aを**不思議に思う** 名驚き,不思議(な物)
◆(it is) no wonder (that)~
　　　「~は不思議でない；当然だ」
◇wónderful　　　形すばらしい

2 Basic Stage・動詞

MINIMAL PHRASES　　　　　　　　　　　　　　Disc1-70

▫ The car **cost** me $50,000.	その車には5万ドルかかった
▫ **tend** *to* get angry	腹を立てがちである
▫ Everything **depends** *on* him.	すべては彼しだいだ
▫ **share** a room *with* a friend	友人と部屋を共有する
▫ **demand** more money	さらに金を要求する

320
cost　発音?

①〈費用〉を要する　②～を奪う　图費用，犠牲
[kɔ́(:)st]　(cost; cost; cost)
例 The accident cost him a leg.「事故が彼の片足を奪った」
◆A cost B＋C　「AがBにC(費用)を要する」
◇cóstly　　　　图高価な；損失の大きい

321
tend
[ténd]　名?

(tend to V) Vする傾向がある，Vしがちである
◇téndency　图傾向，癖

322
depend
[dipénd]　形?

(depend on A) Aに依存する，Aしだいで決まる
◇depéndent　　　图依存する
◇depéndence　　图依存

Q That depends. の意味は？　A 「それは場合による」　It all depends. も同意。

323
share
[ʃéər]

～を分け合う，共有する，一緒に使う
图分け前，分担，役割　例 market share「市場占有率」
◆share A with B「AをBと分かち合う」

324
demand
[dimǽnd]

①～を要求する，必要とする　②(～を)問う
图要求；需要(＋for)(⇔supply「供給」)
◆demand that S＋(should)原形V　「～と要求する」
◇demánding　图骨の折れる，要求の厳しい

Q I demanded her to tell me the truth. はなぜまずい？　A ＋O＋to Vの形はない。I demanded that she (should) tell the truth. ならOK。

MINIMAL PHRASES　　　　　　　　　　　Disc1-71

☐ **support** the President	大統領を支持する
☐ **hire** many young people	多くの若者を雇う
☐ **regard** him *as* a friend	彼を友達とみなす
☐ This story *is* **based** *on* fact.	この話は事実に基づいている
☐ **improve** the quality of life	生活の質を向上させる
☐ **recognize** the importance	重要性を認める

325
support　　多義
[səpɔ́ːrt]

①～を支持する，援助する　②〈家族など〉を養う
③～を立証する，裏付ける　名支持，援助
例 support the theory「理論を立証する」

326
hire
[háiər]

～を雇う；〈有料で車など〉を借りる
★一時的に仕事を依頼するという意味が多い。

327
regard
[rigáːrd]

(regard A as B) AをBだと思う，みなす
◆with [in] regard to A 「Aに関しては」
◆regardless of A 　　　「Aに関係なく」

328
base
[béis]

(A be based on B) AがBに基づいている，
(base A on B) Aの基礎をBに置く
名①基礎，根拠　②基地
◇básic　　　　形基礎的な

形？

329
improve
[imprúːv]

～を向上させる，改善する；向上する，進歩する
◇imprόvement　　名進歩，改善

330
recognize
[rékəgnaiz]

①～を認める　②～を識別する，～だとわかる
例 I recognized Tom at once.「すぐにトムだとわかった」
◇recognítion　　名認識，承認

アク？
名？

2 Basic Stage・動詞　● 83

MINIMAL PHRASES　　Disc1-72

☐ **notice** the color change	色彩の変化に気づく
☐ You *are* **supposed** *to* wear a seat belt.	シートベルトを締めることになっている
☐ **raise** three children	3人の子供を育てる
☐ **prefer** tea *to* coffee	コーヒーよりお茶を好む
☐ **enter** college at fifteen	15歳で大学に入る

331
notice
[nóutis]
形?

～に気づく，～だとわかる　名通知，掲示；注意
◆take notice of A　「Aに注意する」
◇nóticeable　　　形目立つ，著しい

332
suppose
[səpóuz]

～だと思う，想像する，仮定する
◆be supposed to V 「Vすることになっている，Vすべきだ，Vするはずだ」(＝should)
　★この形が約45%で最も多い。
◆Suppose (that)～ 「もし～だとしたら(どうだろう)」
　＝Supposing (that)～
◇suppósedly　　　副たぶん，おそらく

333
raise 多義
[réiz]

①～を上げる　②～を育てる(＝bring up)
③〈問題など〉を提起する　名賃上げ(＝pay raise)
★自動詞はrise「上がる，起きる」だ。

334
prefer アク?

～をより好む　[prifə́ːr]
◆prefer A to B 「BよりもAを好む」(A, Bには名詞・動名詞)
◆prefer to V₁ rather than (to) V₂
　　　　「V₂よりもV₁する事を好む」
名?　◇préference　　　名好み；好物
形?　◇préferable　アク　形より好ましい，ましな

335
enter
[éntər]　名?(2つ)

①〈場所・学校〉に入る　②～を記入する
◇éntrance　　　名入口，入ること
◇éntry　　　　 名入ること；記入(事項)

Q I entered into the house.
はなぜ誤り？

A 場所・学校にintoは不要。enter intoは「〈状態・行為〉を始める」だ。
例 enter into a conversation 「会話を始める」

MINIMAL PHRASES　　　　　　　　　　　　　　　Disc1-73

☐ **suffer** heavy damage	ひどい損害を受ける
☐ **describe** the lost bag	なくしたバッグの特徴を言う
☐ **prevent** him *from* sleeping	彼が眠るのをさまたげる
☐ **reduce** weight	体重を減らす
☐ **mistake** salt *for* sugar	塩を砂糖とまちがえる

336
suffer
[sʌ́fər]

〈苦痛・損害など〉を経験する，受ける；（病気などで）苦しむ，損害を受ける
◆suffer from A　「A（病気など）で苦しむ」
◇súffering　　名苦しみ
★suffer from Aは，苦痛がある期間続くときに用いられ，進行形が多い。

337
describe
[diskráib]　名?

～を描写する，～の特徴を説明する
◇descríption　　名描写，説明

338
prevent
[privént]

～をさまたげる，防ぐ，させない
◆prevent A from Ving　「AがVするのをさまたげる」
◇prevéntion　　名防止，予防

339
reduce
[ridjú:s]　多義

①～を減らす　②(reduce A to B) AをBにする，変える
◆be reduced to A「Aになる，変えられる」
★より低い[小さい]状態への変化に用いる。
　例 be reduced to poverty「貧乏になる」

名?　◇redúction　　名減少，削減，割引

340
mistake
[mistéik]

～を誤解する，まちがえる
名誤り，まちがい

形?　◆mistake A for B　「AをBとまちがえる」
◇mistáken　　形誤った，まちがっている
★1) He is often mistaken for his brother.「彼はよく弟とまちがわれる」
　2) You are mistaken about it.「あなたはまちがっている」
　1) は動詞 mistake の受身だが，2) の mistaken は形容詞。

2 Basic Stage・動詞

MINIMAL PHRASES　　　　　　　　　　　　　　Disc1-74

◻ **prepare** a room *for* a guest	客のために部屋を準備する
◻ **encourage** children *to* read	子供に読書をすすめる
◻ **prove** *to be* true	本当だとわかる
◻ **join** the baseball club	野球部に入る
◻ **treat** him like a child	子供みたいに彼をあつかう
◻ **establish** a new relationship	新しい関係を確立する

341
prepare
[pripéər]　名?

(～の)準備をする(＋for), (～を)用意する
◆be prepared for A 「Aに備えている」
◇preparátion 　　　　名準備, 用意

342
encourage
[inkə́:ridʒ]　反?

〈人を〉はげます, ～を促進する；
(encourage A to V) AにVするようすすめる
⇔discóurage 　　　動〈人〉のやる気をそぐ
◆discourage A from Ving 「AにVする気をなくさせる」
◇encóuragement 　　名はげまし, 促進

343
prove　多義
[prú:v]　名?

①～だとわかる(＝turn out)　②～を証明する
◇proof 　　　　　　　名証拠, 証明

344
join
[dʒɔ́in]

①～に参加する(＝take part in), 加わる　②～をつなぐ
◆join in (A) 　　　「(〈議論など〉に) 参加する」
◇joint 　　　　　　形共同の　名関節, つなぎ目

345
treat
[trí:t]
Q This is my treat. の意味は？　A 「これは僕のおごりだ」

～をあつかう；～を手当てする　名①楽しみ, 喜び　②おごり
◇tréatment 　　　　名取り扱い, 待遇；治療

346
establish
[estǽbliʃ]

～を確立する, 設立する(＝found)；〈事実など〉を確定する, 立証する
◇estáblishment 　　名確立, 設立

MINIMAL PHRASES　　　　　　　　　　　Disc1-75

◻ stress-**related** illness	ストレスと関係のある病気
◻ **compare** Japan *with* China	日本と中国を比較する
◻ **spread** the tablecloth	テーブルクロスを広げる
◻ What does this word **refer** *to*?	この語は何を指示するか

347
relate
[riléit]

①関係がある；～を関係づける　②～を述べる，話す

★上のフレーズのように，過去分詞で名詞を修飾する例が多い。
　例 drug-related crime「麻薬関係の犯罪」

◆be related to A 　　　「Aと関係がある」
◇relátion 　　　　　　　名関係
◇relátionship 　　　　　名関係

★relationとrelationshipはほぼ同意だが，男女関係ではrelationshipが多く用いられる。

348
compare　(多義)
[kəmpéər]

①～を比較する　②～をたとえる　③匹敵する，比べられる

◆compare A with B 　「AとBを比較する」
◆compare A to B 　　「①AをBにたとえる
　　　　　　　　　　　②AとBを比較する」

(名?)
◇compárison 　　　　名比較；たとえ
◇compáratively 　　　副比較的，かなり
◇cómparable　 (アク)　形比較できる，同等の

Q Life is compared (　) a voyage.
A to「人生は航海にたとえられる」

349
spread　(発音?)

～を広げる；広がる　名広がり，広めること
[spréd]　(spread; spread; spread)

350
refer　(アク?)

(refer to A) Aを指示する；Aに言及する；Aを参照する
[rifɔ́ːr]

◆refer to A as B 　　　「AをBと呼ぶ」(= call A B)
(名?)
◇réference 　　　　　　名言及；参照

2 Basic Stage ・動詞　● 87

MINIMAL PHRASES　　　　　　　　　　　　Disc1-76

❏ **supply** the city *with* water	その都市に水を供給する
❏ **gain** useful knowledge	有益な知識を得る
❏ **destroy** forests	森林を破壊する
❏ **apply** the rule *to* every case	全ての場合に規則を当てはめる
❏ **seek** help from the police	警察に助けを求める

351
supply
[səplái]　（語法）

〜を供給する，支給する　图供給
◆supply A with B　　「AにBを供給する」
　= supply B to [for] A
◆supply and demand　「供給と需要」

352
gain
[géin]

①〜を得る，もうける　②〜を増す　图利益，増加
◆gain weight　　　　「体重が増える」

353
destroy
[distrɔ́i]　（名?）

〜を破壊する；〈害虫など〉を殺す，滅ぼす
◇destrúction　　　　图破壊，破滅
◇destrúctive　　　　形破壊的な

354
apply
[əplái]　（多義）

①当てはまる，〜を当てはめる，応用する
②申し込む
◆A apply to B　　　　「AがBに当てはまる」
◆apply A to B　　　　「AをBに当てはめる，応用する」
◆apply (to A) for B　「(Aに)Bをほしいと申し込む」
（名?）(2つ)
◇applicátion　　　　图応用，適用；申し込み
◇ápplicant　　　　　图志願者，応募者

355
seek
[síːk]

〜を求める，得ようとする(seek; sought; sought)
◆seek to V　　　　　「Vしようと努める」
　= try to V

88

MINIMAL PHRASES　　　　　　　　　　　　　　Disc1-77

☐ **search** *for* the stolen car	盗難車を<u>捜す</u>
☐ He **claim**s that he saw a UFO.	彼はUFOを見た<u>と主張する</u>
☐ **draw** a map	地図<u>を描く</u>
☐ **introduce** you *to* my friend	友人に君<u>を紹介する</u>
☐ **refuse** *to* kiss him	彼にキスするの<u>を拒む</u>

356
search
[sə́ːrtʃ]

Q search him と search for him の違いは？

(search for A) Aを捜す；(search A) A〈場所〉を探る
◆in search of A　「Aを捜して，求めて」
A search A「Aという場所を探る」；search for A「Aを捜し求める」
だから，search him「彼のボディチェックをする」，search for him「彼を捜す」となる。
例 search his pockets for a key「鍵を求めて彼のポケットを探る」

357
claim　　多義
[kléim]

①~と**主張する**，言い張る　★「根拠なしに」が多い。
②~を(当然の権利として)**要求する**　名主張；要求
★「クレーム」(苦情)の意味はない。苦情はcomplaintだ。

358
draw　　多義
[drɔ́ː]

①~を**引っぱる**，引き出す，〈注意〉を引く
②〈図・絵〉を(線で)**描く**
◇dráwer　　名引き出し

359
introduce
[intrədjúːs]

~を**紹介する**；〈技術など〉を**導入する，採用する**
◇introdúction　　名紹介，導入，序論

360
refuse
[rifjúːz]

語法

名?

〈申し出など〉を**断る**，辞退する(⇔accept)
◆refuse to V　　「Vするのを拒む」
★refuse + Vingは×。
◇refúsal　　名拒否，拒絶

2 Basic Stage・動詞

MINIMAL PHRASES   Disc1-78

☐ Never **mention** it again.	二度とそのこと**を口にする**な
☐ **judge** a person *by* his looks	人を外見**で判断する**
☐ A typhoon is **approaching** Japan.	台風が日本**に接近している**
☐ I **admit** *that* I was wrong.	自分がまちがっていた**と認める**
☐ **reflect** the mood of the times	時代の気分**を反映する**

361
mention
[ménʃən]　(語法)

～について**述べる**，**言及する**（＝refer to）
◆mention A to B 「AについてB(人)に言う」
◆Don't mention it. 「どういたしまして」
　(礼やわびに対する返答)＝You are welcome.
◆not to mention A 「Aは言うまでもなく」
　＝to say nothing of A

362
judge
[dʒʌ́dʒ]
(名?)

～を**判断する**，～を**裁判する**　名 裁判官，審判員
◆judging from A 「Aから判断すると」(独立分詞構文)
◇júdgment 　名 判断

363
approach　(多義)
[əpróutʃ]

① (～に)**接近する**　② 〈問題など〉に**取り組む**
名 (研究などの)**方法**，取り組み方；接近(＋to)
例 a new approach to English education 「英語教育の新しい方法」

Q He approached to me. はなぜだめ？
A 前置詞不要。He approached me. が正しい。

364
admit
[ədmít]
(反?)
(名?)

① 〈自分に不利・不快なこと〉を**認める**（＋that～）
② 〈人〉の**入場[入学]を許可する**
⇔ dený　動 ～を否定する
◇admíssion　名 入学(許可)，入場(料)，入会(金)

Q 目的語となる動詞の形は？
A Ving (動名詞)。admit to V は不可。

365
reflect　(多義)
[riflékt]

① ～を**反映する**，**反射する**
② (reflect on A) Aについて**よく考える**
◇refléction　名 反射，反映；熟考

90

MINIMAL PHRASES　　　　　　　　　　Disc1-79

- **perform** the job 　　　　　　　仕事を遂行する
- a very **boring** movie 　　　　　すごく退屈な映画
- **survive** in the jungle 　　　　　ジャングルで生き残る
- Words **represent** ideas. 　　　　言葉は考えを表す
- **argue** *that* he is right 　　　　彼は正しいと主張する

366
perform
[pərfɔ́ːrm]
名?

①~を行う，~を遂行する（= carry out）
②~を演じる，~を演奏する
◇ perfórmance 　名①遂行, 実行　②演技, 上演
　　　　　　　　　　③性能；できばえ, 成績

367
bore
[bɔ́ːr]

〈人〉をうんざりさせる　名退屈なもの[人]
◇ bóring 　　　形〈人を〉退屈させる
◇ bored 　　　形〈人が〉退屈している
◆ A be bored with B 「A(人)がBに退屈している」
◇ bóredom 　　名退屈

Q He is bored. とHe is boring. はどう違う？
A He is bored. は「彼は退屈している」, He is boring. は「彼はつまらない人間だ」。

368
survive
[sərváiv]
名?

生き残る；〈人〉より長生きする；〈危機など〉を越えて生き延びる　源 sur (越えて) + vive (生きる)
◇ survíval 　　名生存, 生き残ること

369
represent
アク?

①~を表す, 示す　②~を代表する
[reprizént]
◇ representátion 　名①代表　②表現
◇ represéntative 　名代表者　形代表の, 表している

同熟?
① = stand for 　　★頻出！

370
argue
[áːrgjuː]　名?

~と主張する（+ that ~）；（~を）議論する；論争する
◇ árgument 　　名議論, 主張, 論争

2 Basic Stage ・動詞 ● 91

MINIMAL PHRASES　　　　　　　　　　　　Disc1-80

❑ *take* freedom *for* granted	自由を当然と考える
❑ The data **indicate** *that* he is right.	データは彼が正しいことを示す
❑ The book **belongs** *to* Betty.	その本はベティのものだ
❑ **acquire** a language	言語を習得する
❑ **reply** *to* his letter	彼の手紙に返事をする

371
grant 〔多義〕
[grǽnt]

①〜を認める(＝admit)　②〜を与える　③〈願い〉をかなえてやる　（③はややまれ）　图交付，補助金
◆take A for granted 「Aを当然のことと思う」
◆take it for granted that〜 「〜ということを当然と思う」

★上の熟語が過半数をしめる。

372
indicate
[índikeit]

〜を指し示す，表す(＝show)
◇indicátion　　　图指示，暗示，兆候

373
belong
[bilɔ́(:)ŋ]

所属している，(〜の)所有物である
◆A belong to B 「AはBに所属する，Bのものだ」
◇belóngings　　　图所有物，持ち物

Q I'm belonging to the club. の誤りは？

A belongは進行形にならない。I belong to the club. が文法的には正しい。ただし，I'm a member of the club. / I'm in the club. と言うのが自然。

374
acquire
[əkwáiər] 〔名?〕

〈言語，技術など〉を習得する；〜を獲得する
◇acquisítion　　　图習得
◇acquíred　　　形習得された，後天的な

★AIDS(エイズ)は Acquired Immune Deficiency Syndrome「後天性免疫不全症候群」の略だ。

375
reply
[riplái]

返事をする，(〜と)答える(＋to)
图返事，答え
★reply to A ＝ answer A

MINIMAL PHRASES　　　　　　　　　　　Disc1-81

❑ **feed** a large family	大勢の家族を養う
❑ **escape** *from* reality	現実から逃避する
❑ **replace** the old system	古い制度に取って代わる
❑ **reveal** a surprising fact	驚くべき事実を明らかにする
❑ Japan *is* **surrounded** by the sea.	日本は海に囲まれている
❑ The job **suit**s you.	その仕事は君に合っている

376
feed
[fí:d]

〜にエサをやる，〜を養う；エサを食う
- ◆feed on A 　　　　「〈動物が〉Aを常食とする」
- ◆be fed up with A 　「Aにうんざりしている」
- ★fedはfeedの過去分詞。

377
escape
[iskéip]

逃げる，まぬがれる(+ from)；〜を避ける
名逃亡；逃げ道　★動詞を目的語にするときは＋Ving。

378
replace
[ripléis] 同熟?

①〜に取って代わる，〜を取り替える ②〜を元の場所に戻す
①= take the place of
- ◆replace A with B 　「AをBに取り替える」
- ◇replácement 　　　名取り替え，代用品

379
reveal
[rivíːl] 名?

〜を明らかにする，知らせる，示す
- ◇revelátion 　　　　名暴露，発覚；新発見

380
surround
[səráund]

〜を取り囲む　★受動態が約40％もある。
- ◇surróundings 　　　名環境，周囲の状況

381
suit
[súːt] 形?

〜に合う，適する；〈服装・色などが〉〈人〉に似合う
- ◇súitable 　　　　　形適した，ふさわしい

Q The shoes ( ) you well.
①match ②suit

A ②「その靴は君に似合う」「物が人に似合う」でmatchは不可。

2 Basic Stage・動詞　● 93

MINIMAL PHRASES　　　　　　　　　　　Disc1-82

❏ the **estimated** population of Japan	日本の推定人口
❏ **aim** *at* the Asian market	アジア市場をねらう
❏ **earn** money for the family	家族のためにお金をかせぐ
❏ My memory began to **decline**.	記憶力が低下し始めた
❏ *can't* **afford** *to* buy a Ford	フォードの車を買う余裕がない
❏ be **confused** by her anger	彼女の怒りに当惑する

382
estimate
アク?

〈数量〉を推定する；〜を評価する　名[éstəmət] 見積り
[éstəmeit]
◇underéstimate　　　　動〜を過小評価する

383
aim
[éim]

(aim at A) Aをねらう，目指す；
(aim A at B) AをBに向ける
名目的，意図 (= purpose, intention)
◆be aimed at A　　「A向けだ，Aを目指している」

384
earn
[ə́ːrn]

①〈金〉をもうける，かせぐ　②〈評判・尊敬など〉を得る
◆earn one's living　　「生計をたてる」

385
decline　多義
[dikláin]

①衰退する，低下する　②〜を辞退する　名衰退，低下
★②は turn down, refuse よりていねい。

386
afford
[əfɔ́ːrd]

①〜をする[持つ]余裕がある　②〜を与える (②は少ない)
◆can afford to V　　「Vする余裕がある」

387
confuse　多義
[kənfjúːz]

①〈人〉を当惑させる，〜を混乱させる　②〜を混同する
◆confuse A with B　　「AをBと混同する」
◇confúsed　　　　　　形当惑した，混乱した
◇confúsing　　　　　　形〈人を〉当惑させる
名?
◇confúsion　　　　　　名混乱，混同，当惑

MINIMAL PHRASES　　　Disc1-83

❑ **graduate** *from* high school	高校を<u>卒業する</u>
❑ **vary** from country to country	国によって<u>変わる</u>
❑ **remove** the cover	カバー<u>を取り除く</u>
❑ **insist** *on* going to France	フランスに行くと<u>言い張る</u>
❑ **examine** every record	あらゆる記録<u>を調べる</u>

388
graduate
[grǽdʒueit]

(graduate from A) Aを**卒業する**　★fromを忘れないように！
图[grǽdʒuət]　卒業生；大学院生 (= graduate student)
◆graduate school「大学院」
◇graduátion　　图卒業
◇undergráduate　图大学生

389
vary
[véəri]　形？(2つ)

変わる，さまざまである；〜を**変える**
◇várious　　　图さまざまな　☞ p.171
◇váried　　　 图さまざまな，変化に富んだ
◇inváriably　　副いつも，変わることなく
◇variátion　　 图変化，差異

390
remove
[rimúːv]

〜を**移す，取り去る**；〈衣服〉を脱ぐ (= take off)
◇remóval　　　图除去，移動
◆be (far) removed from A
　　　　　　　「Aから（遠く）へだたっている」

391
insist
[insíst]

〜と(強く)**主張する，言い張る**
◆insist on A　　「Aを主張する」
◆insist that S + (should) 原形V　「〜と主張する」

392
examine
[igzǽmin]　同熟？(3つ)

〜を**調査する**，検査する，試験する
= look into, go into, go over
◇examinátion　图試験 (= exam)；調査

2 Basic Stage・動詞　● 95

MINIMAL PHRASES　　　　　　　　　　Disc1-84

▫ **remind** him *of* the promise	彼に約束を思い出させる
▫ **contribute** *to* world peace	世界平和に貢献する
▫ **warn** him *of* the danger	彼に危険を警告する
▫ **connect** the computer *to* the Internet	コンピュータをインターネットにつなぐ
▫ **match** him in power	力で彼に匹敵する
▫ **focus** *on* the problem	その問題に焦点を合わせる

393
remind
[rimáind]

(remind A of B) AにBのことを思い出させる
◆remind A that～「A(人)に～を思い出させる」
◆remind A to V　「AにVすることを思い出させる」

394
contribute 多義
[kəntríbjuːt]

①(＋to A) Aに貢献する；Aの一因となる
②(＋A to B) AをBに寄付する，提供する
◇contribútion　名貢献，寄付

Q CO₂ contributes to global warming. の意味は？

A 「CO_2は地球温暖化の一因だ」

395
warn
[wɔ́ːrn]

〈人〉に警告する
◆warn A of [about; against] B「AにBを警告する」
◇wárning　名警告，警報

396
connect
[kənékt]

～をつなぐ，関係づける；つながる(＝link)
◆be connected to [with] A
　　　　　「Aと関係がある，つながりがある」
◇connéction　名結びつき，関係

397
match 多義
[mǽtʃ]

①～に匹敵する　②～に調和する(＝go with)
名①試合　②競争相手，好敵手　③よくつり合う人・物
例 be no match for A 「Aにかなわない」　☞ p.93 suit

398
focus
[fóukəs]

焦点を合わせる，集中する　名焦点
◆focus on A　　「Aに焦点を合わせる」

MINIMAL PHRASES　　　　　　　　　　　Disc1-85

▫ **reject** the proposal	提案を拒否する
▫ **convince** him *that* it is true	それは本当だと彼に確信させる
▫ Red is **associated** *with* danger.	赤は危険と結びつけられる
▫ **rush** into the hospital	病院へ急いで行く
▫ **stress** the need for information	情報の必要性を強調する

399
reject
[ridʒékt]

〈提案など〉を断る，拒絶する
源 re (= back) + ject (投げる) = (投げ返す)
★ふつう，招待を断るときにはrejectを用いず，refuseやdeclineを使う。

(反?)
⇔ accépt　　　　　　　動 ～を受け入れる
◇ rejéction　　　　　　名 拒絶，拒否

Q reject the proposal
= ( )( ) the proposal

A reject = turn down 「申し出を断る」

400
convince
[kənvíns]

〈人〉を納得させる，確信させる
◆ convince A that ～　　「Aに～と確信させる」
◆ A be convinced that ～　「Aが～と確信している」
◆ convince A of B　　　「AにBを確信させる」
◆ A be convinced of B　「AがBを確信している」

(名?)
◇ convíction　　　　　　名 確信
◇ convíncing　　　　　　形 説得力のある

401
associate
[əsóuʃieit]

①(associate A with B) AをBに関連づける，
AからBを連想する　★フレーズのような受身形が過半数。
②(associate with A) Aとつきあう　(②はややまれ)
名 仲間，同僚
◇ assóciátion　　　　　名 協会；連想；交際

402
rush
[rʌ́ʃ]

急いで行く，急いでする　名 急ぎ，突進
◆ rush hour　　　　　　「ラッシュアワー」

403
stress
[strés]

～を強調する　名 緊張，ストレス；強調
◇ stréssful　　　　　　形 ストレスの多い

2 Basic Stage・動詞 ● 97

MINIMAL PHRASES　　　Disc1-86

▫ **attract** his attention	彼の注意を引きつける
▫ **rely** *on* their power	彼らの力に頼る
▫ **respond** *to* questions	質問に答える
▫ **threaten** *to* kill the girl	その娘を殺すと脅迫する
▫ **adopt** a new system	新しいシステムを採用する
▫ **shake** the bottle well	ビンをよく振る

404
attract
[ətrǽkt]　形?

〈人・注意〉を引きつける；魅惑する
◇ attráctive　形 魅力的な
◇ attráction　名 魅力；引きつけるもの

405
rely
[rilái]
　　　形?

(rely on [upon] A) Aに頼る，Aを信頼する
◆ rely on A for B　「Aに頼ってBを求める」
◇ relíable　形 信頼できる，当てになる
◇ relíance　名 依存，信頼

406
respond
[rispánd]　名?

(respond to A) ① Aに返答する　② Aに反応する
◇ respónse　名 返答（= answer），反応

407
threaten
[θrétn]

～を脅迫する，おどす；～をおびやかす
◆ threaten to V　「① Vすると脅迫する
　　　　　　　　　② Vする恐れがある」
◇ thréatening　形 脅迫的な，おびやかす
◇ thre<u>a</u>t　発音　名 [θrét] 脅迫，おどし

408
adopt
[ədápt]

① 〈理論・技術など〉を採用する　② ～を養子にする
◇ adóption　名 採用，養子縁組

409
shake
[ʃéik]

～を振る；震える；～を動揺させる
(shake; shook; shaken)
◆ shake hands (with A)　「(Aと)握手する」
◆ shake one's head　「首を横に振る」(否定の身振り)

98

MINIMAL PHRASES　　　　　　　　　　　　　　　Disc1-87

◻ **hurt** her feelings	彼女の気持ち<u>を傷つける</u>
◻ **operate** a computer with a mouse	マウスでコンピュータ<u>を操作する</u>
◻ Exercise **extend**s life.	運動は寿命<u>を延ばす</u>
◻ **blame** others *for* the failure	失敗を他人<u>のせいにする</u>
◻ The book **consists** *of* six lessons.	その本は6課で<u>構成されている</u>

410
hurt　〔発音?〕
[há:rt]

～を傷つける；痛む(hurt; hurt; hurt)　名傷
★heart [há:rt] と区別しよう。

411
operate　〔多義〕
[ápəreit]　〔名?〕

①〈機械などが〉**作動する**　②〈機械など〉を**操作する**
③**手術する**(+ on)
◇ operátion　　名①手術 ②活動，軍事行動 ③操作
例 U.N. peacekeeping operations「国連平和維持活動」

412
extend
[iksténd]　〔名?〕　〔形?〕

～を広げる，延長する；広がる，のびる
◆ extended family「大家族」
◇ exténtt　　名程度，範囲
◆ to some extent「ある程度まで」
◇ exténsive　　形広範囲な
◇ exténsion　　名延長，増大

413
blame
[bléim]

～を非難する，～のせいにする　名非難；責任
◆ blame A for B　「AにBの責任を負わせる」
　= blame B on A
◆ be to blame　「責任がある，悪い」

Q Who is to blame for the accident? の意味は？
A 「事故の責任はだれにあるのか」

414
consist
[kənsíst]

① (consist of A) Aで**構成されている**
② (consist in A) Aに**存在する**　(まれ)
★②は抽象的な意味で用いる。(頻度は①の**10分の1**ほど)

Q consist of A
= ( )( )( )A
= ( )( )( )( )A

A be composed of, be made up of

MINIMAL PHRASES　　　　　　　　　　　Disc1-88

◻ **persuade** them *to* go back	彼ら を説得して 帰らせる
◻ **admire** her beauty	彼女の美しさ に感嘆する
◻ be **disappointed** *with* the test results	試験の結果に 失望する
◻ **expand** the market	市場 を拡大する
◻ **preserve** forests	森林 を保護する
◻ **struggle** *to* get free	自由になろうと もがく

415
persuade
[pərswéid]
名?
形?

①〜を説得する　②〜を信じさせる
◆ persuade A to V「Aを説得してVさせる」
◇ persuásion　　名 説得
◇ persuásive　　形 説得力のある

416
admire
[ədmáiər]
形?

〜に感心する，〜を賞賛する，尊敬する
◇ admirátion　　名 感嘆，賞賛
◇ ádmirable　　アク　形 賞賛すべき，立派な

417
disappoint
[disəpɔ́int]

〜を失望させる
◇ disappóinted　　形〈人が〉がっかりした（+with, at）
◇ disappóinting　　形〈人を〉がっかりさせる
◇ disappóintment　　名 失望

418
expand
[ikspǽnd]

（〜を）拡大する，増大する；膨張する
◇ expánsion　　名 拡大，進展

419
preserve
[prizə́ːrv]

〜を保護する，保存する；〜を保つ，〜を維持する
◇ preservátion　　名 保護，保存，維持

420
struggle
[strʌ́gl]

苦闘する，努力する；もがく；（〜に）取り組む（+with）
名 努力，苦闘（+for）

100

MINIMAL PHRASES　　　　　　　　　　Disc1-89

□ **arrange** the meeting	会議の手はずを整える
□ **disturb** his sleep	彼の睡眠をさまたげる
□ **employ** her as a spy	スパイとして彼女を雇う
□ **engage** *in* volunteer activities	ボランティア活動に従事する
□ an **abandoned** child	捨てられた子供

421
arrange　多義

発音?

[əréindʒ]

① 〈会合など〉の手はずを整える；〜を手配する
② 〜を配列する，整理する

例 arrange words in the right order 「単語を正しい順に並べる」

◇arrángement　　名準備；整理，配列

422
disturb
[distə́ːrb]

名?

① 〈人・仕事など〉をさまたげる(= interrupt) ② 〈人〉を不安にする(= worry)；〈平和・秩序など〉をかき乱す

◇disturbance　　名混乱，妨害
◇disturbing　　形人を不安にする

423
employ　多義
[emplɔ́i]

① 〜を雇う　② 〈方法・言葉など〉を用いる(= use)

◇employée　　名従業員(⇔emplóyer 名雇い主)
◇emplóyment　　名雇用，職，使用
◆lifetime employment 「終身雇用」
◇unemplóyment　　名失業

Q employee と employer の違いは？　　A ↑

424
engage
[engéidʒ]

(engage in A) A〈活動・仕事など〉に従事する，参加する，Aを行う，(engage A in B) AをBに従事させる
◆be engaged in A「Aに従事している(= engage in A)；Aに没頭している」

◇engágement　　名(会合などの)約束；婚約

425
abandon
[əbǽndən]

〜を捨てる，放棄する(= give up, desert)

2 Basic Stage・動詞　●　101

MINIMAL PHRASES　　　　　　　　　　Disc1-90

▫ **display** a talent	才能を示す
▫ **encounter** many difficulties	数々の困難に出会う
▫ be too **exhausted** to speak	口もきけないほど疲れはてている
▫ Sorry to **bother** you, but …	おじゃましてすみませんが…
▫ **concentrate** *on* what he is saying	彼の話に集中する

426
display　　アク？
　　　　　　　同？（2つ）

～を展示する；～を表す；～を誇示する　名展示，表現
[displéi]
= exhíbit, show

427
encounter
[inkáuntər] 同熟？（2つ）

～に偶然出会う，〈問題など〉にぶつかる　名出会い，遭遇
= come across, run into

428
exhaust

　　　　　　　発音？

〈人〉を疲れはてさせる；～を使いはたす（= run out of）
名排ガス
[igzɔ́:st]
◇ exháusted　　形〈人が〉疲れはてた（= tired out）
◇ exháusting　　形〈仕事が〉過酷な
◇ exháustion　　名極度の疲労

429
bother　　多義

　　　　　　　発音？

①〈人〉に面倒をかける，困らせる　②（～を）気にする
名面倒，やっかいなもの
[báðər]
◆ bother to V　　「わざわざVする」★否定・疑問文で。
例 Don't bother to answer this letter.「わざわざ返事を書かなくていい」

430
concentrate
　　　　　　　アク？

集中する，〈注意など〉を集中させる
[kánsəntreit]　★50%以上が on を伴う。
源 con（いっしょに）＋ centr（中心）
◆ A concentrate on B「AがBに集中する，専念する」
◆ concentrate A on B「AをBに集中させる」
◇ concentrátion　　名集中，専念

102

MINIMAL PHRASES　　　　　　　　　　Disc1-91

◻ adapt *to* a new culture	新しい文化に適応する
◻ be puzzled by the problem	その問題に頭を悩ませる
◻ appeal *to* his feelings	彼の感情に訴えかける
◻ combine music and drama	音楽と演劇を結合させる
◻ delay his arrival	彼の到着を遅らせる
◻ repair the car	車を修理する

431
adapt
[ədǽpt]

①〜を適応させる，慣れさせる；適応する　②〜を改変する
◆ adapt A to B 　　　　　「AをBに適応させる」
◆ A adapt (oneself) to B 「AがBに適応する」
◇ adaptátion 　　　　　名適応，順応
◇ adáptable 　　　　　形適応力がある

432
puzzle
[pʌ́zl]

〜を当惑させる(=confuse)，困らせる
名難問，パズル

433
appeal 　多義
[əpíːl]

(appeal to A)①A〈理性・感情など〉に訴える；〈人〉に求める
②〈人〉を引きつける　名①魅力　②訴え
◇ appéaling 　　　　　形魅力的な

434
combine
[kəmbáin]

〜を結合させる，組み合わせる；結合する(+with)
◇ combinátion 　　　　名結合，組み合わせ

435
delay
[diléi]

〜を遅らせる，延期する　名遅れ，延期

Q The bus delayed because of an accident. はおかしい？
A The bus was delayed by an accident. がふつう。「物事が遅れる」は受身で表す (The accident delayed the bus. も可)。

436
repair
[ripéər]

〜を修理する；〜を修復する　名修理

2 Basic Stage・動詞　● 103

MINIMAL PHRASES　　　　Disc1-92

□ a **fascinating** story	夢中にさせる物語
□ He **devoted** himself *to* his work.	彼は仕事に身をささげた
□ cars **imported** from America	アメリカから輸入された車
□ **remark** that he is kind	彼は親切だと述べる
□ **reserve** a room at a hotel	ホテルの部屋を予約する

437
fascinate
[fǽsəneit]

〈人〉を夢中にさせる，〜の興味をかきたてる
◇fáscinating　　形魅力的な，非常におもしろい
◇fáscinated　　形夢中になった
◇fascinátion　　名魅惑，魅力

438
devote
[divóut]

〜をささげる，〈時間など〉を費やす
◆devote A to B 「AをBにささげる，費やす」
◇devóted　　形献身的な，熱愛する
◆be devoted to A 「Aにささげられる；Aが大好きだ」
◇devótion　　名献身，愛情

439
import

アク？
反？

〜を輸入する　名輸入，輸入品
動[impɔ́ːrt]　名[ímpɔːrt]
⇔export　　動[ikspɔ́ːrt]　〜を輸出する
　　　　　　名[ékspɔːrt]　輸出

440
remark
[rimáːrk]

形？

(〜と)述べる，言う(= say)
名意見，言葉
◇remárkable　　形注目すべき，珍しい　☞ p. 165

441
reserve
[rizə́ːrv]

〜を予約する，〜を取っておく(= set aside)
名①蓄え，埋蔵量　②保護区　③遠慮(③は少数)
例 oil reserves「石油の埋蔵量」
◆be reserved for A 「Aに用意されている」
◆nature reserve 「自然保護区」
◇reservátion　　名予約，保留
◇resérved　　形控えめな；予約している

104

MINIMAL PHRASES　　Disc1-93

□ **amazing** speed	<u>驚異的な</u>速さ
□ be **frightened** *of* death	死を<u>恐れる</u>
□ **release** him *from* work	仕事から彼<u>を解放する</u>
□ **rent** an apartment	アパート<u>を借りる</u>
□ **recover** *from* illness	病気から<u>回復する</u>

442
amaze
[əméiz]

〜を**驚嘆させる**
◇amázing　　形驚嘆すべき，見事な，信じ難い
　　　　　　　　　（= incredible, wonderful）
◇amázed　　形〈人が〉驚いている

443
frighten
[fráitn]

〈人〉を**おびえさせる**，ぞっとさせる
◇frightened　　形おびえている(+ of, by)
◇frightening　　形ぞっとするような

444
release　多義
[rilíːs]

①〜を**解放する**，自由にする　②〜を**発表する**
③〈ガスなど〉を**放出する**　　名解放，放免；公表，発表
例 release CO₂「CO₂を出す」
◆release A from B「AをBから解放する」

445
rent
[rént]

①〈家・車など〉を**賃借りする**　②〜を**賃貸しする**
名家賃，使用料，賃貸料
◇réntal　　形賃貸しの　名使用料
◇lease　　名賃貸契約　動〈土地・建物など〉を賃貸する，賃借する

語法　★rentは「借りる」と「貸す」両方の意味があるので注意。
　rent the house from A「Aから家を賃借りする」
　rent the house to A　「Aに家を賃貸しする」
　また，無料で借りるときは，borrowを使う。

446
recover
[rikʌ́vər]
名?

①(recover from A) A(病気など)から**回復する**
②〜を**取り戻す**
◇recóvery　　名回復，取り戻すこと

2 Basic Stage・動詞　● 105

MINIMAL PHRASES　　　　　　　　　　　　　　　Disc2-01

◦ **suspect** him of being a spy	彼をスパイ<u>ではないかと疑う</u>
◦ **deliver** a message *to* a friend	友人に伝言<u>を渡す</u>
◦ **identify** the body	死体<u>の身元を特定する</u>
◦ The office *is* **located** *in* the area.	オフィスはその地域に<u>ある</u>

447
suspect
[səspékt]

名?
形?

Q doubtとsuspectはどう違う？（＋that節のとき）

① 〜ではないかと思う（＝ suppose）　② 〈人・もの〉を疑う
名 [sʌ́spekt]　容疑者，疑わしいもの
◆suspect A of B 「AをBのことで疑う」　★受身が多い。
◇suspícion　　　　名容疑，疑い
◇suspícious　　　　形疑い深い；疑わしい

A doubtはdon't believeに近く，suspectはsupposeに近い。
　例 I doubt that he killed her. 「彼が殺したとは思わない」
　　 I suspect that he killed her. 「彼が殺したと思う」

448
deliver　多義
[dilívər]

名?

① 〜を配達する，渡す　② 〈講義など〉をする
例 deliver a speech 「演説をする」
◇delívery　　　　名配達

449
identify　多義
[aidéntəfai]

① 〜の正体をつきとめる，〜が何[誰]なのか確認する
②(identify with A) Aと共感する
◆identify A with [as] B 「AをBとみなす，同一視する」
◇identificátion　　名身元確認，身分証明，同一視，
　　　　　　　　　　　一体化
◇idéntity　　　　　名身元，正体；独自性
◇idéntical　　　　　形同一の

450
locate
[lóukeit]

①(be located in [on, at] A)（Aに）位置する，ある
②〜の場所を見つける
★①の形で用いられることが多い。
◇locátion　　　　　名位置，場所；ロケ，野外撮影

MINIMAL PHRASES　　　Disc2-02

☐ a car **manufacturing** company	車を製造する会社
☐ **occupy** a high position	高い地位を占める
☐ **own** five cars	5台の車を所有している
☐ be **exposed** *to* danger	危険にさらされる
☐ **conclude** *that* he was killed	彼は殺されたという結論を下す
☐ **cure** him *of* his illness	彼の病気を治す

451
manufacture
アク？

～を製造する，生産する　　名製造，生産；製品
[mænjəfǽktʃər]
★上のフレーズは car manufacturing で一つの形容詞になっている。こういう例が多い。
◇manufácturer　　　名製造業者，メーカー

452
occupy
[ákjəpai]

〈場所・地位など〉を占める
◆be occupied with A「Aで忙しい，Aに従事している」

453
own
[óun]

～を所有している，～を持っている　★進行形にならない。
形（所有格の後で）自分自身の
◆A of one's own　　　「自分自身のA」
◆of one's own Ving　　「自分でVした」
◆on one's own　　　　「ひとりで」

454
expose
[ikspóuz]
名？

(expose A to B) AをBにさらす　★約50％が受身形。
〈秘密など〉をあばく
◇expósure　　　　　名露出，暴露

455
conclude
[kənklú:d] 名？

①～と結論づける　②～を終わりにする，しめくくる
◇conclúsion　　　　名結論；結末

456
cure
[kjúər]

～を治療する，〈悪い習慣など〉を直す　名治療法
◆cure A of B　　　　「A(人)のB(病気など)を治す」

MINIMAL PHRASES　　　　　　　　　　　　　　　Disc2-03

◻ **perceive** danger	危険に気づく
◻ **ban** smoking in public places	公共の場の喫煙を禁ずる
◻ be **alarmed** by the noise	その音にぎょっとする
◻ This word **derives** *from* Latin.	この語はラテン語に由来する
◻ **neglect** human rights	人権を無視する

457
perceive
[pərsíːv]
名?

①〜を知覚する，〜に気づく　②〜と思う，理解する
◆ perceive A as B 　　　「AがBであると思う」★頻出！
◇ percéption 　　　　　名知覚；認識

458
ban
[bǽn]

(公式に)〜を禁止する　名禁止
★ジャーナリズムでよく使われる。

459
alarm
[əlάːrm]

〜をぎょっとさせる，おびえさせる(= scare)
名①警報　②驚き，不安
◇ alárming 　　　　　形驚くべき，不安にさせる
◇ alármed 　　　　　　形ぎょっとした
◆ alarm clock 　　　　「目覚まし時計」

460
derive
[diráiv]

①由来する　②〈利益・喜びなど〉を引き出す
◆ A derive from B 　　「AはBに由来する」
　= A be derived from B
◆ derive A from B 　　「BからAを引き出す」

461
neglect
[niglékt]
多義

①〜を無視する，怠る　②〈子供など〉の世話をしない
名怠慢，無視

MINIMAL PHRASES　　Disc2-04

- adjust *to* a new school　　新しい学校に慣れる
- shift gears　　ギアを変える
- be embarrassed by the mistake　　そのまちがいが恥ずかしい
- approve *of* their marriage　　二人の結婚を承認する
- commit a crime　　犯罪を犯す

462
adjust
[ədʒʌ́st]

〈環境に〉**慣れる**（= adapt）；~を**適合させる，調節して合わせる**
◆ adjust A to B　　「AをBに適合させる」

463
shift
[ʃíft]

~を**変える，移す**
名 変化，移動，交替

464
embarrass
[imbǽrəs]

~を**困惑させる，~に恥ずかしい思いをさせる**
◇ embárrassed　　形 〈人が〉当惑している，恥ずかしい気持ちの
◇ embárrassing　　形 〈人を〉当惑させる，きまり悪くさせる
◇ embárrassment　　名 困惑，困難

465
approve
[əprúːv]

反？
名？

~を**承認する，賛成する**（= agree to）；~を**気に入る**
★ approve of A もほぼ同じ意味。正式な認可には approve A を用いる。
⇔ disappróve　　動 ~に反対する
◇ appróval　　名 賛成，承認

466
commit
[kəmít]

① 〈罪など〉を**犯す**　② ~を**ゆだねる，委任する**
◆ be committed to A　「Aに献身する，のめりこむ」
　= commit oneself to A
◇ commítment　　名 献身，傾倒；約束
◇ commíssion　　名 ① 任務，依頼　② 委員会

2 Basic Stage・動詞　●　109

MINIMAL PHRASES　　　　　　　　　　　Disc2-05

▫ **stretch** my legs	足を広げる
▫ **participate** *in* the meeting	会議に参加する
▫ **impose** rules *on* students	学生に規則を押しつける
▫ I **owe** my success *to* you.	私の成功はあなたのおかげだ
▫ **celebrate** his birthday	彼の誕生日を祝う

467
stretch
[strétʃ]

～を広げる，伸ばす(+ out)；広がる，伸びる
名広がり，期間

468
participate
[pɑːrtísipeit] 名?

Q participate in A
= ( )( )( ) A

(participate in A) Aに参加する
◇ participátion 　　名参加
◇ partícipant 　　　名参加者
A take part in A 　「Aに参加する」

469
impose
[impóuz]

(impose A on B) AをBに課す，押しつける
★Aは税・罰金・規則・労働・意見など。

470
owe
[óu]

(owe A to B) ① AのことはBのおかげだ
② AをBに借りている　★②は owe B A の文型もある。

471
celebrate
[séləbreit]

① 〈特定の日・できごと〉を祝う，〈儀式〉を行う
② ～を賞賛する(少数)
◇ celebrátion 　　　名祝い
◇ célebrated 　　　形名高い(= famous)
◇ celébrity 　　　　名有名人

MINIMAL PHRASES　　　Disc2-06

☐ A new problem has **emerged**.	新たな問題が出現した
☐ **urge** him *to* stop smoking	禁煙するよう彼を説得する
☐ *be* seated on the bench	ベンチで座っている
☐ *be* injured in the accident	その事故で負傷する
☐ What does her smile **imply**?	彼女の微笑みは何を意味するのか

472
emerge
[imə́:rdʒ]

〈隠れていたものが〉現れる(= appear)，台頭する

例 Japan emerged as a modern state.
　「日本は近代国家として台頭した」

◇ emérgence　　　名 出現
cf. emérgency　　　名 緊急事態

473
urge
[ə́:rdʒ]

～に強く迫る，～を説得する

名 衝動

◆ urge A to V　　「AにVするように説得する；促す」

474
seat
[sí:t]

① (be seated)座っている　② 〈人数〉を収容する

名 座席

★ seatは「〈人〉を座らせる」という意味だが，たいていbe [remain, stay, etc.] seated「座っている」という形で使う。
★ sitが座る動作を表すのに対して，be seatedは状態を表せる。

◆ Please be seated.「座ってください」
　= Please have a seat.

★ Sit down.よりていねい。

475
injure
アク？
名？

～を傷つける，けがをさせる

[índʒər]　★ be injured「けがをする(している)」の形がほとんど。
◇ ínjury　　　名 負傷，害

476
imply
[implái]　名？

～を(暗に)意味する，ほのめかす（+ that ～）

◇ implicátion　　名 ①（～s）影響，効果(+ for)
　　　　　　　　　　② (隠れた)意味，暗示

2 Basic Stage・動詞　●　111

MINIMAL PHRASES

477
□ **explain** *why* he was late
[ikspléin]

| 彼がなぜ遅れたかを説明する |
| ★why, howなど疑問詞をよく伴う。 |

名? ◇ explanátion — 名説明

Q Explain me the answer. はなぜ誤り?
A explainはSVOOの文型がない。Explain the answer to me. が正しい。

478
□ **accept** the truth as it is
[əksépt]

ありのまま真実を受け入れる

反? ⇔ rejéct, refúse
◇ accéptable — 形容認できる
◇ accéptance — 名受け入れ, 容認

Q receive an invitation と accept an invitation はどう違う?
A receiveだと単に招待状をもらうの意味, acceptでは招待を受け入れるの意味になる。

479
□ **produce** a new car model
[prədjúːs]

新型車を生産する
〜を作る

◇ próduct — 名製品
◇ prodúction — 名生産(高)
◇ prodúctive — 形生産的な
◇ productívity — 名生産性
◇ bý-product — 名副産物

480
□ Does God really **exist**?
[igzíst]

神は本当に存在するのか

名? ◇ exístence — 名存在; 生存, 生活(= life)
◇ exísting — 形今ある, 現存する

Q lead a happy existence の意味は?
A 「幸福な生活をする」

481
□ This problem often **occurs**.
[əkə́ːr]

この問題はしばしば起こる
(= happen)

◆ occur to A — 「〈考えなどが〉A(人)に浮かぶ」
名? ◇ occúrrence — 名出来事; 起こること

112

MINIMAL PHRASES　　Disc2-08

482
□ **express** my true feelings
アク?

	本当の気持ち<u>を表現する</u> [iksprés] 名 急行
◇expréssion	名 表現；表情
◇expréssive	形 表現力に富む

483
□ **add** some milk *to* the soup
[ǽd]

スープにミルク<u>を加える</u>
〈言葉を〉つけ加える

◆add to A	「Aを増やす」(＝increase)
◆add up to A	「合計Aになる」
◇addítion （名?）	名 追加，増加；足し算
◆in addition (to A)	「(Aに)加えて，その上」

484
□ **avoid** mak*ing* mistakes
[əvɔ́id]

まちがいを犯すの<u>を避ける</u>

◇unavóidable 　形 避けられない
Q 動詞を目的語にするときはどんな形？
A avoid ＋ Ving　★頻出！

485
□ **marry** Mary
[mǽri]

メアリ<u>と結婚する</u>

◇márriage （名?）	名 結婚
◇márried	形 結婚している，既婚の
◆be married (to A)	「(Aと)結婚している」★状態を表す。
◆get married (to A)	「(Aと)結婚する」(＝marry A)

Q1 Will you ( ) me ?
　① marry　② marry with
Q2 He got married ( ) Mary.

A1 ① marryは，「人と結婚する」という意味では，他動詞。
A2 to (↑)

486
□ **protect** children *from* danger
[prətékt]

危険から子供たち<u>を守る</u>

◇protéctive 　形 保護の，保護用の
◇protéction 　名 保護

2 Basic Stage・動詞 ● 113

MINIMAL PHRASES　　　　　　　　　　Disc2-09

487
- **Alcohol affects the brain.**
  [əfékt]

  アルコールは脳に影響する
  (＝influence)；〜に作用する

488
- **determine your future**
  アク？

  君の未来を決定する
  [ditə́ːrmin]　決心する(＝decide)

  ◆be determined to V　「Vすることを決意している」
  ◇determinátion　名決心，決定

489
- **solve the problem**
  [sάlv]

  問題を解決する

  名？　◇solútion　名①解決(策)，解答　②溶解，溶液

490
- **Vegetables contain a lot of water.**
  [kəntéin]

  野菜はたくさんの水を含んでいる
  〈SにO〉が入っている

  ◇contáiner　名容器

491
- **discuss the problem with him**
  [diskʌ́s]

  彼とその問題を議論する
  (＝talk about)

  ◇discússion　名討論，議論

  Q Let's discuss about the matter. の間違いは？
  A discussは他動詞。前置詞は不要。
  　　Let's discuss the matter. が正しい。

492
- **ignore the doctor's advice**
  [ignɔ́ːr]

  医者の忠告を無視する

493
- **guess how old she is**
  [gés]

  彼女の年を推測する
  〜と考える(＝suppose)　名推測

114

MINIMAL PHRASES

Disc2-10

494
exchange yen *for* dollars
[ikstʃéindʒ]

円をドルに<u>交換する</u>

◆exchange A for B 「AをBに交換する」

495
satisfy the needs of students
[sǽtisfai]

学生の要求<u>を満たす</u>
～を満足させる

◆be satisfied with A 「〈人が〉Aに満足している」
◇satisfáction 名満足
◇satisfáctory 形(人にとって)満足な，十分な

【名?】

Q I'm (　) with your work.
① satisfactory ② satisfied

A ②「私は君の仕事に満足している」
  cf. Your work is satisfactory to me.
  「君の仕事は，私には満足だ」

496
complain *about* the noise
[kəmpléin]

騒音のことで<u>苦情を言う</u>

◆complain (to A) about [of] B 「(Aに)Bのことで不満を言う」
◇compláint 名不満，苦情

【名?】

497
finally **achieve** the goal
[ətʃíːv]

ついに目標<u>を達成する</u>
～を完成する

◇achíevement 名達成；業績

498
Cars **enable** us *to* move freely.
[inéibl]

車は自由な移動<u>を可能にする</u>

◆enable A to V 「AがVすることを可能にする」
(＝make it possible for A to V)

499
intend *to* live in America
[inténd]

アメリカに住む<u>つもりだ</u>
～を意図する

◇inténtion 名意図
◇inténtional 形意図的な

【名?】

2 Basic Stage・動詞 ● 115

MINIMAL PHRASES

500
obtain information about him
[əbtéin]

彼に関する情報を得る

501
divide the cake *into* six pieces
[diváid]

ケーキを6個に分割する

[名?] ◇divísion — 名分割, 部門

502
distinguish a lie *from* the truth
[distíŋgwiʃ]

うそと真実を見分ける
〜を区別する

◆distinguish A from B 「AとBを区別する」
(= distinguish between A and B)

[名?] ◇distínction — 名区別
[形?] ◇distínct — 形はっきりした；全く異なる
◇distínctive — 形独特の
◇distínguished — 形著名な

503
My opinion **differs** *from* hers.
[アク?]

私の考えは彼女と異なる
[dífər]

◆differ from A 「Aと違う」
◇dífferent — 形違った
◇dífference — 名違い

Q We differ ( ) opinion. に入る前置詞は?   A in differ in A は「Aの点で違う」。
differ from Aと混同しないこと。

504
how to **educate** children
[アク?]

子供を教育する方法
[édjukeit]

◇educátion — 名教育
◇educátional — 形教育に関する
◇éducated — 形教育を受けた, 教養ある

MINIMAL PHRASES　　Disc2-12

505

□ **borrow** a book *from* a friend
[bárou]

友達から本を借りる

反? ⇔ lend
Q Can I borrow the bathroom? はなぜだめ？

動 ~を貸す
A borrow は「~を無料で借りて持っていく」が普通。動かせない物を一時借りる時は，Can I use ~? がよい（ただしお金には利子を払うときも borrow を使う）。

506

□ **invent** a time machine
[invént]

タイムマシンを発明する
~を作り出す（= make up）

◇ invéntion
◇ invéntor
◇ invéntive

名 発明
名 考案者，発明家
形 発明の才がある

507

□ **promote** economic growth
[prəmóut]

経済成長を促進する

◆ be promoted
◇ promótion

「昇進する」
名 昇進；促進

508

□ **advise** him *to* stop drinking
発音?

酒をやめるよう彼に忠告する
[ədváiz]　~に助言する

◇ advíce　アク
Q He gave me many advices. はなぜだめ？

名 助言，忠告，アドバイス
A 不可算名詞なので many は不可。a lot of advice ならよい。

509

□ Problems **arise** *from* carelessness.
[əráiz]

不注意から問題が生じる

Q 過去・過去分詞形は？

A arose, arisen

510

□ **permit** him *to* go out
[pərmít]

彼に外出することを許す
~を許可する　(permitted; -ting)

◆ permit A to V
名? ◇ permíssion

「AがVするのを許す」（= allow A to V）
名 許可

---

2 Basic Stage・動詞　● 117

MINIMAL PHRASES   Disc2-13

511
recommend this book *to* you
[rekəménd] | あなたにこの本を勧める

- ◆recommend that S＋(should)原形V 「Vするよう勧める」
- ◇recommendátion 名推薦(状)

512
define a day *as* twenty-four hours
[difáin] | 1日を24時間と定義する

- 名? ◇definítion 名定義
- 形? ◇définite 形明確な，限定された

513
inform him *of* his son's success
[infɔ́ːrm] | 息子の成功を彼に知らせる

- ◆inform A of [about] B 「AにBのことを知らせる」
- ◆inform A that～ 「Aに～ということを知らせる」
- ◇informátion　（語法） 名情報　★不可算名詞だ。

514
oppose their marriage
[əpóuz] | 彼らの結婚に反対する

- ◆be opposed to A 「Aに反対している」
- 形? ◇ópposite 形正反対の，逆の
  前～に向き合って，～の向こう側に
- 名? ◇opposítion 名反対，対立，抵抗

Q oppose A＝(　)(　) A
A object to A「Aに反対する」

515
trust an old friend
[trʌ́st] | 古い友達を信用する

名信用，信頼

516
select the best answer
[səlékt] | 最良の答を選ぶ

- ◇seléction 名選択
- ◇seléctive 形選択の，注意深く選ぶ

118

MINIMAL PHRASES　　Disc2-14

517

□ **praise** him *for* his work
[préiz]

仕事のことで彼をほめる
名ほめること，賞賛

518

□ how to **handle** problems
[hǽndl]

どう問題に対処するべきか
〜にさわる　名取っ手

★車のハンドルは steering wheel。

519

□ **propose** a new way
[prəpóuz]

◆ propose (to A) that S+(should)原形V
　　　◇ propósal
　　　◇ proposítion

Q He proposed her to go there. (誤りを正せ)

新しいやり方を提案する
「(Aに)〜と提案する」
名申し込み，提案，プロポーズ
名提案，申し込み

A He proposed to her that she go[should go] there. 「彼女がそこに行くよう彼は提案した」suggest「〜を提案する」も propose と同じ文型をとる。

520

□ **breathe** fresh air
発音?

　　◇ breath　発音

新鮮な空気を呼吸する
[bríːð]

名[bréθ]　息，呼吸

521

□ **criticize** him *for* being late
[krítəsaiz]

同熟?　= find fault with
名?　◇ críticism
　　◇ crític

遅刻したことで彼を非難する
〜を批判する

名批判，非難；批評
名批評家，評論家

522

□ **overcome** the fear of death
[ouvərkʌ́m]

死の恐怖に打ち勝つ
〜を克服する

523

□ **possess** great power
発音?

語法
名?　◇ posséssion

大きな力を持っている
[pəzés]　(= have, own)

★進行形にならない。
名所有，所有物

MINIMAL PHRASES

Disc2-15

524

predict the future
[pridíkt]

未来を予言する
〜を予測する

◇ predíction

名 予言, 予測
源 pre（先に）+ dict（言う）

525

publish a book
[pʌ́bliʃ]

本を出版する
〜を発表する

◇ publicátion

名 出版(物), 発表

526

purchase a new car
アク？

新しい車を買う
[pə́ːrtʃəs]（= buy） 名 購入(品)

527

recall the good old days
[rikɔ́ːl]

古き良き時代を思い出す
（= remember）

528

explore the Amazon River
[iksplɔ́ːr]

アマゾン川を探検する
〜を探究する

◇ explorátion

名 探検, 探究

529

stop and **stare** *at* her
[stéər]

立ち止まって彼女をじっと見る

530

absorb a lot of water
[əbzɔ́ːrb]

大量の水を吸収する

◆ be absorbed in A

「Aに没頭する」

531

He **resembles** his father.
[rizémbl] 語法

彼は父親に似ている
★進行形にならない。また前置詞は不要。

名？　◇ resémblance

名 類似, 似ていること

120

MINIMAL PHRASES

Disc2-16

532
tear the letter to pieces
発音?

ずたずたに手紙を引き裂く
[téər] 裂ける ★変化形は tear; tore; torn

Q 同つづり語 tear「涙」の発音は？
A [tíər]

533
consume a lot of energy
[kənsjúːm]

多量のエネルギーを消費する

名? ◇consúmption
◇consúmer
◇tíme-consuming

名 消費
名 消費者
形 時間がかかる

534
compete *with* him *for* the gold medal
発音?

金メダルを目指して彼と競争する
[kəmpíːt] 匹敵する

名? ◇competítion
形? ◇compétitive
◇compétitor

名 競争
形 競争が激しい；競争力がある
名 競争相手

535
quit smok*ing*
[kwít]

タバコをやめる
(= give up, stop)

Q 「酒をやめる」は，quit to drink か quit drinking か？
A quit drinking が正しい。stop と同じく，動名詞を目的語にとる。

536
announce a new plan
[ənáuns]

新しい計画を発表する
～を知らせる

◇annóuncement
名 発表，通知

537
react quickly *to* light
[ri(ː)ækt]

光にすばやく反応する
反発する

◇reáction
名 反応，反作用　源 re (= back) + act

538
wander around the streets
[wándər]

街を歩き回る
ぶらつく

2 Basic Stage ・動詞 ● 121

MINIMAL PHRASES　　Disc2-16

539
☐ **emphasize** the importance of health　　健康の大切さを<u>強調する</u>
　[émfəsaiz]

　名?　　◇émphasis　　　　　　　　　　　名強調
　　　　　◆put emphasis on A　　　　　　「Aを強調する」= emphasize A

540
☐ **generate** electricity　　　　　　　　　電力を<u>生み出す</u>
　[dʒénəreit]

　　　　　◇generátion　　　　　　　　　　名①世代　②発生（②は少数）

ジャンル別英単語

動物

☐ **animal** [ǽnəml]	動物	☐ **fox** [fáks]	キツネ
☐ **camel** [kǽml]	ラクダ	☐ **elephant** [éləfənt]	ゾウ
☐ **rabbit** [rǽbət]	ウサギ	☐ **puppy** [pʌ́pi]	子犬
☐ **hare** [héər]	ノウサギ	☐ **kitten** [kítn]	子ネコ
☐ **mouse** [máus]	ハツカネズミ	☐ **squirrel** [skwə́:rəl]	リス
☐ **rat** [rǽt]	ドブネズミ	☐ **whale** [hwéil]	クジラ
☐ **cow** [káu]	乳牛, 雌牛	☐ **dolphin** [dálfin]	イルカ
☐ **ox** [áks]	雄牛	☐ **wolf** [wúlf]	オオカミ
☐ **deer** [díər]	シカ	☐ **turtle** [tə́:rtl]	カメ
☐ **sheep** [ʃí:p]	ヒツジ	☐ **snake** [snéik]	ヘビ
☐ **goat** [góut]	ヤギ	☐ **lizard** [lízərd]	トカゲ

✤ *Nouns* 名詞 ✤

MINIMAL PHRASES　　　　　　　　　　Disc2-17

the **result** of the test	テストの結果
have a wonderful **experience**	すばらしい経験をする
the problems of modern **society**	現代社会の問題
have **trouble** find*ing* a job	仕事を見つけるのに苦労する

541
result
[rizʌ́lt]

結果　動結果として生じる；結果になる
◆A result from B 「AがBから生じる」
　= B result in A　「BがAという結果になる」
　　　　　　　　　（Aは〈結果〉，Bは〈原因〉）
◆as a result　　　「その結果として」

Q Her illness resulted (　) hard work.
A from 「彼女は働き過ぎで病気になった」
cf. Hard work resulted in her illness.

542
experience
[ikspíəriəns]

経験，体験　動～を経験する（= go through）
◇expérienced　　形経験豊かな

543
society
[səsáiəti]

①社会　②協会，団体，学会
③交際，つきあい（③はまれ）
例 Japan Society for Science Education「日本科学教育学会」

形?（2つ）
◇sócial　　　　形社会の，社交の
◇sóciable　　　形交際上手な，社交的な
◇sociólogy　　　名社会学

Q social と sociable の意味の違いは？
A ↑

544
trouble
[trʌ́bl]

悩み，苦労；もめごと
◆have trouble Ving　「Vするのに苦労する」
◆The trouble is that ～「困ったことに～」
◇tróublesome　　形やっかいな，骨の折れる

MINIMAL PHRASES　　　Disc2-18

- put a high **value** on education 　　教育に高い価値をおく
- the greenhouse **effect** of CO_2 　　二酸化炭素の温室効果
- **individual**s in society 　　社会の中の個人
- *have* a bad **influence** *on* children 　　子供に悪い影響を与える
- the meaning *in* this **context** 　　この文脈における意味

545
value
[vǽljuː]
〔形？〕

価値；価値観(values)　動 ～を評価する
◆of value 　　「価値のある，貴重な」(=valuable)
◇váluable 　　形 貴重な
◇inváluable 　　形 きわめて貴重な(=priceless)

Q valueless と invaluable の違いは？
A valueless は「無価値な」だが，invaluable は「評価できぬほど貴重な」の意。

546
effect 〔多義〕
[ifékt]

①効果，影響(=influence)　②結果(=result)
◆have an effect on A 　「Aに影響[効果]を与える」
◆side effects 　　「副作用」
◇efféctive 　　形 効果的な
◆in effect 　　「事実上は」

547
individual
[ìndəvídʒuəl]

個人　形 個人主義的な，個々の
◇individualism 　　名 個人主義
◇individuálity 　　名 個性

548
influence
[ínfluəns]
〔アク？〕
〔形？〕

影響(力)；〈人に対する〉支配力　動 ～に影響を与える
◆have an influence on A 　「Aに影響を与える」
★give influence とは普通言わない。
◇influéntial 　　形 影響力のある，有力な

549
context 〔多義〕
[kántekst]

①文脈　②〈文化・社会的な〉状況，背景(=situation)
(②が意外と多い)

124

MINIMAL PHRASES　　　　　　　　　　　Disc2-19

◻ *at* the rate of 40% a year	年40％の割合で
◻ a sign of spring	春のきざし
◻ water and gas service	水道とガスの公共事業
◻ advances *in* technology	科学技術の進歩
◻ a *police* officer	警察官

550
rate　　　多義
[réit]

割合, 率；速度　　動 ～を評価する
例 birth rate「出生率」
◆ at the rate of A　「Aの割合で，Aの速度で」
◆ at any rate　　　「とにかく，少なくとも」
◇ ráting　　　　　名 格付け；評価

551
sign
[sáin]

印, 記号, 兆候　　動 ～に署名する
◆ sign language　「手話」
◇ sígnal　　　名 信号(機)，合図
◇ sígnature　　名 署名
★芸能人などのサインは autograph という。

552
service　　　多義
[sə́ːrvəs]

①公共事業, 設備　②業務, 勤務　③サービス
◆ health service　「公共医療サービス」
◆ social service　「(政府による)社会事業」
★ serve 動 の名詞形だ。

553
advance
[ədvǽns]　形？

前進, 進歩　　動 前進する；～を前進させる
◇ advánced　　　形 進歩した，上級の
◇ adváncement　名 昇進，進歩；促進

Q in advance の意味は？　A「前もって」(= beforehand)

554
officer
[ɑ́fəsər]

役人, 公務員；将校
例 an army officer「陸軍将校」
★ officer だけで，警官や税関の係官を言うことがある。

MINIMAL PHRASES

☐ produce new **materials**	新しい<u>物質</u>を作る
☐ a center of heavy **industry**	重<u>工業</u>の中心地
☐ an **attempt** *to* break the record	記録を破ろうとする<u>試み</u>
☐ US **trade** with France	アメリカとフランスの<u>貿易</u>
☐ You've *made* **progress** *in* English.	君の英語は<u>進歩</u>した

555
material
アク?
[mətíəriəl]

①<u>物質</u>；材料 ②資料；教材
形 物質の，物質的な（⇔spiritual「精神的な」）
◆raw material 「原料」
◇matérialism 名 唯物論（⇔idealism 観念論，理想主義）

556
industry
[índəstri]

①<u>工業</u>；産業 ②勤勉 （②の頻度は①の300分の1ほど）
◇indústrial 形 工業の；産業の
◇indústrialized 形 工業化した
◇indústrious 形 勤勉な（ややまれ）

557
attempt
[ətémpt]

試み，くわだて（+ to V） ★約70％がto Vを伴う。
動 ～を試みる，くわだてる（+ to V）

558
trade
[tréid]

貿易；商売 動 貿易する；取り引きする
◆trade A for B 「AをBと交換する」

559
progress
アク?

進歩，前進 ★不可算名詞だ。 動 進歩する，前進する
名[prágres] 動[prəgrés] アクセントは名詞が前，動詞が後。
◆make progress (in A) 「(Aにおいて)進歩する」
◇progréssive 形 進歩的な

MINIMAL PHRASES　　　　　　　　　　Disc2-21

◻ *make* an excuse to leave early	早く帰るための言い訳をする
◻ the custom of tipping	チップを払う習慣
◻ Read the following passage.	次の一節を読みなさい
◻ the market economy	市場経済
◻ a wide range of information	広範囲の情報

560
excuse

発音?

言い訳，口実
動①～の言い訳をする　②〈人・行為〉を許す(＝forgive)
名[ikskjú:s]　動[ikskjú:z]
◆excuse A for B　「BのことでAを許す」
例 Please excuse me for being late.
「遅くなったことを許してください」

561
custom　多義
[kʌ́stəm]

①(社会的な)習慣　②(customs)税関
◇cústomary　　　形習慣的な，慣例の
◇cústomer　　　名(店などの)客，得意客

562
passage　多義
[pǽsidʒ]

①一節，引用された部分　②(時の)経過　③通行，通路

563
economy

アク?

経済，財政；節約
[ikánəmi]
◇economíc　　　形経済の，財政の
◇económical　　　形節約できる，安上がりの

Q economicalとeconomicの違いは？

A ↑ economical travel 「安上がりの旅行」と覚えておこう。

564
range
[réindʒ]

範囲，領域　動〈範囲などが〉及ぶ，またがる
◆mountain range　　　「山脈」
◆range from A to B　　「AからBに及ぶ」

2 Basic Stage・名詞

MINIMAL PHRASES　　　Disc2-22

▫ a **traffic** accident	交通事故
▫ a government **official**	政府の役人
▫ love at first **sight**	一目ぼれ
▫ a **taste** of lemon	レモンの味
▫ **immigrant**s from Mexico	メキシコからの移民

565
traffic
[trǽfik]

交通(量)，(路上の)車・人
- ◆traffic jam　　　「交通渋滞」
- ◆heavy traffic　　「交通渋滞」

566
official 〔アク?〕
[əfíʃəl]

役人，公務員，職員　形公の，公式の

567
sight 〔多義〕
[sáit]

①見ること　②光景　③視力
- ◆catch sight of A　　「Aを見つける」
- ⇔lose sight of A　　「Aを見失う」
- ◆at the sight of A　　「Aを見て」
- ◆in sight　　　　　　「見えるところに」
- ⇔out of sight　　　「見えないところに」

568
taste 〔多義〕
[téist]

①味，味覚　②好み，趣味　動①〜を味見する　②〜の味がする

諺 There is no accounting for taste.
「人の好みは説明できない」(＝たで食う虫も好き好き)
★「服のセンスがいい」は have good taste in clothes だ（この場合，senseは用いない）。

- ◇bite　　　　　動〜を噛む；噛みつく　名噛むこと
- ◇swállow　　　動〜を飲み込む
- ◇chew　　　　動〈食べ物〉を噛んで食べる；噛む

569
immigrant
[ímigrənt]

(外国からの)移民　(im = in「中へ」)
- ◇immigrátion　　名(外国からの)移住
- ◇émigrate　　　動(外国へ)移住する (e-は＝ex「外へ」)

MINIMAL PHRASES　　　　　　　　　　　Disc2-23

☐ Love your **neighbor** as yourself.	自分を愛するように<u>隣人</u>を愛せ
☐ a doctor and a **patient**	医者と<u>患者</u>
☐ a business **project**	事業<u>計画</u>
☐ Would you *do* me a **favor**?	<u>頼み</u>をきいてもらえませんか
☐ differ in **appearance**	<u>外見</u>が違う

570
neighbor
[néibər]

近所の人
◇néighborhood　名近所, 近隣
◇néighboring　形近所の, 隣の

571
patient　(多義)
[péiʃənt]　(反?)(形容詞)

患者　形忍耐強い, しんぼう強い
⇔impátient　形我慢できない, いらいらする
◇pátience　名忍耐(力), 我慢

572
project
[prádʒekt]

計画, 企画
動[prədʒékt] ～を見積もる, 予測する
例 the projected cost「見積もった費用」

573
favor
[féivər]

好意, 親切　動～を支持する, 好む
◆do A a favor　「Aの頼みをきく」
◆ask A a favor　「Aに頼みごとをする」
◆in favor of A　「Aを支持して, Aの有利に」
◇fávorite　形大好きな　名お気に入り
◇fávorable　形(人に)好意的な, 有利な

(形?)(2つ)

Q ask you a favor
 = ask a favor ( ) you

A of

574
appearance　(多義)
[əpíərəns]

①外見, 様子　②出現
◇appéar　動①～に見える　②現れる
◇disappéar　動消える

2 Basic Stage・名詞　●　129

MINIMAL PHRASES

Disc2-24

□ *run the* risk of death	死の危険を冒す
□ costs and benefits of the business	仕事のコストと利益
□ features of human language	人類の言語の特徴
□ their relatives and friends	彼らの親せきと友達
□ a mountain region	山岳地方

575
risk
[rísk]

危険, 危険性　動〈命など〉を賭ける；〜を覚悟でやる
◆at the risk of A　「Aの危険を冒して」
◆run the risk of A　「Aの危険を冒す」
◇rísky　　　　　　形危険な

576
benefit

アク？
形？

利益　動〜の利益になる；(benefit from A) Aから利益を得る
[bénəfit]
◇benefícial　　　形有益な

577
feature
[fíːtʃər]

①特徴；顔立ち　②呼び物；特集記事
動〜を呼び物とする, 特集する

578
relative　多義
[rélətiv]

親族, 親せき　★relativeには家族も含まれる。
形相対的な, 比較上の
◆relative to A　「Aに比べて」
◇relatívity　　　名相対性

579
region
[ríːdʒən]

①地域, 地方　②領域, 分野
◇régional　　　形地域の, 地方の

130

MINIMAL PHRASES　　　　　　　　　　　　　　Disc2-25

◻ unique **characteristic**s	ユニークな特徴
◻ feel a sharp **pain**	鋭い痛みを感じる
◻ a family with two **kid**s	二人の子供がいる家庭
◻ *on* special **occasion**s	特別な場合に
◻ the **principle** of free trade	自由貿易の原則
◻ the history **department**	歴史学科

580
characteristic
[kærəktərístik]

特徴, 特色　形特有の
★個々の特徴を指す。**character**は全体的な特徴。
◆be characteristic of A　「Aに特有である」

581
pain
[péin]

①苦痛　②(pains)苦労, 骨折り(= trouble)
◆take pains to V　　　「Vしようと骨を折る」
◇páinful　　　　　　　形①痛い　②骨の折れる

582
kid　多義
[kíd]

子供　動~をからかう；冗談を言う

Q You must be kidding. の意味は？
A 「冗談でしょ；まさか」 **No kidding!** とも言う。

583
occasion
[əkéiʒən]

①場合, 機会　②行事(= event)
◆on occasion　　　　「時々」(= occasionally)

584
principle
[prínsəpl]

①原理, 原則　②主義, 信念
◆in principle　　　　「原則的には」

585
department　多義
[dipá:*r*tmənt]

①(組織の)部門, 課　②省　③(大学などの)学科
◆department store　　「デパート」
★ひとつひとつの売場が**department**だ。

MINIMAL PHRASES　　　　　　　　　　　　　　　　Disc2-26

◻ It is my **duty** to help you.	君を助けるのが私の義務だ
◻ the **scene** of the accident	事故の現場
◻ the scientific **basis** of his theory	彼の理論の科学的根拠
◻ the **spirit** of fair play	フェアプレーの精神
◻ the **medium** of communication	コミュニケーションの手段
◻ **mass** production	大量生産

586
duty　　多義
[djúːti]

①義務，任務　②関税
◇dúty-frée　　　形免税の
◆be on duty　　「任務についている」

587
scene
[síːn]

①場面，現場　②眺め，光景
◇scénery　　　名風景，景観
◇scénic　　　形風景の，景色のよい
★sceneは可算名詞だが，sceneryは不可算名詞だ。

588
basis　　多義
[béisis]

①基礎，根拠　②方式，やり方（＝way, manner）
例 on a regular basis「規則的に」（＝regularly）
◆on the basis of A「Aに基づいて」

589
spirit
[spírət]

①精神；霊　②気分
◇spíritual　　　形精神的な，霊的な

590
medium
[míːdiəm]

手段，媒体　　形中間の　　例 medium size「並の大きさ」
源中間にあるもの→手段（＝人と目的の間にあるもの）

Q mediumの複数形は？　　A media

591
mass　　多義
[mǽs]

①(the masses)一般大衆　②(a mass of A)多くのA
③かたまり
◆the mass media「マスメディア（新聞・テレビなど）」
◆mass communication「マスコミ（による伝達）」
形?
◇mássive　　　形大きくて重い，大規模の

MINIMAL PHRASES　Disc2-27

▫ gather a large **audience**	大勢の観客を集める
▫ the most important **element**	最も重要な要素
▫ global **climate** change	地球規模の気候変動
▫ the French **Revolution**	フランス革命
▫ the first **quarter** of this century	今世紀の最初の4分の1
▫ a **conflict** *between* two countries	二国間の対立

592
audience
[ɔ́ːdiəns] 　語法

(集合的に)**聴衆, 観客**
★「多い/少ない観客」は、a large / small audience という。
　× many / few audiences

593
element 　多義
[éləmənt]
　形?

①**要素**(= factor)　②**元素**
③(the elements)**自然の力, 悪天候**
◇eleméntary　　形初歩の
◆elementary school 「小学校」

594
climate
[kláimit]
　発音?

①**気候**　②(政治・文化などの)**状況**(= situation), **雰囲気**(= atmosphere)

[kláimit]

例 the political climate「政治情勢」

595
revolution
[revəljúːʃən]

①**革命**　②**回転**　★②はまれ。
◆the industrial revolution 「産業革命」
◇revolútionary　　形革命の, 革命的な
◇revólve　　動回転する, 循環する

596
quarter
[kwɔ́ːrtər]

4分の1(15分, 25セント, 四半期など)
◇quárterly　　形年4回の　名季刊誌

597
conflict
　アク?

(意見・利害の)**対立, 衝突；紛争**(+ with, between)
動**矛盾する**(+ with)
名[kánflikt]　動[kənflíkt]

2 Basic Stage・名詞　● 133

MINIMAL PHRASES   Disc2-28

☐ a **flood** of information	情報の洪水
☐ CO_2 in the earth's **atmosphere**	地球の大気中の二酸化炭素
☐ private **property**	私有財産
☐ a **reward** *for* hard work	努力の報酬
☐ national **security**	国家の安全保障
☐ give a cry of **delight**	喜びの声をあげる

598
flood　　発音?
[flʌ́d]

洪水；殺到　動 ～を水びたしにする；押しよせる
★ oo を [ʌ] と発音するのは，flood と blood「血」だけだ。

599
atmosphere　多義　　アク?
[ǽtməsfiər]

①大気，空気　②雰囲気
◇atmosphéric　　形 大気の

600
property
[prápərti]

①財産，資産　②〈物質の持つ科学的な〉特性 (②は少ない)

601
reward
[riwɔ́ːrd]　形?

報酬，ほうび，懸賞金 (+ for)　動 ～に報いる (動詞も多い)
◆reward A with B　　「AにBで報いる」
◇rewárding　　形 やりがいのある

602
security
[sikjúərəti]　形?

安全，防衛，警備
◇secúre　　形 安全な，しっかりした
　　　　　　動 ～を確保する；～を守る
◆social security　　「社会保障」

603
delight
[diláit]

大喜び，喜ばしいもの　動 ～を喜ばせる；喜ぶ (+ in)
◇delíghted　　形 〈人が〉喜んでいる
◇delíghtful　　形 〈人を〉楽しませる

Q delightful と delighted の違いは？　A ↑

MINIMAL PHRASES　　Disc2-29

☐ **desért** a friend in the **désert**	砂漠で友人を見捨てる
☐ people from different **background**s	経歴の違う人々
☐ a **trend** *toward* fewer children	少子化の傾向
☐ I am in the seventh **grade**.	私は7年生(＝中1)です
☐ a negative **impact** *on* the environment	環境に対する悪い影響
☐ educational **institution**s	教育機関

604
desert　[多義]　　砂漠　動 ～を放棄する，見捨てる
[アク?]
名[dézərt]　動[dizə́ːrt]
◇desérted　　　形ひっそりした，人影がない

Q dessertの発音と意味は？　A [dizə́ːrt]　デザート

605
background　[多義]　　①背景　②生い立ち，経歴
[bǽkgraund]
例 his cultural background「彼がどんな文化で育ったか」

606
trend　　傾向，風潮，流行
[trénd]
◇tréndy　　　形最新流行の

607
grade　[多義]　　①(小中高通じての)学年；等級　②(grades)成績
[gréid]
★大学の学年はyearという。

608
impact　[多義]　　①影響，効果(＝effect)　②衝撃，衝突
[ímpækt]
◆have an impact on A「Aに影響を与える」

609
institution　[多義]　　①機関，組織，施設〈大学・病院など〉　②制度，慣習
[ìnstətjúːʃən]
◆social institutions　「社会的制度」
◇ínstitute　　　名 研究所
　　　　　　　　動〈制度〉を設ける(動 はまれ)

2 Basic Stage・名詞

MINIMAL PHRASES　　　　　　　　　　　　　　　　Disc2-30

◻ social **interaction** *with* others	他人との社会的交流
◻ an **alternative** *to* oil	石油の代わりになるもの
◻ *do* no **harm** *to* children	子供に害を与えない
◻ go to a travel **agency**	旅行代理店に行く
◻ man's great **capacity** *to* learn	すばらしい人間の学習能力

610
interaction
[intəræk∫ən]

①〈人と人の〉交流, やりとり(= communication)
②相互作用　　　　源 inter (互いに) + act (作用する)
◇interáct　　　　動〈人と〉交流する, つきあう;
　　　　　　　　　　　影響し合う
◇interáctive　　　形(メディアが)双方向の, 対話式の

611
alternative

発音？ アク？

代わりのもの, 選択肢(+ to)
形代わりになる, 選択可能な, 二つに一つの
[ɔːltə́ːrnətiv]
◇álternate　　　　動〈二つのこと〉を交互にする
　　　　　　　　　　　形交互の

612
harm
[háːrm]

害, 危害　　動〜に害を与える, 危害を加える
◆do harm to A　「Aに害を与える」
　= do A harm
◇hármful　　　　形有害な
◇hármless　　　　形無害な
◇dámage　　　　動〜に損害を与える　名損害
★damageは人への危害には用いない。

613
agency　多義
[éidʒənsi]

①(政治的)機関, 局　②代理店　③作用 (③はまれ)
例 the Central Intelligence Agency「アメリカ中央情報局」= CIA
◇ágent　　　　　名①業者, 代理店(員) ②要因 (②はまれ)

614
capacity
[kəpǽsəti] 同？

①能力(+ to V, for)　②(部屋などの)収容力, 容積
= abílity

136

MINIMAL PHRASES　　　　Disc2-31

□ the Italian foreign **minister**	イタリアの外務大臣
□ a hospital **volunteer**	病院で働くボランティア
□ *have* **access** *to* the Internet	インターネットを利用できる
□ large **quantities** *of* data	ぼう大な量のデータ
□ a **branch** *of* science	科学の一分野

615
minister
[mínəstər]

①大臣　②牧師
◇mínistry　　　　　名(政府の)省
例 the Defence Ministry「国防省」

616
volunteer
アク?
形?

ボランティア；志願者　動～を進んで申し出る
[vɑləntíər]
◇vóluntary　　　　名自発的な, 志願の

617
access

利用する権利；接近, 入手(する方法)
★約70%が to を伴う。
動〈情報など〉を利用する
アク?　[ǽkses]　★ただし [æksés] という発音も存在する。
◆have access to A「Aを利用できる」
◇accéssible　　　　形行ける, 利用できる

618
quantity
[kwɑ́ntəti]
反?

量
◆large quantities of A「多量のA」
⇔quálity　　　　　名質

619
branch　多義
[brǽntʃ]

①枝　②支店, 支局　③(学問の)部門, 分野
◇bough　発音　　　名[báu](大)枝
◇trunk　　　　　　名(木の)幹

2 Basic Stage ・名詞　● 137

MINIMAL PHRASES　　　　　　　　　　Disc2-32

▫ **Laughter** is the best medicine.	笑いは最高の良薬だ
▫ air **transport**	航空輸送
▫ get 20% of the **vote**	20％の票を得る
▫ **resident**s of New York	ニューヨークの住民
▫ 20 **square** miles	20平方マイル

620
laughter
[lǽftər]

笑い，笑い声
★「笑う人」という意味はないので注意。
◆burst into laughter　「わっと笑い出す」

621
transport
[trǽnspɔːrt]

交通機関，輸送　　動[—́ —́] ～を運ぶ，輸送する
◇transportátion　　名輸送，運送
源 trans(越えて)＋port(運ぶ)　cf. portable「持ち運びのできる，携帯用の」

622
vote
[vóut]

投票，選挙権　　動投票する
◆vote for A　　　「Aに賛成の投票をする」

623
resident
[rézidənt]

住民，滞在者　　形住んでいる
◇résidence　　　名住宅，家
◇residéntial　　　形居住用の，住宅の
◇resíde　　　　　動住む，存在している
★inhabitant「住人」とは異なり，residentはホテルなどに一時的に滞在する人にも使える。

624
square　(多義)
[skwéər]

①正方形　②(面積の単位)平方，2乗　③(四角い)広場
◇tríangle　　　名三角形
◇cube　　　　名立方体，立方

MINIMAL PHRASES　　　　　　　　　　　　　　Disc2-33

625

□ ***in*** **a hopeless situation**
　　　　　[sitʃuéiʃən]

希望のない状況で
事態，立場

　　　◇ sítuated

形 位置している，ある（＝located）

626

□ **the Japanese government**
　　　　　[gʌ́vərnmənt]

日本政府
政治

　　　◇ góvern
　　　◇ góvernor

動 ～を支配する，統治する
名 州知事

627

□ **have little knowledge of English**
　　発音？

英語の知識がほとんどない
[nálidʒ]　cf. know [nóu]

　　◆ to (the best of) A's knowledge

「Aの知る限りでは」

628

□ **the Asian nations**
　　　　　[néiʃən]

アジアの諸国
国家；国民

　　形？
　　　　◇ nátional
　　　　◇ nationálity
　　　　◇ nátionalism
　　　　◇ nationwíde

形 国家の；国民の
名 国籍
名 民族主義；国粋主義
形 全国的な，全国規模の

629

□ ***make*** **an effort *to* help him**
　　　　　[éfərt]

彼を助けようと努力する
★約20％がmakeを，30％がto Vを伴う。

630

□ **the Cold War period**
　　　　　[píəriəd]

冷戦時代
期間

631

□ **population growth**
　[pɑpjuléiʃən]

人口の増加
住民，(動物の)個体数

　　　◇ pópulate

動 〈場所〉に住む
★受動態(過去分詞)が90％以上。

Q 「人口が多い」＝ have a (　　) population

A large （many不可）「少ない」は small。

2 Basic Stage・名詞　● 　139

MINIMAL PHRASES

Disc2-34

632
☐ ***for*** peaceful **purposes**
[pə́ːrpəs]

平和的な目的で
(= object)

◆ for the purpose of A 「Aの目的で」
◆ on purpose 「わざと，故意に」

633
☐ study human **behavior** 〔発音?〕

人間の行動を研究する
[bihéivjər]

〔動?〕
◇ beháve — 動ふるまう
◆ behave oneself — 「行儀よくする」

634
☐ **lack** of food
[lǽk]

食糧不足
動〜を欠いている

◆ for lack of A 「Aの不足のために」
◆ be lacking in A 「Aを欠いている」(= lack A)

635
☐ learn basic **skill**s
[skíl]

基本的な技術を学ぶ

◇ skilled — 形熟練した
◇ skíllful — 形上手な

636
☐ the sound **quality** of the CD
[kwáləti]

CDの音質
性質　形良質の

637
☐ ***the*** natural **environment**
[inváiərənmənt]

自然環境

〔形?〕
◇ environméntal — 形環境の
◆ environmental pollution — 「環境汚染」
◇ environméntalist — 名環境保護主義者

638
☐ ***play*** an important **role**
[róul]

重要な役割を果たす
(= part)

◆ play a role in A 「Aで役割を果たす」

Q roleと同音の単語は？　A roll「転がる」

639
☐ a positive **attitude** *toward* life
〔アク?〕

人生に対する前向きな態度
[ǽtitjuːd]　考え方，姿勢

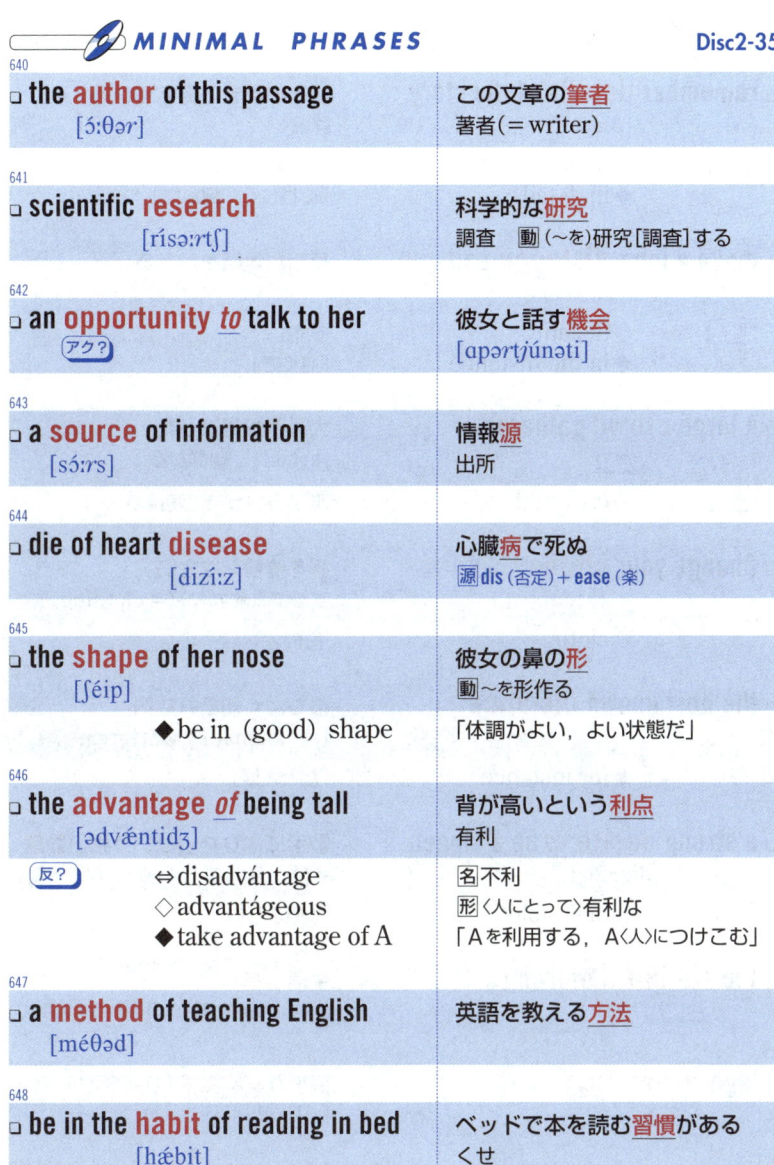

MINIMAL PHRASES

640
- **the author of this passage**
  [ɔ́ːθər]

  この文章の**筆者**
  著者（= writer）

641
- **scientific research**
  [rísəːrtʃ]

  科学的な**研究**
  調査　動（〜を）研究[調査]する

642
- **an opportunity _to_ talk to her**
  アク?
  [ɑpərtjúːnəti]

  彼女と話す**機会**

643
- **a source of information**
  [sɔ́ːrs]

  情報**源**
  出所

644
- **die of heart disease**
  [dizíːz]

  心臓**病**で死ぬ
  源 dis（否定）+ ease（楽）

645
- **the shape of her nose**
  [ʃéip]

  彼女の鼻の**形**
  動 〜を形作る

  ◆be in (good) shape 「体調がよい，よい状態だ」

646
- **the advantage _of_ being tall**
  [ədvǽntidʒ]

  背が高いという**利点**
  有利

  反?
  ⇔ disadvántage　名 不利
  ◇ advantágeous　形〈人にとって〉有利な
  ◆ take advantage of A 「Aを利用する，A〈人〉につけこむ」

647
- **a method of teaching English**
  [méθəd]

  英語を教える**方法**

648
- **be in the habit of reading in bed**
  [hǽbit]

  ベッドで本を読む**習慣**がある
  くせ

  ◆ eating habit 「食習慣」
  ◇ habítual 形 習慣的な

2 Basic Stage ・名詞

MINIMAL PHRASES

649
- **remember details of the story**
  [díːteil]

  話を細部まで覚えている
  詳細

  形? ◇détailed — 形 くわしい
  ◆in detail — 「くわしく, 細かに」

650
- **make a long-distance call**
  [dístəns]

  長距離電話をかける

  形? ◇dístant — 形 遠い
  ◆in the distance — 「遠くで」

651
- **A large crowd gathered.**
  発音?

  大群衆が集まった
  [kráud] 動 群がる

  形? ◇crówded — 形 込み合った, 満員の

652
- **Change your clothes.**
  [klóuz]

  服を着替えなさい
  衣類(複数あつかい)(= clothing)

  ◇cloth — 名 布

653
- **the best known instance**
  [ínstəns]

  最もよく知られた例
  (= example); 場合 (= case)

  ◆for instance — 「たとえば」

654
- **a strong desire *to* be a singer**
  [dizáiər]

  歌手になりたいという強い願望
  欲望 ★過半数が to V を伴う。動 〜を望む

  ◇desirable — 形 望ましい

655
- **the standard of living**
  アク?

  生活水準
  [stǽndərd] 基準, 標準 形 標準の

656
- **high technology**
  アク?

  高度な科学技術(ハイテク)
  [teknάlədʒi]

657
- **for future generations**
  [dʒenəréiʃən]

  未来の世代のために

142

MINIMAL PHRASES

Disc2-37

658
- ***take* responsibility *for* the accident**
  [rispɑnsəbíləti]

  事故の責任をとる

  ◇respónsible
  ⇔irrespónsible

  形 責任がある；信頼できる；原因となる
  形 無責任な，責任のない

659
- **a difficult task**
  [tǽsk]

  難しい仕事
  ★厳しい骨の折れる仕事。

660
- **experiments with animals**
  [ikspérimənt]

  動物を用いる実験
  動 実験する

  ◇experiméntal

  形 実験的な

661
- **evidence of life on Mars**
  [évidəns]

  火星に生物がいるという証拠
  ★不可算名詞だ。(+ of, that～)

  形?　　◇évident

  形 明らかな

662
- **only a decade ago**
  アク?

  ほんの10年前に
  [dékeid]

663
- **a loss of $5,000**
  [lɔ́(:)s]

  5,000ドルの損失

  ◆be at a loss
  ◇lose

  「途方に暮れる」
  動 ①～を失う　②〈試合など〉に負ける
  　③〈時計が〉遅れる

  ◇lost

  形 道に迷った；途方に暮れた

664
- **unique aspects *of* Japanese culture**
  アク?

  日本文化のユニークな側面
  [ǽspekt]　様相　★約80％にofがつく。

665
- **the theory of relativity**
  [θíəri]

  相対性理論

  ◆in theory
  ⇔in practice
  形?　　◇theorétical

  「理論的には」
  「実際には」
  形 理論的な，理論上の

---

2 Basic Stage・名詞　● 143

MINIMAL PHRASES　　　　　　　　　　Disc2-38

666
□ read the following **statement**
[stéitmənt]

次の<u>記述</u>を読む
言葉；声明

◇ state | 動~を述べる，言う ☞ p. 285

667
□ a **professor** at Boston University
[prəfésər]

ボストン大学の<u>教授</u>

◇ tútor | 名チューター（大学の個別指導教官），家庭教師

668
□ the basic **function**s of a computer
[fʌ́ŋkʃən]

コンピュータの基本的<u>機能</u>
役割　動機能する，働く

669
□ the **surface** of the earth
[sə́ːrfis]

地球の<u>表面</u>
形表面の，うわべの

源 sur（上の）＋ face（顔）

670
□ an important **factor** in success
[fǽktər]

成功の重要な<u>要因</u>
要素

671
□ an international **organization**
[ɔːrɡənizéiʃən]

国際的な<u>組織</u>
機関，団体

例 World Health Organization | 「（国連の）世界保健機関」（略 **WHO**）
◇ órganize | 動~を組織する；~をまとめる

672
□ Japan's foreign **policy**
[pɑ́lisi]

日本の外交<u>政策</u>
方針

673
□ natural **resource**s
[ríːsɔːrs]

天然<u>資源</u>
財源；手段　★複数形が80％を超える。

674
□ the **contrast** between light and shadow
[kɑ́ntræst]

光と影の<u>対比</u>
差異　動[kəntrǽst]　対照をなす

◆ in contrast to [with] A | 「Aと対照的に」
◆ in [by] contrast | 「これに対して」★前文を受けて用いる。

144

MINIMAL PHRASES　　　　　　　　　　Disc2-39

675
□ **brain** death
　[bréin]

脳死
知能

676
□ attract **customers** to the store
　　　　　　　　[kʌ́stəmər]

店に客を引きつける
★商店・レストランなどの客を指す。

　　　◇clerk

名①店員　②事務員，職員

677
□ buying and selling **goods**
　　　　　　　　[gúdz]

商品の売り買い
品物(＝merchandise, commodity)

678
□ humans and other **creatures**
　　　　　　　発音?

人間と他の動物
[kríːtʃər]　(＝animal)

★create　[kriéit]（動～を作り出す）との発音の違いに注意。

679
□ changes in social **structure**
　　　　　　　　　[strʌ́ktʃər]

社会構造の変化

　　　◇restrúcture
　　　◇restrúcturing

動～を再編成する，再構築する
名人員削減(リストラ)，
　（企業などの）再編成

680
□ history and **tradition**
　　　　　　　[trədíʃən]

歴史と伝統
慣習；言い伝え

　　　◇tradítional

形伝統的な，慣習的な

681
□ lose **weight**
　　発音?

体重を減らす
[wéit]　重さ　★ghは発音しない。

　　　◆put on weight
　　　◇length
　　　◇width　発音
　　　◇depth

「太る」(＝gain weight)
名長さ(←long)
[wídθ]　名幅，広さ(←wide)
名深さ(←deep)

682
□ do hard **labor**
　　[léibər]

重労働を行う
骨折り，努力

　形?　　◇labórious

形骨の折れる，困難な

2 Basic Stage・名詞　●　145

MINIMAL PHRASES

Disc2-40

683
- **the average American citizen**
  [sítizn]

  平均的アメリカ**市民**
  国民

  ◇cítizenship

  名市民権

684
- ***make* a good impression *on* him**
  [impréʃən]

  彼によい**印象**を与える

  ◇impréss
  ◇impréssive

  動〈人〉を感心させる
  形見事な，印象的な

685
- **many species of birds**
  発音？

  多くの**種**の鳥
  [spíːʃiːz]　★単複同形だ。

  ◆our species

  「人類」（＝human species）

686
- **a long career as an actress**
  アク？

  女優としての長い**経歴**
  [kəríər]　（専門的な）職業

687
- **the concept *of* time**
  [kánsept]

  時間の**概念**

  ◇concéption

  名①概念，考え方，想像（力）
  　②妊娠（②は入試ではまれ）

  ◇concéive

  動①〜を想像する，思いつく
  　②妊娠する（②は入試ではまれ）

688
- **train passengers**
  [pǽsendʒər]

  列車の**乗客**

689
- **the violent crime rate**
  [kráim]

  凶悪**犯罪**の発生率

  ◇críminal

  名犯罪者　形犯罪の

690
- **low-income families**
  [ínkʌm]

  低**所得**の家族
  収入

  語法　★「多い収入」は a high [large] income，「少ない収入」は a low [small] income だ。expensive や cheap は×。

MINIMAL PHRASES　　　　　　　　　　　　Disc2-41

691

□ the average **temperature** in Paris
[témpərətʃər]

パリの平均<u>気温</u>
温度，体温

692

□ ***the* majority *of* students**
[mədʒɔ́(ː)rəti]

<u>大多数</u>の学生

| 反? | ⇔ minórity | 图少数派，少数民族 |
| | ◇ májor | 形主要な　動専攻する　☞ p. 291 |

693

□ the **origin** of language
アク?

言語の<u>起源</u>
[ɔ́(ː)ridʒin]　生まれ，出身

	◇ oríginal	形①最初の　②独創的な 图原物，原型，原作
動?	◇ oríginate	動起こる，始まる
	◇ originálity	图独創性

694

□ study English **literature**
[lítərətʃər]

英<u>文学</u>を研究する

695

□ medical **equipment**
[ikwípmənt]

医療<u>設備</u>
用具，機器　★不可算名詞だ。

◇ equíp　　　　　　　　動〜を装備させる

696

□ talk to a **stranger**
[stréindʒər]

<u>見知らぬ人</u>に話しかける
(場所に)不案内な人

Q I'm a stranger around here. の意味は？　　**A** 「この辺はよく知らないんです」

697

□ **strength** and weakness
発音?

<u>強さ</u>と弱さ
[stréŋkθ]　★strongの名詞形だ。

◇ stréngthen　　　　　　動〜を強くする，強化する
　　　　　　　　　　　　　（⇔weaken）

2 Basic Stage ・ 名詞　●　147

MINIMAL PHRASES

Disc2-42

698
☐ the **planet** Earth
[plǽnit]

◇ Mércury	名水星
◇ Vénus	名金星
◇ Mars	名火星
◇ Júpiter	名木星
◇ Sáturn	名土星

地球という惑星

★ Uranus「天王星」; Neptune「海王星」; Pluto「冥王星」

699
☐ *under* any **circumstances**
アク?

いかなる状況においても ★9割が複数。
[sə́ːrkəmstænsiz]　周囲の事情

◆ under the circumstances 「そういう状況では；現状では」

700
☐ science and **religion**
[rilídʒən]

科学と宗教

◇ relígious 形宗教の，信心深い

701
☐ environmental **pollution**
[pəljúːʃən]

環境汚染

◇ pollúte 動〜を汚染する
◇ pollútant 名汚染物質，汚染源

702
☐ **wealth** and power
[wélθ]

富と権力
財産（= riches）

形? ◇ wéalthy 形裕福な，豊富な

703
☐ Western **civilization**
[sivəlizéiʃən]

西洋文明

◇ cívilized 形文明化した

704
☐ make a $2 million **profit**
[práfit]

200万ドルのもうけを得る
利益

◇ prófitable 形有益な，もうかる

148

MINIMAL PHRASES　　　　　　　　　　　Disc2-43

705
- **the technique of film-making** 〈アク?〉 [tekníːk]　　　映画作りの技術

　　◇téchnical　　　形技術の，専門の
　　◆technical term　　　「専門用語」

706
- **express emotions** [imóuʃən] 〈形?〉　　　感情を表現する

　　◇emótional　　　形感情的な，感動的な

707
- **a natural phenomenon** [finámənɑn]　　　自然現象

Q 複数形は？　　　A phenomena [finámənə]

708
- **die of skin cancer** [kǽnsər]　　　皮膚ガンで死ぬ

　　◆lung cancer　　　「肺ガン」

709
- **at the bottom of the sea** [bátəm]　　　海の底で

710
- **8 billion people** [bíljən]　　　八十億の人々

　　◇míllion　　　名百万

711
- **the social status of women** [stéitəs]　　　女性の社会的地位／身分

　　例 a status symbol　　　「ステイタスシンボル，地位の象徴」

712
- **modern youth** [júːθ]　　　現代の若者／青年期；若さ

　　◇yóuthful　　　形若々しい，若い，若者の

2 Basic Stage ・名詞　●　149

MINIMAL PHRASES

Disc2-44

713
have **confidence** *in* my ability [kánfidəns]	自分の能力に自信がある 信頼
◇self-cónfidence	名自信
◇cónfident	形確信している,自信がある
◇confíde	動〈人に〉秘密を打ち明ける(+in)
	★「~を信頼する」はまれ。

714
the **edge** of the Pacific Ocean [édʒ]	太平洋の周辺 縁(ふち);(町などの)はずれ
◆be on the edge of A	「Aのせとぎわにある」

715
household goods [háushould]	家庭用品

716
a great **scholar** [skálər]	偉大な学者
◇schólarship	名奨学金

717
according to a new **survey** [sə́ːrvei]	新しい調査によると 動[səːrvéi] ~を調査する
	★アクセントは,名詞が前,動詞が後ろだ。

718
a **vocabulary** of 5,000 words [voukǽbjəleri]	5,000語の語彙

719
a natural **enemy** [énəmi]	天敵

720
a bridge *under* **construction** [kənstrʌ́kʃən]	建設中の橋
◇constrúct	動~を建設する,〈理論など〉を構築する
◇constrúctive	形建設的な

721
a **lecture** *on* history [léktʃər]	歴史に関する講義 動(~に)講義をする

MINIMAL PHRASES

Disc2-45

722
□ **follow his instructions**
[instrʌ́kʃən]

彼の指示に従う
教育

◇instrúct — 動 ～を指示する，指導する(= teach)
◇instrúctor — 名 指導者，教師
◇instrúctive — 形 ためになる，教育的な

723
□ **get over the economic crisis**
[kráisis]

経済危機を乗り越える

形？ ◇crítical
Q 複数形とその発音は？

形 ①重大な，危機の ②批判的な
A crises [kráisi:z]

724
□ **a medical instrument**
アク？

医療器具
[ínstrəmənt] 道具；楽器

◆musical instrument — 「楽器」

725
□ **grow various crops**
[krɔ́p]

さまざまな作物を育てる
収穫(量)

726
□ **a laser weapon**
発音？

レーザー兵器
[wépən] 武器

727
□ **an electronic device**
[diváis]

電子装置
手段，工夫

動？ ◇devíse
◇applíance

動 ～を工夫する，考案する
名 (電気・ガス)器具

728
□ **the path *to* victory**
[pǽθ]

勝利への道
進路；軌道

◇ávenue — 名 大通り，…街

729
□ **predict earthquakes**
[ɔ́ːrθkweik]

地震を予知する

◇quake — 名 地震；揺れ 動 ふるえる

2 Basic Stage・名詞 ● 151

MINIMAL PHRASES Disc2-46

730
□ a clear mountain **stream** [stríːm] | きれいな山の小川 / 流れ 動流れる

731
□ the **notion** of freedom [nóuʃən] | 自由の概念 / 考え(＝idea)

732
□ a dangerous **substance** [sʌ́bstəns] | 危険な物質

733
□ **victim**s of the war [víktim] | 戦争の犠牲者 / 被害者；いけにえ

734
□ run out of **fuel** [fjúː(ː)əl] | 燃料を使い果たす

735
□ the common **ancestor**s of all humans アク? [ǽnsestər] | すべての人類の共通の祖先
  反? ⇔ descéndant | 名子孫
  ◇ áncient | 形古代の
  ◇ áncestry | 名(集合的に)先祖, 血統

736
□ the rich **soil** of the Nile River [sɔ́il] | ナイル川の豊かな土壌 / 土，土地

737
□ a **debate** on education [dibéit] | 教育についての討論 / 動 (～を)討論する

738
□ **violence** on TV [váiələns] | テレビにおける暴力 / 激しさ
  形? ◇ víolent | 形乱暴な，暴力的な；激しい

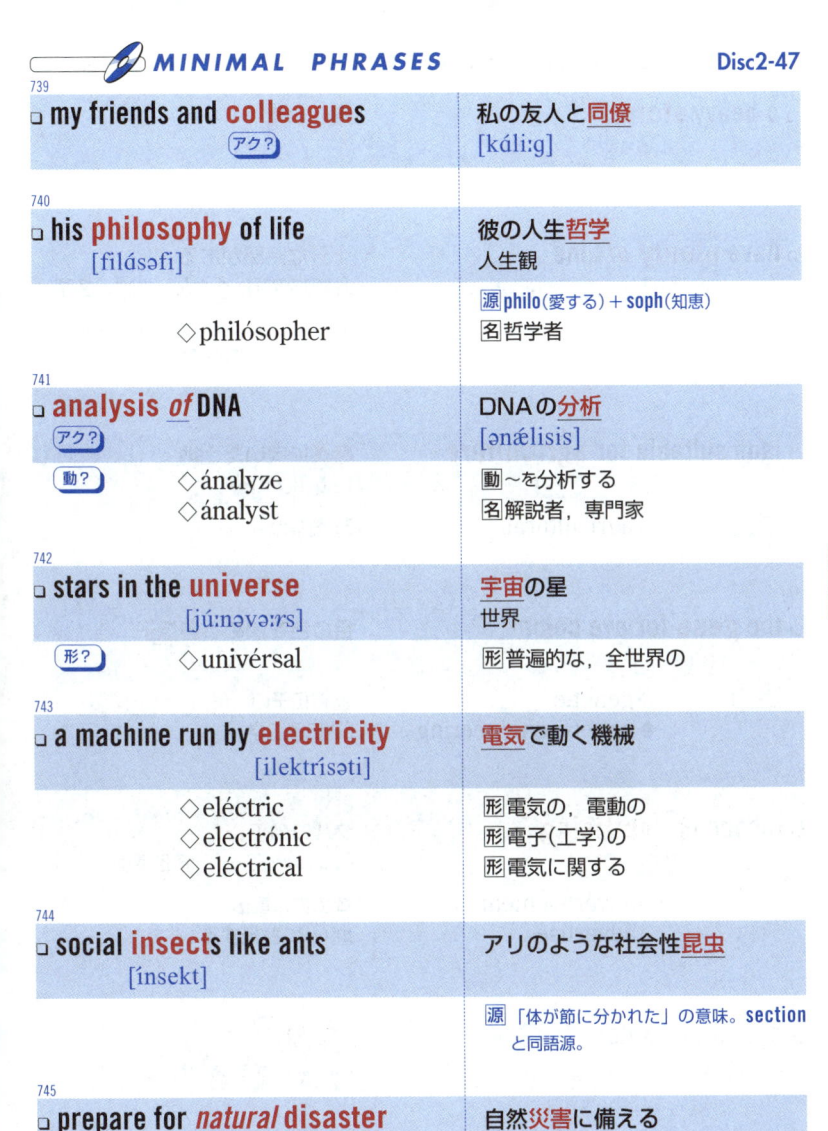

MINIMAL PHRASES　　Disc2-47

739
□ my friends and **colleagues**
　　アク?

私の友人と同僚
[káli:g]

740
□ his **philosophy** of life
　　[filásəfi]

彼の人生哲学
人生観

◇philósopher

源 philo(愛する) + soph(知恵)
名 哲学者

741
□ **analysis** *of* DNA
　アク?

DNAの分析
[ənǽlisis]

　動? ◇ánalyze
　　　◇ánalyst

動 ～を分析する
名 解説者, 専門家

742
□ stars in the **universe**
　　[jú:nəvə:rs]

宇宙の星
世界

　形? ◇univérsal

形 普遍的な, 全世界の

743
□ a machine run by **electricity**
　　[ilektrísəti]

電気で動く機械

◇eléctric
◇electrónic
◇eléctrical

形 電気の, 電動の
形 電子(工学)の
形 電気に関する

744
□ social **insect**s like ants
　　[ínsekt]

アリのような社会性昆虫

源「体が節に分かれた」の意味。section と同語源。

745
□ prepare for *natural* **disaster**
　　[dizǽstər]

自然災害に備える
惨事, 災難

◇disástrous

形 破滅的な
源 dis(離れる) + aster(星) =「幸運の星から離れること」

2 Basic Stage・名詞 ● 153

MINIMAL PHRASES

Disc2-48

746
- **a heavy storm**
  [stɔ́ːrm]

  激しい嵐

747
- **have plenty of time**
  [plénti]

  十分な時間がある
  [肯定文で]たくさん，多数，多量

  ★80％以上が plenty of A の形だ。A には可算名詞も不可算名詞も可。

748
- **land suitable for agriculture**
  アク？

  農業に向いた土地
  [ǽgrikʌ̀ltʃər]

  形？　◇agricúltural

  形 農業の

749
- **the gene for eye color**
  [dʒíːn]

  目の色を決める遺伝子

  形？　◇genétic
  ◆genetic engineering

  形 遺伝子の
  「遺伝子工学」

750
- **tobacco advertising**
  アク？

  タバコの広告
  [ǽdvərtaiziŋ]　宣伝活動

  ◇advertísement
  ◇ádvertise

  名 広告，宣伝
  動 (〜を)宣伝する

751
- **carbon dioxide**
  [káːrbən]

  二酸化炭素
  ★50％以上がこの形で出る。

752
- **the mother-infant relationship**
  [ínfənt]

  母親と幼児の関係

  ◇ínfancy

  名 幼年時代

MINIMAL PHRASES

Disc2-49

753
human evolution [evəljúːʃən]

人類の進化

(動?)
- ◆the theory of evolution 「進化論」
- ◇evólve 動進化する
- ◆natural selection 「自然選択[淘汰]」

754
destroy cancer cells [sél]

ガン細胞を破壊する
電池

- ◆fuel cell 「燃料電池」
- ◆cell phone 「携帯電話」(= cellular phone)

755
financial aid to Iraq [éid]

イラクへの財政的援助
(= help, support) 動〜を援助する

756
have serious consequences [kánsikwens]

重大な結果をまねく
(= result)

- ◇cónsequently 副その結果として(= as a result)

757
have musical talent [tǽlənt]

音楽の才能がある
才能のある人

★日本語の「(テレビ)タレント」は personality を使い,talent とは言わない。
- ◇tálented 形才能のある

2 Basic Stage・名詞 ● 155

✾ *Adjectives & Adverbs* 形容詞・副詞；etc. ✾

🎧 MINIMAL PHRASES　　　　　　　　　　Disc2-50

▫ a **common** language	共通の言語
▫ No Smoking in **Public** Places	公共の場では禁煙
▫ He *is* **likely** *to* win.	彼が勝つ可能性が高い
▫ **serious** social problems	深刻な社会問題
▫ a **particular** character	特有の性質

758
common 　多義
[kámən]

① 共通の，公共の　② 普通の，ありふれた
◆have A in common (with B)「(Bと)Aを共有する」
◆common sense　　　「常識(的判断力)」
◆the common people「一般大衆」
◇cómmonplace　　　形 ありふれた

759
public
[pʌ́blik]

公の，公衆の　名 (the public) 一般の人々，大衆
◆public opinion　　　「世論」
◆in public　　　　　「公然と，人前で」
　　　　　　　　　　⇔in private

760
likely
[láikli]　語法

ありそうな，〜する可能性が高い　副 たぶん，おそらく
◆be likely to V　　　「Vする可能性が高い」
◆It is likely that〜　「〜する可能性が高い」
◇líkelihood　　　　名 可能性，見込み

761
serious
[síəriəs]

① 深刻な，重大な　② 真剣な，まじめな
★「重病」は，serious illness だ。heavy illness とは言わない。

762
particular
[pərtíkjulər]　アク?

① ある特定の；特有の　② 好みのやかましい (+ about)
◆in particular　　　「特に」(＝particularly)

MINIMAL PHRASES

Disc2-51

☐ information **available** *to* everyone	みんなが<u>利用できる</u>情報
☐ a **local** television station	<u>地方の</u>テレビ局
☐ I *am* **ready** *to* start.	出発の<u>用意ができている</u>
☐ the **correct** answer	<u>正しい</u>答
☐ be **familiar** *with* Japanese culture	日本の文化に<u>くわしい</u>

763
available
[əvéiləbl]

①手に入る，利用できる
②〈人が〉手が空いている (= free)
◆ be available to A 「Aに利用できる」

764
local
[lóukəl]

その土地の，地元の，現地の
◆ local government 「地方自治体」
★ local には，都会に対する「田舎の」という意味はない。cf. provincial「(けなして)田舎臭い」，rural「(良い意味で)田舎の，田園の」

765
ready 〔多義〕
[rédi]

①用意ができた
②(be ready to V) 進んでVする (= be willing to V)
◆ get ready for A 「Aの用意をする」
◇ réadily 副 快く，進んで；容易に
◇ réady-máde 形 できあいの，既製の

766
correct
[kərékt]
〔反?〕

正しい，適切な (= right)
動 ～を訂正する
⇔ incorréct 形 まちがった (= wrong)

767
familiar 〔多義〕
[fəmíljər]

①よく知られた，見覚えのある，親しい
②(人が)熟知している，くわしい
◆ A be familiar with B 「A(人)がBをよく知っている」
◆ B be familiar to A 「BがA(人)によく知られている」
◇ familiárity 名 親しい関係，熟知

MINIMAL PHRASES　　　　　　　　　　　Disc2-52

▫ **physical** beauty	肉体美
▫ The book is **worth** read*ing*.	その本は読む価値がある
▫ be **involved** *in* the accident	事故に巻き込まれている
▫ All men are created **equal**.	全ての人は平等につくられている

768
physical　(多義)
[fízikəl]

①身体の，肉体の(⇔spiritual)　②物理的な；物質の
◇phýsics　　　　　名物理学
◇phýsicist　　　　名物理学者

769
worth
[wə́ːrθ]

(be worth A) Aの価値がある
(be worth Ving) Vする価値がある　名価値
◆be worth（A's） while
　　　　　　「（Aが）時間[労力]をかける価値がある」
◆be worthy of A　「Aの価値がある」

Q His speech is worth （　）.
　① listening to　② listening

A ①「彼の話は聞く価値がある」worth＋Ving の後に，主語の名詞を置ける形にする必要がある。listening to his speech から考える。

770
involved
[inválvd]

(be involved in A) Aに関係している，参加している
★次のように名詞を後から修飾することが多い。
　例 the people involved「関係する人々」
◇invólve　　　　　動～を伴う，含む；～を巻き込む，
　　　　　　　　　　関係させる
◇invólvement　　名かかわり合い，関与

771
equal　(アク?)
[íːkwəl]　(名?)

平等な，等しい，匹敵する　動～に等しい
◆be equal to A　「①Aと等しい②Aに耐えられる」
◇equálity　　　　名平等

MINIMAL PHRASES

her **private** life	彼女の<u>私</u>生活
an **obvious** mistake	<u>明白な</u>まちがい
a **native** language	<u>母</u>語
a **complex** system	<u>複雑な</u>システム
I *am* **willing** *to* help her.	<u>喜んで</u>彼女を助けるつもりだ

772
private
[práivit] 反?

名?

個人の，私有の；私的な，秘密の
⇔públic　　　形公の，公的な
◆private school　「私立学校」
◆in private　　　「内密に，非公式に」
◇prívacy　　　名プライバシー，秘密

773
obvious
アク?
[ábviəs]

明白な

◇óbviously　　　副明らかに

774
native
[néitiv]

母国の，原住民の；生まれ故郷の
名(ある土地の)生まれの人

775
complex
[kəmpléks]

Q 「劣等感」は英語で？

複雑な
名[kámpleks]　①強迫観念　②建物の集合体(名は少数)
◇compléxity　　名複雑さ
A inferiority complex

776
willing
[wíliŋ]

(be willing to V)進んで[喜んで]Vする，Vする気がある
◇wíllingly　　　副進んで，快く

MINIMAL PHRASES　　　　　Disc2-54

- the **current** international situation　｜　**今日の**国際状況
- **male** workers　｜　**男性の**労働者
- the **proper** use of words　｜　言葉の**適切な**使い方
- He is **capable** *of* doing the job.　｜　彼はその仕事をする**能力がある**
- He is **independent** *of* his parents.　｜　彼は親から**独立している**

777
current
[kə́:rənt]

最新の，現時点の；広く世に行われる
名流れ，風潮　例 electric current「電流」
◆ current events　「時事問題」
◇ cúrrency　　　　名通貨

778
male
[méil]　反？

男の，雄の　名男，雄
⇔ fémale　　　　形女の，雌の　名女，雌

779
proper
[prápər]

適切な，ふさわしい；礼儀正しい

780
capable
[kéipəbl]
反？

① ～する能力がある，～する可能性がある　② 有能な
◆ be capable of Ving　「Vする能力[可能性]がある」
⇔ incápable　　　形能力[可能性]がない
◇ capabílity　　　名能力

Q He is capable to teach English. はどこがいけない？
A capable は to V と用いない。He is capable of teaching English. が正しい。

781
independent
[indipéndənt]

独立した (⇔ dependent)
◆ be independent of A　「Aから独立している」
◇ indepéndence　　名独立

MINIMAL PHRASES　　Disc2-55

□ **positive** thinking	積極的な考え方
□ a **pleasant** experience	楽しい経験
□ a **significant** difference	重要な違い
□ the **former** President	前大統領
□ a **chemical** reaction	化学反応

782
positive
[pázitiv]

反?

①積極的な，前向きの；肯定的な
②明確な；〈人が〉確信している（= sure）
⇔ négative ☞ p. 164
◇ pósitively 　　副確かに，きっぱりと

783
pleasant

発音?

名?

Q I'm ( ) with my new house.
　① pleasant　② pleased

〈人にとって〉楽しい，愉快な（= pleasing）；心地よい
[plézənt]
◇ pleased 　　形〈人が〉喜んでいる，満足している
◇ please 　　動 ～を喜ばす，～を満足させる
◇ pleasure　発音　名 [pléʒər]　喜び，楽しみ
A ②「私は新しい家が気に入っている」 cf. My new house is pleasant to live in.「私の新しい家は住み心地がよい」

784
significant
[signífikənt]

動?

①重要な，意味のある　②かなり多くの
例 a small but significant number「少数だがかなりの[無視できない]数」
◇ significance 　　名重要性，意味
◇ sígnify 　　動 ～を示す，意味する

785
former
[fɔ́:rmər]

前の，昔の
名 (the former) 前者（⇔ the latter「後者」）
◇ fórmerly 　　副以前は，昔は

786
chemical
[kémikəl]　名?　(2つ)

化学的な　名化学物質
◇ chémistry 　　名化学；(化学的な)性質
◇ chémist 　　名化学者

2 Basic Stage・形容詞 副詞　● 161

MINIMAL PHRASES　　　　　　　　　　　　Disc2-56

▫ be **upset** by the accident	事故で動揺している
▫ from the **previous** year	前の年から
▫ **global** warming	地球の温暖化
▫ a **specific** individual	特定の個人
▫ health-**conscious** Americans	健康を意識するアメリカ人

787
upset
[ʌpsét]

〈人が〉動揺している，取り乱している
動①〈人〉の心を乱す　②〈計画など〉を駄目にする

788
previous
発音？
反？

（時間・順序で）前の，以前の
[príːviəs]
⇔fóllowing　　形次の，下記の
◇préviously　　副以前に，前もって
★the previous nightは，「（ある日の）前日の夜」のことで，last night「昨夜」とは違う。

789
global
[glóubəl]

世界的な，地球規模の
◇globalizátion　　名国際化（＝internationalization）
◇globe　　名地球，球体

790
specific
[spəsífik]
反？

①特定の；特有の　②明確な，具体的な
◇specifically　　副特に，明確に；正確に言えば
①⇔géneral　　形一般的な

791
conscious
[kánʃəs]

同？

意識している；意識的な　★A-consciousの形が多い。
例 class-conscious　「階級意識がある」
　　fashion-conscious「流行を気にする」
＝awáre
◆be conscious of A 「Aを意識している」
◇self-conscious　　形恥ずかしがる，人の目を気にする

MINIMAL PHRASES　　　　　　　　　　　　Disc2-57

□ be **superior** *to* others	他の人より**すぐれている**
□ an **efficient** use of energy	**効率のよい**エネルギーの使い方
□ **fundamental** human rights	**基本的**人権
□ a **narrow** street	**狭い**道
□ a **reasonable** explanation	**理にかなった**説明

792
superior
アク？　反？　名？

[supíəriər]

よりすぐれている，まさっている　　名上役，上司
⇔inférior　　　　形より劣っている
◆be superior to A「Aよりすぐれている」
◇superióriy　　　名優越，優勢

793
efficient
アク？　名？

[ifíʃənt]

効率がいい，能率的な；(人が)有能な
◇efficiency　　　名能率

794
fundamental
[fʌndəméntəl]

基本的な，初歩の；根本的な
名(fundamentals)基本事項，原則

795
narrow
[nǽrou]
副？

狭い，細い(⇔broad; wide)　　動～を狭くする
例 a narrow escape「かろうじて逃れること」
◇nárrowly　　　副①かろうじて，危うく(＝barely)
　　　　　　　　　②狭く

Q 「狭い部屋」は？
A **a small room**　「面積が狭い」はsmallを用いる。narrowは川，道など細長いものについて言う。

796
reasonable 多義
[ríːznəbl]

①**理にかなった**，適切な　②(値段が)手ごろな，安い
例 at reasonable prices「手ごろな価格で」

2 Basic Stage・形容詞 副詞　●　163

MINIMAL PHRASES　　　　　　　　　　　　　　　　　　　Disc2-58

◻ feel **nervous** about the future	将来のことで<u>不安に</u>なる
◻ The brothers look **alike**.	その兄弟は<u>似ている</u>
◻ **domestic** violence	<u>家庭内</u>暴力
◻ a **negative** answer	<u>否定的な</u>答
◻ make a **moral** judgment	<u>道徳的な</u>判断をする

797
nervous
[nə́ːrvəs]　名?

神経質な，不安な；神経の
◇nerve　　　　　　名①神経　②勇気，ずうずうしさ
◆get on A's nerves　　　「Aの神経にさわる」
◆(the) nervous system　「神経系(統)」

798
alike
[əláik]

似ている，同様な　副同様に
★Tom looks like Jim.＝Tom and Jim look alike. に注意。
◆A and B alike　「AもBも同様に」
◇likewise　　　　副同様に(＝similarly)

799
domestic　多義
[dəméstik]

①家庭の，家庭的な　例 a domestic animal「家畜」
②国内の(⇔foreign)　例 the domestic market「国内市場」
◇domésticate　　　動〜を飼いならす

800
negative
[négətiv]
反?

①否定の，拒否の
②消極的な
⇔pósitive　☞ p. 161

801
moral
[mɔ́(ː)rəl]

道徳的な，道徳の
名(〜s；複数扱い)道徳
◇morálity　　　　名道徳(性)

164

MINIMAL PHRASES　　　　　　　　　　　Disc2-59

・be eager *to* study in the US	アメリカ留学を熱望する
・the brain's remarkable ability	脳のすばらしい能力
・drive away evil spirits	悪い霊を追い払う
・stay awake all night	夜通し目が覚めている
・his aged parents	彼の年老いた父母

802
eager
[íːgər]

熱心な
◆be eager to V 「強くVしたがる」 ★6割以上がこの形。
◇éagerly 副熱心に

803
remarkable
[rimáːrkəbl]

すばらしい，すぐれた，注目すべき
◇remárk 動〜と述べる，言う ☞ p.104
◇remárkably 副著しく，目立って；珍しく

804
evil
発音?
[íːvəl]

(道徳的に)悪い，邪悪な　名悪，悪事

805
awake
[əwéik]

目を覚まして(⇔asleep)
動目覚める；〜を目覚めさせる(=wake)
(awake; awoke; awoken)
語法　★awake, asleepは名詞の前に置かない。補語として用いる。
動?
◇awáken 動〜を目覚めさせる；目覚める

806
aged
[éidʒid]

①年老いた，老齢の(= very old)　②[éidʒd] 〜歳の
例 people aged 65 and over「65歳以上の人」
◆the aged 「高齢者」
◇age 名年齢；時代　動年老いる
◆aging population 「高齢人口」
◆aging society 「高齢化社会」

2 Basic Stage ・形容詞 副詞 ● 165

MINIMAL PHRASES　　　　　　　　　　Disc2-60

I am **anxious** *about* your health.	君の健康が心配だ
walk on **thin** ice	薄い氷の上を歩く
nuclear energy	原子力エネルギー
the British **legal** system	イギリスの法律の制度
be **curious** *about* everything	何にでも好奇心を持つ

807
anxious　多義
[ǽŋkʃəs]

①(未知のことを)心配して, 不安な　②切望して
◆ be anxious about A 「Aを心配している」
　　　　　　　　　　　　(= be worried about A)
◆ be anxious to V 「Vすることを切望する」
　　　　　　　　　　　　(= be eager to V)

名?
◇ anxiety　発音　名[æŋzáiəti] 心配, 不安

Q He is anxious to find a girlfriend. の意味は？
A 「彼は恋人を見つけたいと切望している」

808
thin
[θín]　反?

①薄い；細い　②やせた
⇔ thick　　　　　形厚い；太い；濃い

809
nuclear
[njú:kliər]

核の, 原子力の
◆ nuclear weapon 「核兵器」
◆ nuclear family 「核家族」
◆ nuclear power plant 「原子力発電所」
◆ nuclear reactor 「原子炉」

810
legal
[lí:gəl]　反?

合法の, 法律の, 法的な
⇔ illégal　　　　形違法の

811
curious
[kjúəriəs]　名?

①好奇心が強い, 知りたがる(+ about)　②奇妙な
◇ curiósity　　　　名好奇心；珍奇なもの

MINIMAL PHRASES　　　Disc2-61

□ Always keep **calm**.	つねに<u>冷静で</u>いなさい
□ a **tough** boxer	<u>たくましい</u>ボクサー
□ **civil** rights	<u>市民</u>権

812
calm
発音?

冷静な, 静かな　動 静まる; ~を静める　名 静けさ, 落ち着き
[kάːm]

813
tough　多義
発音?

①**たくましい**　②**骨の折れる**, 難しい　③**厳しい**
[tʌ́f]

814
civil
[sívl]

一般市民の; 国内の
◆the Civil War 「南北戦争」
◆civil war 「内戦」
◆the civil rights movement 「(黒人の)公民権運動」
◇civílian　名 (軍に対して)民間人

副詞；etc.

MINIMAL PHRASES　　　　　　　　　　　　　　Disc2-62

- He looks happy, but **actually** he is sad. ｜ 彼はうれしそうだが実は悲しいのだ
- **nearly** 30 years ago ｜ 30年近く前に
- The car is small and **therefore** cheap. ｜ その車は小さい。それゆえ，安い。
- at **exactly** *the same* time ｜ ぴったり同時に

815
actually
[ǽktʃuəli]

① 実は，(ところが)実際は　② 実際に
◇ áctual　　　　　　形 現実の

816
nearly
[níərli]

① ほとんど，ほぼ(= almost)　② 危うく〜しかける
◆ not nearly　　「まったく…ない」= not at all
◇ néarby　　　　　　副形 近くに；近くの

(語法)
★ nearly は almost と同様，ある状態にまだ達していないことを意味する。たとえば，nearly 60 も almost 60 も，60 より少ないことを表す。

Q He nearly fell into the river. の意味は？

A 「彼は危うく川に落ちそうだった」= He almost fell into the river.

817
therefore
[ðéərfɔːr]

それゆえに，従って(= and so)

818
exactly
[igzǽktli]

正確に，完全に；(強い肯定の答)全くそのとおりです
★ Not exactly. は「ちょっと違います」。
◇ exáct　　　　　　形 正確な

MINIMAL PHRASES　　　　　　　　　　　　　　　Disc2-63

□ He may **possibly** come.	**ひょっとすると**彼は来るかもしれない
□ **contrary** _to_ expectations	予想に**反して**
□ I **occasionally** go to the theater.	私は**たまに**芝居を見に行く
□ **Somehow** I feel lonely.	**なぜか**寂しい
□ I **seldom** see him.	彼に会うことは**めったにない**

819
possibly
[pásəbli]　(多義)(語法)

①ひょっとすると
②(cannot possibly V)　どうしてもVできない
◇póssible　　　形可能な
◇possibílity　　名可能性

Q He can't possibly come. の意味は？

A「彼はどうしても来られない」　cf. He possibly can't come. は「ひょっとすると彼は来られないかもしれない」

820
contrary
[kántreri]

反対に，逆に　形反対の
◆on the contrary「それどころか，とんでもない」
　　　　　　　★文頭で用いる。
◆contrary to A　「Aに反して」
◆to the contrary　「逆の(に)」

821
occasionally
[əkéiʒənəli]

時々，たまに(= on occasion)
★sometimes より低い頻度を示す。
◇occásional　　　形時々の，時折の

822
somehow
[sʌ́mhau]

①どういうわけか，なぜか
②何とかして，何らかの方法で

823
seldom
[séldəm]　(語法)

めったに…ない(= hardly ever)
★助動詞または be 動詞がある場合はその直後に seldom を置く。
　例 This is seldom used.「これはめったに使われない」

2 Basic Stage・形容詞 副詞　● 169

MINIMAL PHRASES　　　　　　　　　　　　　　　　Disc2-64

▫ This is smaller and **thus** cheaper.	この方が小さく，したがって安い
▫ The British say "lift," **whereas** Americans say "elevator."	イギリス人は「リフト」と言うが，アメリカ人は「エレベータ」と言う
▫ **Besides** being rich, he is kind.	彼は金持ちの上にやさしい

824
thus　　多義
[ðʌ́s]

①それゆえ，したがって＝therefore　★後ろに結果が来る。
②そのように，このように＝in this way
③これほど，この程度
★thus＝soと考えればどの意味もわかる。

825
whereas
[hweəræz]

接 ～だが一方，～であるのに
★whileより堅い語で比較・対照を表す。

826
besides
[bisáidz]

前 ～に加えて，～の上に（＝in addition to）
副 その上に　★beside「～の横に」と混同しないように！

ジャンル別英単語

植物

▫ **redwood** [rédwud]	セコイア	▫ **bamboo** [bæmbúː]	竹
▫ **maple** [méipl]	カエデ	▫ **cedar** [síːdə]	スギ
▫ **pine** [páin]	マツ	▫ **chestnut** [tʃésnʌt]	クリ(の木)
▫ **oak** [óuk]	オーク(ナラ・カシ類)	▫ **walnut** [wɔ́ːlnʌt]	クルミ(の木)

MINIMAL PHRASES

827
the general public
[dʒénərəl]

一般大衆
全体的な

- ◆in general
- ◇génerally
- ◇géneralize
- ◇generalizátion

「一般に，一般の」
副一般に；たいてい
動(〜を)一般化する
名一般化

828
various kinds of flowers
[véəriəs]

さまざまな種類の花
(= varied)

（名?）
- ◇varíety
- ◆a variety of A
- ◇váry

名多様(性)，変化
「さまざまなA」= various
動変わる，さまざまである；
〜を変える ☞ p. 95

829
be similar to each other
[símələr]

お互いに似ている

- ◆be similar to A
- ◇similárity

「Aに似ている」
名類似(点)

830
a complete failure
[kəmplíːt]

完全な失敗
動〜を完成する

（反?）
- ⇔incompléte
- ◇complétely

形不完全な
副すっかり，完全に

831
recent news
[ríːsnt]

最近のニュース

- ◇récently
- ◇nówadays

副最近，先ごろ
副近ごろ，今日では

★nowadaysは現在形と用いる。現在完了形とはめったに用いない。

Q I often see him recently. の誤りは？

A recentlyは，過去形か現在完了形の文に用い，現在形の文は不可。these days「最近」は，現在・現在完了形の文に用いる。

2 Basic Stage・形容詞 副詞 ● 171

MINIMAL PHRASES

Disc2-66

832
- an **expensive** restaurant | 高価なレストラン
  [ikspénsiv] | 金のかかる(= costly)

名?
⇔ inexpénsive | 形 安価な
◇ expénse | 名 費用, 経費, 犠牲
◇ expénditure | 名 支出

833
- a **political** leader | 政治的な指導者
  アク? | [pəlítikəl]

◇ politics アク | [pάlətiks] 名 政治；政策；政治学
★ -ics で終わる語はその直前にアクセントがあるが、これは例外。
◇ politícian | 名 政治家

834
- be **aware** *of* the danger | 危険に気づいている
  [əwéər] | 意識している(= conscious)

◆ be aware of A | 「Aに気づいている, 意識している」
◆ be aware that～ | 「～に気づいている」
◇ awáreness | 名 意識, 認識

835
- **ancient** Greece and Rome | 古代のギリシャとローマ
  発音? | [éinʃənt]

◇ áncestor | 名 先祖

836
- a **medical** study | 医学の研究
  [médikəl] | 医療の

◆ medical care | 「医療, 治療」
◇ médicine | 名 薬；医学

837
- Water is **essential** *to* life. | 水は生命に不可欠だ
  アク? | [isénʃəl] 本質的な

名? ◇ éssence | 名 本質

838
- a **huge** city | 巨大な都市
  [hjúːdʒ] | 莫大な

172

MINIMAL PHRASES

Disc2-67

839

a terrible accident
[térəbl]

動?	◇térrify
	◇térrified
	◇térrifying
名?	◇térror
	◇térrorism

ひどい事故
恐ろしい

動 ~を恐れさせる
形〈人が〉おびえている, 恐れる
形 恐ろしい
名 恐怖；テロ
名 テロリズム

840

practical English
[præktikəl]

◇práctically

実用的な英語
現実的な

副① ほとんど(= almost)
  ② 実際的に

841

the entire world
[intáiər]

◇entírely

全世界
完全な(= whole)

副 完全に(= completely, altogether)

842

my favorite food
[féivərət]

私のいちばん好きな食べ物
名 お気に入りの物[人]

★「いちばん」の意味があるからmostはつかない。

843

enjoy a comfortable life
発音? アク?

例 Make yourself comfortable [at home].
| 名? | ◇cómfort |
| | ◇discómfort |

快適な生活を楽しむ
[kʌ́mfərtəbl] くつろいだ(+ with)

(来客に)「楽にしてください」
名 快適さ, 慰め 動 ~を慰める
名 不快

844

play an active role
[æktiv]

反?	⇔pássive
名?	◇actívity
	◇áctivist

積極的な役割を演じる
活動的な

形 受動的な；消極的な
名 活動
名 活動家, 運動家

---

2 Basic Stage・形容詞 副詞 ● 173

MINIMAL PHRASES   Disc2-68

845
- **a typical American American family**
  [típikl]
  発音?
  - ◆ be typical of A

  <u>典型的な</u>アメリカの家族
  「典型的なAである，Aに特有である」

846
- **an ideal place to live**
  [aidí:əl]

  生活するのに<u>理想的な</u>土地
  名 理想

847
- **the vast land of Russia**
  [vǽst]

  ロシアの<u>広大な</u>土地
  ばく大な (= large)

  例 the vast majority
  「大多数」

848
- **the most appropriate word**
  [əpróupriət]
  反? ⇔ inapprópriate

  最も<u>適切な</u>語
  (= suitable)
  形 不適切な

849
- **an empty bottle**
  [émpti]

  <u>からの</u>ビン
  動 ～をからにする

850
- **rapid economic growth**
  [rǽpid]
  ◇ rápidly

  <u>急速な</u>経済成長
  副 急速に

851
- **a mental illness**
  [méntəl]
  反? ⇔ phýsical
  名? ◇ mentálity

  <u>精神の</u>病
  知能の
  形 肉体の (= bodily)
  名 思考方法，心的傾向

852
- **an excellent idea**
  [éksələnt]
  動? ◇ excél
  ◇ éxcellence

  <u>すばらしい</u>アイディア
  優秀な
  動 優れている；～にまさる
  名 優秀さ

MINIMAL PHRASES

Disc2-69

853
when it's convenient *for* you
[kənví:niənt]

君のつごうがいいときに
便利な

◇convénience
名 便利さ，便利な道具

Q Call me when you are convenient. の誤りは？

A 「君のつごうがよい」は you are convenient ではなく it is convenient for you と言う。

854
potential danger
[pəténʃəl]

潜在的な危険
可能性のある 名 潜在能力，可能性

855
financial support from the US
[fainǽnʃəl]

アメリカからの財政的援助

◇fínance
名 財政

856
an enormous amount of damage
[inɔ́:rməs]

ばく大な額の損害
巨大な

同? = huge, vast

857
a rare stamp
[réər]

珍しい切手

◇rárely
副 めったに…ない(= seldom)

858
a complicated problem
アク?

複雑な問題
[kámpləkeitəd] (= complex)

859
a tiny kitten
[táini]

ちっちゃな子猫
ごく小さい

860
spend considerable time
[kənsídərəbl]

かなりの時間を費やす

★ considerate「思いやりがある」と混同するな！

◇consíderably
副 かなり

2 Basic Stage・形容詞 副詞 ● 175

MINIMAL PHRASES

861
- **Her skin is sensitive to sunlight.** 彼女の肌は日光に敏感だ
  [sénsətiv]

  ◇ sénsible — 形 賢明な, 分別のある
  ◇ sensitívity — 名 感受性, 敏感さ

  Q a ( ) approach to the problem
  ① sensible ② sensitive
  A ①「問題に対する賢明な取り組み方」

862
- **high intellectual ability** 高度な知的能力
  [intəléktʃuəl]
  名 知識人

  名? ◇ íntellect アク 名 知性

  Q intelligent とどう違う?
  A intelligent は人や動物の知能が高いことだが, intellectual は人に限られ, 高度な知性・教養を持つという意味。

863
- **in a broad sense** 広い意味では
  発音? [brɔ́ːd] (= wide ; ⇔ narrow)

  ◇ bréadth 名 はば

864
- **be polite to ladies** 女性に対して礼儀正しい
  [pəláit]

  反? ⇔ impolíte 形 不作法な, 無礼な

865
- **accurate information** 正確な情報
  アク? [ǽkjərət]

  同? = exáct
  名? ◇ áccuracy 名 正確さ

866
- **a sharp rise in prices** 物価の急激な上昇
  [ʃɑ́ːrp] 鋭い

867
- **rude behavior** 失礼な振る舞い
  [rúːd] 不作法な (= impolite)

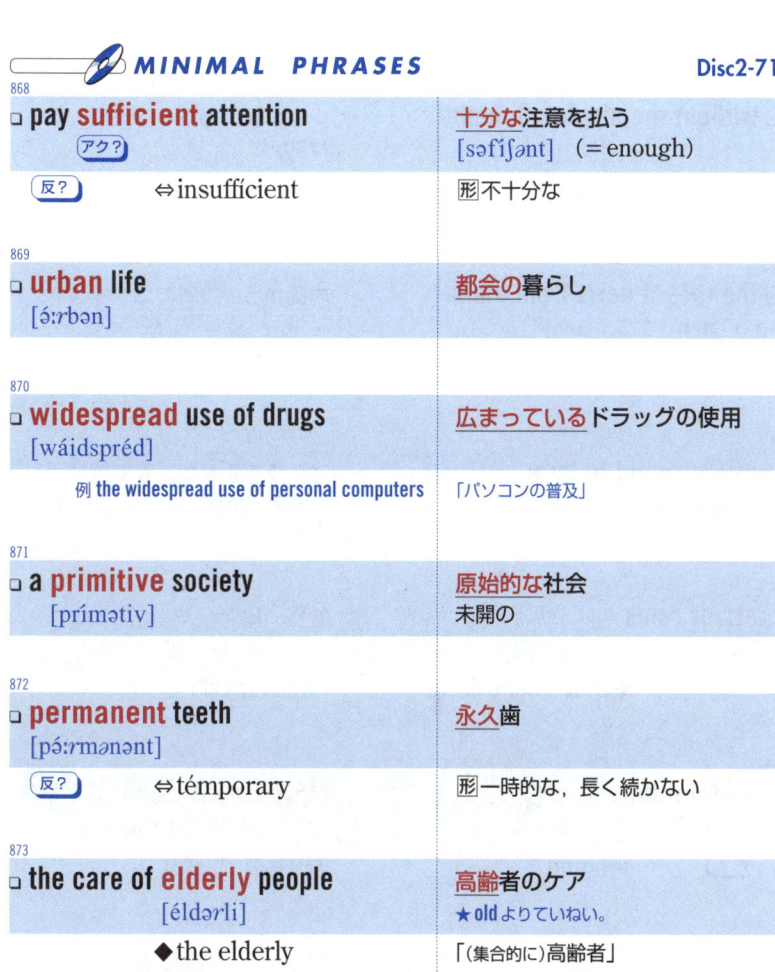

MINIMAL PHRASES　　　Disc2-71

868
pay sufficient attention
アク?
反?　⇔insufficient

十分な注意を払う
[səfíʃənt]　(= enough)
形 不十分な

869
urban life
[ə́ːrbən]

都会の暮らし

870
widespread use of drugs
[wáidspréd]
例 the widespread use of personal computers

広まっているドラッグの使用

「パソコンの普及」

871
a primitive society
[prímətiv]

原始的な社会
未開の

872
permanent teeth
[pə́ːrmənənt]
反?　⇔témporary

永久歯

形 一時的な, 長く続かない

873
the care of elderly people
[éldərli]
◆the elderly

高齢者のケア
★old よりていねい。
「(集合的に)高齢者」

874
severe winter weather
[sivíər]

厳しい冬の天候
〈痛みなどが〉ひどい

875
a brief explanation
[bríːf]
◆in brief

簡潔な説明
短い (= short)
「手短に言うと」

2 Basic Stage・形容詞 副詞　●　177

MINIMAL PHRASES

876
□ **without the slightest doubt**
[sláit]

少しの疑いもなく
わずかな

◆not ... in the slightest 「全然〜ない」(= not ... at all)

877
□ **the latest news from China**
[léitist]

中国からの最新のニュース

源 late「遅い」の最上級。

878
□ **military aid to Israel**
[míləteri]

イスラエルへの軍事的援助
名軍隊，軍部

879
□ **strict rules**
[stríkt]

厳しい規則

◆strictly speaking 「厳密に言えば」

880
□ **a solid state**
[sálid]

固体の状態
がっしりした　名固体

反？ ⇔líquid 形液体の　名液体

881
□ **say stupid things**
[stjú:pid]

ばかなことを言う

882
□ **biological weapons**
[baiəládʒikəl]

生物兵器
生物学的な

◆biological clock 「体内時計，生物時計」
名？ ◇biólogy 名生物学
◇biólogist 名生物学者

副詞；etc.

MINIMAL PHRASES　　　Disc2-73

883
□ **Probably** he won't come.
[prábəbli]

◇ próbable　形 ありそうな，起こりそうな
★形式主語構文で使うことが多い。

◇ probabílity　名 見込み，可能性
★**probably** は，十中八九ありそうな場合に用いる。**maybe, perhaps, possibly** は，可能性が 50%以下の場合に用いる。

おそらく彼は来ないだろう

884
□ I **hardly** know Bill.
[háːrdli]

◆ hardly ... when[before]～　「…してすぐに～した」

Q I studied (　　).
① hard　② hardly

A ① hardly に「一生けんめいに」の意味はない。

ビルのことはほとんど知らない

885
□ leave **immediately** after lunch
[imíːdiətli]

◇ immédiate　形 目の前の，直接の，即座の

昼食後すぐに出発する

886
□ He **eventually** became President.
[ivéntʃuəli]

同熟? ＝ at last, in the end

ついに彼は大統領になった
結局（＝ finally）

887
□ a **frequently** used word
[fríːkwəntli]

◇ fréquent　形 よく起きる，高頻度の
◇ fréquency　名 頻度

しばしば使われる言葉
（＝ often）

2 Basic Stage・形容詞 副詞　● 179

MINIMAL PHRASES

888
- an **extremely** difficult problem
  [ikstrí:mli]

  非常に難しい問題

  ◇extréme — 形極端な，過激な　名極端

889
- **gradually** become colder
  [grǽdʒuəli]

  だんだん冷たくなる

  ◇grádual — 形徐々の，段階的な

890
- It is **merely** bad luck.
  [míərli]

  単に運が悪いだけです
  (= only; just)

  ◇mere — 形ほんの，単なる

891
- He is rich; **nevertheless** he is unhappy.
  [nèvərðəlés]

  彼は金持ちだが，それにもかかわらず，不幸だ

  ◇nonethelésss — 副それにもかかわらず

892
- He's kind; **moreover**, he's strong.
  [mɔːróuvər]

  彼は親切で，その上強い

893
- **relatively** few people
  [rélətivli]

  比較的少数の人々
  相対的に

  同? = compáratively — 副比較的
  ◇rélative — 形相対的な，比較上の　名親せき

894
- an **apparently** simple question
  アク?

  一見簡単な問題
  [əpǽrəntli]　見たところでは

  ★Apparently he is old. は It appears that he is old. とほぼ同じ。

  ◇appárent — 形①明らかだ　②外見上の，うわべの
  ★補語の時は①の意。名詞限定では②が多い。

Q 訳しなさい。
1) The difference became apparent.
2) the apparent difference

A
1)「違いが明らかになった」
2)「見かけ上の違い」

MINIMAL PHRASES

895
It's absolutely necessary.
[ǽbsəluːtli]

絶対に必要だ
全く

★会話で「全くそのとおり」という強い肯定を表す用法も重要。

◇ábsolute 形絶対の，完全な
⇔rélative 形相対的な

896
largely because of the problem
[láːrdʒli]

主にその問題のせいで

同? = máinly, chíefly

897
The class is mostly Japanese.
[móustli]

クラスの大部分は日本人だ
たいていは

例 I sometimes drink whisky, but mostly I drink beer.

「私は時にはウィスキーも飲むが，たいていはビールを飲む」
★このように sometimes と対照的に使われることがある。

898
somewhat better than last year
[sʌ́mhwɑt]

去年より多少よい

899
***not* necessarily true**
[nesəsérəli]

必ずしも本当でない

◆Not necessarily. 「必ずしもそうではない」
◇nécessary 形必要な；必然の
◇necéssity 名必要(性)

900
He lost despite his efforts.
[dispáit]

前努力にもかかわらず彼は負けた
★despite は前置詞。

同熟? = in spite of

2 Basic Stage・形容詞 副詞

ジャンル別英単語

虫

- **beetle** [bíːtl] 甲虫, カブトムシ
- **caterpillar** [kǽtərpilər] イモムシ, 毛虫
- **worm** [wə́ːrm] イモムシ, ミミズ, 寄生虫
- **snail** [snéil] カタツムリ
- **spider** [spáidər] クモ
- **mosquito** [məskíːtou] カ
- **fly** [flái] ハエ
- **bee** [bíː] ハチ
- **butterfly** [bʌ́tərflai] チョウ
- **moth** [mɔ́(ː)θ] ガ
- **bug** [bʌ́g] (一般に)虫
- **cockroach** [kákroutʃ] ゴキブリ

魚介類

- **salmon** [sǽmən] サケ
- **shark** [ʃáːrk] サメ
- **trout** [tráut] マス
- **shell** [ʃél] 貝, 貝殻
- **octopus** [áktəpəs] タコ

鳥

- **swallow** [swálou] ツバメ
- **sparrow** [spǽərou] スズメ
- **eagle** [íːgl] ワシ
- **hawk** [hɔ́ːk] タカ
- **pigeon** [pídʒən] ハト
- **dove** [dʌ́v] (小型の)ハト ★平和の象徴
- **crow** [króu] カラス
- **owl** 発音? [ául] フクロウ
- **hen** [hén] めんどり
- **robin** [rábin] コマドリ
- **goose** [gúːs] ガチョウ ★複数形は **geese**

図形

- **circle** [sə́ːrkl] 円 動円を描く, せん回する
- **square** [skwéər] 正方形
- **triangle** [tráiæŋgl] 三角形
- **rectangle** [réktæŋgl] 長方形
- **angle** [ǽŋgl] 角, 角度
- **cube** [kjúːb] 立方体

第3章

この章をやり終えれば、センター試験なんか怖くない！ここまでは、全受験生必須だ。前章同様、単語の意味ばかりじゃなくて、ポイント・チェッカーやQ&Aにも十分注意して、進んでいこう！

Essential Stage

✿ *Verbs* 動詞 ✿

MINIMAL PHRASES　　　　　　　　　　　　　　　　Disc3-01

▫ **proceed** straight ahead	まっすぐ前に<u>進む</u>
▫ **ensure** the safety of drivers	ドライバーの安全<u>を確保する</u>
▫ **interpret** the meaning of the word	その言葉の意味<u>を解釈する</u>
▫ The Soviet Union **ceased** *to* exist.	ソ連は存在<u>しなくなった</u>
▫ **spoil** the party	パーティ<u>を台無しにする</u>

901
proceed
[prəsíːd]

①進む　②(proceed to V) Vしはじめる
◇ prócess　　　名 過程，経過　☞ p.291
源 pro (前に) + ceed (行く)
cf. precede 「〜に先行する」

902
ensure
[inʃúər]
同熟？

〜を確実にする，確保する；保証する　★+ that 節が多い。
例 ensure that food is safe to eat 「食品の安全を確保する」
= make sure

903
interpret
アク？

①〜を解釈する　②〜を通訳する
[intə́ːrprit]
◇ interpretátion　　名 解釈，通訳(すること)
◇ intérpreter　　　名 通訳

904
cease
発音？
[síːs]

(cease to V) V しなくなる，〜をやめる；終わる
★50％以上が to V を伴う。
◇ céaseless　　　形 絶え間ない

905
spoil
[spɔ́il]

〜を台無しにする；〈子供〉を甘やかしてだめにする
諺 Too many cooks spoil the broth. 「料理人が多すぎると料理がだめ
になる」(船頭多くして船山に上る)

184

MINIMAL PHRASES　　　　　　　　　　　　　Disc3-02

◻ **obey** the law	法に従う
◻ **eliminate** nuclear weapons	核兵器をなくす
◻ **resist** pressure from the US	アメリカの圧力に抵抗する
◻ **accompany** the President	大統領に同伴する
◻ **weigh** 65 kilograms	65キロの重さがある

906
obey
[oubéi]　形?　名?

Q　obey to your parents はどこがいけない？

~に従う，〈規則など〉を守る（⇔disobey）
◇obédient　　形従順な，おとなしい
◇obédience　　名服従

A　obey は他動詞だから，to は不要。形容詞は，be obedient to your parents となる。

907
eliminate
[ilímineit]

〈不要なもの〉を除去する，根絶する

908
resist
[rizíst]　名?

~に抵抗する；〈誘惑など〉に耐える
◇resístance　　名抵抗(力)
◇resístant　　形抵抗する，抵抗力のある
◇irresístible　　形抵抗できない；大変魅力的な

909
accompany
[əkʌ́mpəni]

〈人〉に同伴する，おともする，~に付随する
◆(be) accompanied by A 「Aを伴う，連れている」
例 a man accompanied by a dog 「犬を連れた人」
★3分の1以上がこの形だ。

910
weigh
[wéi]　多義

①~の重さがある　②~を比較検討する，よく考える
③(weigh on A) Aを苦しめる
例 weigh one plan against another 「ある計画と別の計画を比較検討する」
例 The problem weighed on his mind. 「その問題が彼の心を苦しめた」
◇wéight　　名重さ　☞ p.145
◇overwéight　　形太りすぎの
　　　　　　　　名肥満，太りすぎ，過重 [´ ―]

3 Essential Stage・動詞

MINIMAL PHRASES　　　　　　　　　Disc3-03

☐ **pursue** the American Dream	アメリカンドリーム<u>を追い求める</u>
☐ **demonstrate** *that* it is impossible	それが不可能なこと<u>を示す</u>
☐ **amuse** students with jokes	冗談で学生<u>を笑わせる</u>
☐ **ruin** his life	彼の人生<u>を破滅させる</u>
☐ **regret** leaving home	家を出たの<u>を後悔する</u>

911
pursue
[pərsjúː]
　　名?

①～を**追求する**，追う
②〈政策，仕事など〉**を続ける，実行する**(＝carry out)
◇pursúit　　　　　名追求，追跡
◆in pursuit of A　「Aを求めて」

912
demonstrate
　　アク?

〈証拠などが〉～を**明らかに示す**(＝show)，
証明する(＝prove)
[démənstreit]
◇demonstrátion　　名デモ；実証，実演

913
amuse
[əmjúːz]　形?　(2つ)

～を**楽しませる，笑わせる**(＝entertain)
◇amúsing　　　　　形〈人にとって〉ゆかいな，
　　　　　　　　　　　楽しい(＝funny)
◇amúsed　　　　　形〈人が〉おもしろがっている
◇amúsement　　　名楽しみ，娯楽
★同じ「おもしろい」でも，amusing は「ゆかいな」(＝funny)，
　interesting は「知的興味をそそる」。

914
ruin
[rúːin]

～を**台無しにする，破滅させる**
名廃墟(ruins)；荒廃，破滅

915
regret
[rigrét]　語法

～を**後悔する；残念に思う**　名後悔，遺憾
◆regret Ving　　　「Vしたことを後悔する」
★regret having Ved もある。
◇regrétful　　　　　形〈人が〉後悔している
◇regréttable　　　　形〈物事が〉残念な，悲しむべき

Q I regret to say that ～の意味は？
A 「残念ながら～です」。この場合，「言ったことを後悔する」ではない。

MINIMAL PHRASES　　　　　　　　　　　　Disc3-04

a bookcase attached *to* the wall	壁に取り付けられた本だな
reverse the position	立場を逆転する
restrict freedom of speech	言論の自由を制限する
The body is **composed** *of* cells.	体は細胞で構成されている
capture wild animals	野生動物を捕らえる

916
attach
[ətǽtʃ]

(attach A to B) AをBにくっつける，付属させる
★過去分詞が60%を超える。
◆be attached to A 「Aに愛着を持つ」
◆attach importance to A 「Aを重視する」
◇attáchment　　　　　名愛着；付属物

Q He is attached (　) old customs.
A to 「彼は古い習慣に愛着を持っている」

917
reverse
[rivə́ːrs]

～を反対にする，逆転する　形名逆(の)，反対(の)
源 re (逆に) + verse (回す)
◆in reverse 「反対に，逆に」
◇revérsal　　　　　名逆転，反転

918
restrict
[ristríkt]

～を制限する，限定する (= limit)
◆be restricted to A 「Aに制限されている」
◇restríction　　　　　名制限(条件)，限定

919
compose
[kəmpóuz]

～を組み立てる，〈曲・文〉を作る
源 com (いっしょに) + pose (置く)
◆A be composed of B 「AがBで構成されている」
　= A be made up of B, A consist of B
◇composítion　　　　　名構成，創作，作文
◇compóser　　　　　名作曲家

920
capture
[kǽptʃər]

～を捕らえる (= catch)；〈注意など〉を引きつける
◇cáptive　　　　　形捕らわれた　名とりこ

3 Essential Stage・動詞　●　187

MINIMAL PHRASES　　　Disc3-05

□ **substitute** margarine *for* butter	マーガリンをバターの<u>代わりに用いる</u>
□ **trace** human history	人類の歴史<u>をたどる</u>
□ **interrupt** their conversation	彼らの会話<u>をじゃまする</u>
□ **confront** a difficult problem	困難な問題<u>に立ち向かう</u>
□ This example **illustrates** his ability.	この例が彼の能力<u>を示す</u>

921
substitute
アク?
語法
[sʌ́bstətʃuːt]

〜を代わりに用いる　名代用品, 代理人

◆substitute A for B 「AをBの代わりに用いる」

922
trace
[tréis]

①〜の跡をたどる　②〈由来, 出所など〉を追跡[調査]する, 突きとめる　名跡, 足跡

923
interrupt
アク?
[intərʌ́pt]

〜を妨げる, 中断する；口をはさむ

源 inter（間を）+ rupt（破る）

◇interrúption　名妨害, 中断

924
confront
[kənfrʌ́nt]

①〈障害などが〉〈人〉の前に立ちふさがる（= face）
②〈人が〉〈障害など〉に立ち向かう, 直面する（= face）

◆A be confronted with [by] B 「A（人）がBに直面する」
　= B confront A

例 He is confronted with difficulties.「彼は困難に直面している」
　= Difficulties confront him.

◇confrontátion　名対立, 衝突, 直面

925
illustrate
[íləstreit]

①〜を（例で）示す, 説明する（= explain, show）
②〜にさし絵を入れる, 図解する（②は入試ではまれ）

◇illustrátion　名例示, 説明；イラスト, 図

MINIMAL PHRASES　　　　　　　　　　　　　　　　Disc3-06

□ **arrest** him *for* speeding	スピード違反で彼を**逮捕する**
□ **stimulate** the imagination	想像力を**刺激する**
□ **assure** you *that* you will win	君が勝つことを**保証する**
□ **consult** a doctor for advice	医者に**相談して**助言を求める
□ feel too **depressed** to go out	**憂鬱**で出かける気がしない
□ **crash** *into* the wall	壁に**激突する**

926
arrest
[ərést]

～を**逮捕する**　名逮捕
例 You are under arrest.「君を逮捕する」

927
stimulate
[stímjəleit]

(名？)

①～を**刺激する**；～を**元気づける**（= encourage）
②～を**促す**
◆ stimulate A to V「Aを刺激してVさせる」
◇ stímulus　　　名刺激(物)(複数形：stimuli)

928
assure
[əʃúər]

（～を）**保証する**，信じさせる；安心させる（= reassure）
◆ assure A + that ～「A(人)に～と保証する，請け合う」

929
consult　(多義)
[kənsʌ́lt]

①〈専門家・医者など〉に**相談する**　②〈辞書など〉を**参照する**
◆ consult with A 「Aと相談する」
◇ consúltant　　名顧問，コンサルタント

930
depress
[diprés]

～を**憂鬱にさせる，落胆させる**　源 de(下に) + press(押す)
◇ depréssed　　形〈人が〉憂鬱な，落胆した★頻度約70%。
◇ depréssing　　形〈人を〉憂鬱にさせる
◇ depréssion　　名①憂鬱，落ち込み　②不景気

Q depression の 2 つの意味は？　A ↑

931
crash
[kræʃ]

激突する，墜落する；(音を立てて)**壊れる**
名①衝突事故，墜落　②衝撃音　例 a plane crash「墜落事故」

3 Essential Stage・動詞

MINIMAL PHRASES　　　　　　　　　　Disc3-07

☐ **inspire** him *to* write a poem	彼に詩を書く<u>気を起こさせる</u>
☐ **specialize** *in* Chinese history	中国史を<u>専攻する</u>
☐ **cultivate** friendships	友情<u>を育てる</u>
☐ **fulfill** the promise	約束<u>を果たす</u>
☐ **transmit** messages	メッセージ<u>を伝える</u>
☐ **found** a computer company	コンピュータ会社<u>を設立する</u>

932 inspire
[inspáiər]

① 〈人〉を**奮起させる**, **やる気にさせる**(= encourage)
② 〈作品などに〉**ヒントをあたえる**
③ 〈感情〉**を起こさせる**　★受け身が多い。
源 in(中に)＋spire(息)
◇inspirátion　　　名霊感, ひらめき, インスピレーション

933 specialize
[spéʃəlaiz]

(specialize in A) Aを**専門にする**, **専攻する**, 研究する(= major in A)
◇spécialized　　　形専門的な
◇spécialist　　　名専門家

934 cultivate （多義）
[kʌ́ltəveit]

① 〈感情・能力など〉を**育む**
② 〈土地〉を**耕作する**, ～を栽培する
◇cultivátion　　　名耕作, 栽培, 〈能力などの〉養成, 開発

935 fulfill
[fulfíl]

〈約束・夢など〉を**果たす**　；　〈必要など〉を満たす

936 transmit
[trænsmít] 名?

～を**送る**, **伝える**　；　(病気など)を**うつす**, 伝染させる
◇transmíssion　　　名伝達, 伝導

937 found
[fáund] 同?

～を**創立する**, **設立する**
= estáblish
◇foundátion　　　名基礎, 土台

Q 過去・過去分詞形は？　　A 変化は found; founded; founded。find; found; found と混同するな。

MINIMAL PHRASES　　　　　　　　　Disc3-08

◻ **cheer** *up* the patients	患者たち**を元気づける**
◻ **burst** *into* tears	**急に泣き出す**
◻ **bow** *to* the queen	女王様に**おじぎする**
◻ **dismiss** the idea *as* nonsense	その考えをばからしいと**無視する**
◻ how to **breed** animals	動物**を繁殖させる**方法
◻ **prohibit** children *from* smoking	子供がタバコを吸うの**を禁じる**

938
cheer
[tʃíər]
〈形？〉

①～を**励ます**　②**声援する**(+ for)　图声援, 励まし
◆ cheer A up 「Aを励ます, 元気づける」
◆ cheer up 「元気を出す」★命令文が多い。
◇ chéerful 形陽気な

939
burst　〈多義〉
[bə́ːrst]

①**破裂する**　②**突然～し出す**(burst; burst; burst)
图破裂, 突発
◆ burst into tears 「急に泣き出す」
◆ burst into laughter 「急に笑い出す」
　= burst out laughing

940
bow
〈発音？〉

おじぎする；**屈服する**(+ to)　图おじぎ
[báu]　★同じbowでも「弓」は [bóu]。

941
dismiss
[dismís]

①〈考えなど〉を**無視する**, しりぞける
②〈人〉を**解雇する**, 解散させる
◇ dismíssal 图解雇, 解散；却下

942
breed
[bríːd]

～を**繁殖させる**, 繁殖する；～を**育てる**；
〈悪いもの〉を**生み出す**(breed; bred; bred)
图品種

943
prohibit
[prouhíbət]

〈法・団体が〉～を**禁じる**, ～をさまたげる(= prevent)
◆ prohibit A from Ving 「AがVするのを禁じる」

3 Essential Stage・動詞

MINIMAL PHRASES　　　　　　　　　　　　　　　　　　Disc3-09

▫ *be* obliged *to* pay taxes	税金を払わざるをえない
▫ qualify *for* the position	その地位に適任である
▫ invest money *in* a business	ビジネスにお金を投資する
▫ grasp what he is saying	彼の言うことを理解する
▫ The Soviet Union collapsed.	ソビエト連邦が崩壊した
▫ overlook the fact	事実を見逃す

944
oblige
[əbláidʒ]

〜に強いる　★be obliged to V の形が約70%だ。
◆be obliged to V　　　　「V せざるをえない」
◆be obliged to A for B 「B のことで A（人）に感謝している」
　　　　　　　　　　　　　（= be thankful to A for B）
◇obligátion　　　　　　名義務；恩義

（名？）

945
qualify
[kwáləfai]（形？）

(qualify for A) A に適任である；〜の資格をえる（+ as）
◇quálified　　　　　　形資格のある，有能な
◇qualificátion　　　　　名資格，技能

946
invest
[invést]

(金)を投資する；〈金・時間など〉を使う（+ in）
★50%以上が in を伴う。
◇invéstment　　　　　　名投資，出資

947
grasp
[grǽsp]

〜を理解する，つかむ　　名理解力，つかむこと；届く範囲

948
collapse
[kəlǽps]

崩壊する，つぶれる，倒れる　　名崩壊，挫折

949
overlook
[ouvərlúk]

①〜を見落とす，〜を見逃す　②〜を見渡す
★②を最初に挙げている本もあるが，実際には少ない。
◆look over A　　　　「A を調べる」= examine A

192

MINIMAL PHRASES　　Disc3-10

▫ **accuse** him *of* being cold	彼を冷たいと<u>非難する</u>
▫ be **frustrated** by the lack of money	金がなくて<u>欲求不満になる</u>
▫ **deprive** him *of* the chance	彼からチャンスを<u>奪う</u>
▫ an **astonishing** memory	<u>驚異的な記憶力</u>
▫ **register** a new car	新車<u>を登録する</u>
▫ The fact **corresponds** *to* my theory.	その事実は私の理論と<u>一致する</u>

950
accuse
[əkjúːz]

①〜を**非難する**　②〜を**告訴する**
◆accuse A of B 「A(人)をBの理由で非難する，告訴する」　★この **of** は穴埋め頻出！
◇accusátion 图①非難　②告訴

951
frustrate
[frʌ́streit]

①〈人〉を**欲求不満にさせる**，いらだたせる
②〈計画など〉を挫折させる（②はまれ）
◇frústrated 形〈人が〉欲求不満である
◇frústrating 形〈人を〉いらだたせる
◇frustrátion 图欲求不満；挫折

952
deprive
[dipráiv]

(deprive A of B) AからB(機会・自由・睡眠など)を**奪う**
★穴埋め(**of**)，整序問題に頻出！

953
astonish
[əstániʃ]

〜を**驚嘆させる**　★下の形容詞として使うことが多い。
◇astónishing 形驚異的な(＝amazing)
◇astónished 形驚いている

954
register
[rédʒistər]

〜を**登録する**，記録する　图登録(表)
◇registrátion 图登録

955
correspond
アク?
[kɔrəspánd]

①**一致する**(＋to, with)　②(手紙で)**連絡する**(＋with)
◆correspond to A 「Aに一致[相当]する」
◇correspónding 形相当した，比例する
◇correspóndence 图連絡；一致，対応

3 Essential Stage ・ 動詞

MINIMAL PHRASES　　　　　　　　　　　　　　　　　　　　Disc3-11

◻ **cast** a shadow on the wall	壁に影を投げかける
◻ His success *is* **attributed** *to* luck.	彼の成功は幸運のせいだとされる
◻ **freeze** to death	凍えて死ぬ
◻ **starve** to death	飢え死にする
◻ **resolve** the problem	問題を解決する
◻ **embrace** a new idea	新しい考えを受け入れる

956
cast
[kǽst]

①～を投げる，〈影〉を投げかける，〈疑い・目など〉を向ける
②〈俳優〉に役を与える(cast; cast; cast)　 名 配役

957
attribute

アク？

(＋A to B) AをBのせいにする；AがBのものだと考える　★**40%**以上が受身形。　 名 特性(＝characteristic)
動 [ətríbjuːt]　 名 [ǽtribjuːt]

958
freeze
[fríːz]

①凍りつく　②動かなくなる　(freeze; froze; frozen)
例 Freeze!「動くな」

959
starve
[stáːrv]

飢える，餓死する；〈人〉を飢えさせる
◇starvátion　 名 餓死，飢餓

960
resolve
[rizálv]

名？

①〈問題など〉を解決する(＝solve)　②～と決心する
(②は少ない)
◇resolútion　 名 解決；決議，決心

961
embrace　 多義
[imbréis]

①〈思想など〉を受け入れる　②～を含む(＝include)
③～を抱く　 名 抱擁
★③は約**20%**にすぎない。

194

MINIMAL PHRASES　　　　　　　　　　　Disc3-12

▫ **exhibit** Picasso's works	ピカソの作品を展示する
▫ **convert** sunlight *into* electricity	太陽の光を電気に転換する
▫ The noise **scare**s him.	その音が彼をおびえさせる
▫ Cars **constitute** 10% of exports.	車が輸出の10%を占める
▫ *be* **appointed** *to* an important post	重要なポストに任命される

962
exhibit
発音?
名?
[igzíbit]

～を展示する，示す(= display)　名展示物，展覧会
◇exhibition　発音　名[eksəbíʃən]　展覧会，展示

963
convert
[kənvə́ːrt]

～を転換する(= change)；改宗させる
◆convert A into [to] B「AをBに転換する」
★60%以上がこの形。

964
scare
発音?
[skéər]

～をおびえさせる，こわがらす　名恐怖，不安
◇scared　形〈人が〉おびえた，こわがった
◇scáry　形〈人を〉こわがらせる，こわい

965
constitute　多義
アク?
[kánstətjuːt]

①～を構成する，占める(= make up, account for)
②～である(= be)，～とみなされる
★②をのせていない辞書があるが，重要だ。
例 Brain death constitutes legal death.「脳死は法的な死である」

966
appoint
[əpɔ́int]
名?

①～を任命する，指名する　②〈会う日時・場所〉を指定する
(②は少数) ★80%以上が受身形。
◆appointed time「指定された時刻」
◇appóintment　名〈人に会う〉約束；任命　☞ p. 212

3 Essential Stage・動詞　● 195

MINIMAL PHRASES Disc3-13

◻ **sew** a wedding dress	ウエディングドレスを縫う
◻ **assign** work *to* each member	各メンバーに仕事を割り当てる
◻ **nod** and say "yes"	うなずいて「はい」と言う
◻ *be* **elected** President	大統領に選ばれる
◻ **acknowledge** the fact	事実を認める

967 sew
発音？

〜を縫う
[sóu] ★saw [sɔ́ː] と区別しよう。
◆ sewing machine「ミシン」

968 assign
[əsáin]

〈仕事・物〉を割り当てる；〈人〉を任務につかせる（＋to V）
例 I was assigned to help him.「私は彼を手伝えと命じられた」
◆ assign A to B = assign B A 「AをBに割り当てる」
◇ assígnment 名宿題，(仕事などの)割り当て

Q assignmentの意味は？
A ↑

969 nod
[nád]

うなずく 名会釈，うなずき

970 elect
[ilékt]

①〜を選挙で選ぶ ②〈〜すること〉を選ぶ（＋to V）(②はまれ)
◆ elect A B 「AをBに選ぶ」
★受身形 A be elected B 「AがBとして選ばれる」が多い。
◇ eléction 名選挙

971 acknowledge
[əknálidʒ] 同？

〈事実，重要性など〉を認める
= admit

MINIMAL PHRASES　　Disc3-14

❏ **rob** the bank *of* $50,000	銀行から5万ドル奪う
❏ **lean** against the wall	壁にもたれる
❏ **undertake** the work	仕事を引き受ける
❏ save a **drown**ing child	おぼれている子供を救う
❏ **split** into two groups	2つのグループに分裂する

972
rob
[ráb]
名?

(rob A of B) AからBを奪う，AからBを盗む
(= steal B from A)
◇róbbery　　名盗難(事件)，盗み

973
lean
[líːn]

寄りかかる，もたれる；〜を傾ける
★leanには，形で「やせた，貧弱な」もあるが，入試では非常に少ない。

974
undertake
[ʌndərtéik]

①(仕事など)を引き受ける　②〜に取りかかる，〜を始める

975
drown
発音?

おぼれ死ぬ；〜を溺死させる
[dráun]
諺 A drowning man will catch [clutch] at a straw.
「おぼれる者はわらをもつかむ」

976
split
[splít]

〜を割る，裂く；分裂する，割れる　名裂け目，割れ目
例 split the bill 「割り勘にする」

3 Essential Stage ・動詞　● 197

MINIMAL PHRASES　　Disc3-15

▫ resort *to* violence	暴力に訴える
▫ **descend** to the ground	地面に降りる
▫ **irritating** noise	いらいらさせる騒音
▫ **pronounce** the word correctly	正確にその語を発音する
▫ cars equipped *with* air bags	エアバッグを装備した車

977
resort
[rizɔ́ːrt]

(resort to A) A(手段)に訴える　名行楽地，リゾート
例（as）a last resort 「最後の手段として」

978
desc̲end
発音?

① 下る，降りる　② (祖先から)伝わる
[disénd]
★②は少ないが②から派生する次の語句は重要。
◆ be descended from A 「Aの子孫である，Aに由来する」

名?　(2つ)
◇ descént　　　名①家系，血統　②降下
◇ descéndant　名子孫

979
irritate
[íriteit]

〜をいらだたせる，怒らせる
★約50%は次の-ing，-ed形で形容詞として用いる。
◇ írritating　　形〈人を〉いらいらさせる
◇ írritated　　 形〈人が〉いらいらしている

980
pronounce
[prənáuns]　名?

①〈単語など〉を発音する　②〜と言う，断言する
◇ pronunciátion　名発音　★つづりに注意。

981
equip
[ikwíp]

〜を装備させる，準備させる
★equipped with A 「Aを備えている」の形が50%近い。

名?
◇ equípment　　名設備，装備

198

MINIMAL PHRASES　　　　　　　　　Disc3-16

☐ Don't **cheat** on your taxes!	税金をごまかすな！
☐ trees **decorated** *with* lights	電球で飾られた木々
☐ **Pardon** me.	ごめんなさい
☐ Time **heal**s all wounds.	時はすべての傷をいやす
☐ **forgive** him *for* being late	彼の遅刻を許す

982
cheat
[tʃíːt]

いかさまをする；～をだます

Q cheat on an exam の意味は？

A 「試験でカンニングする」(cunning 形「ずるい」には「カンニング」という意味はない)

983
decorate
[dékəreit]

～を装飾する，～に飾りをつける
◇decorátion　　名装飾

Q 「彼女はテーブルに花を飾った」は She decorated flowers on the table. でよいか？

A だめ。decorate flowers だと花に飾りをつけることになる。She decorated the table with flowers. が正しい。

984
pardon
[páːrdn]

～を許す　名許し，容赦

Q Pardon (me). の3つの使い方は？

A ①過失・無礼をわびる時に「ごめんなさい」，②［？をつけて］相手の言葉を聞き漏らして「もう一度言ってください」，③見知らぬ人に話しかける時に，「失礼ですが」。なお，I beg your pardon. も同様である。

985
heal
[híːl]

〈けがなど〉を治す；治る
◇héaling　　名治療(法)

986
forgive
[fərgív]

〈過ち・人〉を許す

諺 To err is human, to forgive divine.「過ちは人の常，許すは神のわざ」
◆forgive A for B　「BのことでAを許す」

3 Essential Stage・動詞 ● 199

MINIMAL PHRASES　　　　　　　　　　　　　　　　Disc3-17

▫ **envy** the rich	金持ち**をうらやむ**
▫ **chase** the car	その車**を追跡する**
▫ **prompt** him to speak	彼に話をするよう**促す**
▫ **withdraw** my hand	手**を引っ込める**
▫ how to **detect** lies	うそ**を発見する**方法

987
envy
[énvi]

～を**うらやむ**　名①うらやみ　②羨望の的
◇énvious　　　形うらやんでいる
◆be envious of A「Aをうらやんでいる」

988
chase
[tʃéis]

～を**追いかける**，捜し求める　名追跡

989
prompt
[prámpt]

～を**促す**　形すばやい，敏速な
◆prompt A to V 「AにVするよう促す」
◇prómptly　　　副すばやく

Q take prompt action を訳せ。　A「すばやい行動をとる」形容詞としてもよく使われるので注意。

990
withdraw 〈多義〉
[wiðdrɔ́ː]

①～を**引っ込める**　②**引きこもる**，退く　③〈預金など〉を**引き出す**(withdraw; withdrew; withdrawn)
例 withdraw into oneself 「自分の世界に引きこもる」
◇withdráwal　　　名引っ込めること；撤退；撤回

991
detect
[ditékt]

～を**探知する**，〈誤り・病気など〉を**発見する**，検出する
(＝discover)
◇detéctive　　　名刑事，探偵
◆detective story 「推理小説」

MINIMAL PHRASES　　Disc3-18

▫ **interfere** *with* his work	彼の仕事を**じゃまする**
▫ **launch** a space shuttle	スペースシャトル**を発射する**
▫ **endangered** species	**絶滅の危機にある**種
▫ **foster** creativity	創造性**を養う**
▫ His power **diminished**.	彼の力は**衰えた**

992
interfere　アク?
[íntərfíər]

(interfere with A) **Aをじゃまする**, **Aに干渉する**
◇interférence　名妨害, 干渉

993
launch　多義
[lɔ́:ntʃ]

①〈ロケットなど〉を**打ち上げる**　②〈事業など〉を**始める**
(②も多い)　例 launch a campaign「キャンペーンを始める」

994
endanger
[endéindʒər]

〜を危険にさらす　★80%以上が過去分詞。
◇dánger　名危険
◇dángerous　形〈人に対して〉危険な　☞ p.57
◆be in danger　「危険にさらされている」

995
foster
[fɔ́(:)stər]

①〜を**促進する**, **育成する**(= promote, encourage)
②〈他人の子〉を**養育する**　(入試では②は少ない)

996
diminish
[dimíniʃ]

減少する, **衰える**；〜を**減らす**(= decrease, decline)
源 mini(小さい)

MINIMAL PHRASES

☐ **spill** coffee on the keyboard	キーボードにコーヒーをこぼす
☐ be **infected** *with* the virus	ウイルスに感染している
☐ **stem** *from* an ancient tradition	古い伝統に由来する
☐ **tap** her on the shoulder	彼女の肩を軽くたたく
☐ I **bet** you'll win.	きっと君は勝つと思う

997
spill
[spíl]

～をこぼす，まく　名流出

諺 It's no use crying over spilt milk.
「こぼれたミルクのことを嘆いても無駄だ」（覆水盆に返らず）

998
infect
[infékt]

〈人〉に感染する　★infected「感染している」の形が多い。
◇inféction　　名感染

999
stem
[stém]

(stem from A) Aから生じる，Aに由来する
名(草の)茎，(木の)幹
◇root　　名根　動(be rooted)根付いている

1000
tap
[tæp]

①～を軽くたたく　②～を開発[利用]する；〈能力など〉を引き出す　名蛇口
例 tap water「水道水」

1001
bet
[bét]

①きっと～だと思う　②〈金など〉を賭ける

★①は「賭けてもいい」から「確信がある」の意味になった。50％以上がこの意味だ。

◆I ('ll) bet (that) ～　「きっと～だと思う」
★thatは普通省略する。
◆you bet　　「そのとおりだ，もちろんそうだ」

MINIMAL PHRASES　　　　　　　　　　Disc3-20

1002
□ **declare** independence from Britain
[dikléər]

イギリスからの独立を宣言する
～と明言する(+ that ～)

◇ declarátion
例 the Declaration of Independence

名宣言，明言
「アメリカ独立宣言」

1003
□ **alter** the pattern of behavior
発音?

行動パターンを変える
[ɔ́ːltər]　変わる(＝change)

◇ alterátion

名変更，改変(＝change)

1004
□ **retire** *from* work at sixty
[ritáiər]

60で仕事を辞める
退職する，引退する

◇ retírement

名退職，引退
★定年で退職するときに retire を使う。単に「仕事をやめる」は quit one's job.

1005
□ **transform** food *into* energy
[trænsfɔ́ːrm]

食べ物をエネルギーに変える
～を変形する

◆ transform A into B
◇ transformátion
名?

「AをBに変える」
名変形，変化

1006
□ **defeat** the champion
[difíːt]

チャンピオンを打ち負かす
(＝beat)　名敗北，失敗

Q Brazil won Italy. の誤りは？

★名詞の意味に注意。
A Brazil defeated Italy. が正しい。win は敵・相手ではなく試合や賞を O にとる。ex. He won the match [first prize].

1007
□ **investigate** the cause of her death
[invéstəgeit]

彼女の死因を調査する

同熟?　＝ look into
◇ investigátion

名調査，捜査

1008
□ **pretend** *to* be asleep
[priténd]

眠っているふりをする
(＝ make believe)

★+ to V が 50%。+ Ving は不可。

3 Essential Stage・動詞　203

MINIMAL PHRASES　　　　　Disc3-21

1009
The noise annoys me.
[ənɔ́i]

その音が私をいらだたせる

◇ annóyed　形〈人が〉いらだっている(＋with, at)
◇ annóying　形〈人を〉いらだたせる
◇ annóyance　名いらだち(の原因)

1010
deserve *to be* punished
[dizə́ːrv]

罰を受けて当然だ
〜を受けるに値する

1011
bury the dead body
発音?

死体を埋める
[béri] 〜を埋葬する★受け身がほとんど。

◆ be buried　「埋葬され(てい)る，埋まっている」
◇ búrial　名埋葬

1012
cope *with* problems
[kóup]

問題にうまく対処する
★80%近くがwithを伴う。

1013
pour wine into the glass
発音?

グラスにワインを注ぐ
[pɔ́ːr]

1014
score 10 goals
[skɔ́ːr]

10点を取る
〜を得点する　名得点

◆ scores of A　「たくさんのA」★scoreには「20」の意味があり，そこから派生した表現。

1015
accomplish the difficult task
[əkάmpliʃ]

困難な仕事をやりとげる
(＝ carry out)

同?　= achíeve, attáin
◇ accómplishment　名完遂，達成；業績
◇ accómplished　形熟練した；できあがった

1016
Don't hesitate *to* ask questions.
[héziteit]

質問するのをためらうな
★約50%がto Vを伴う。

◇ hesitátion　名ためらい
◇ hésitant　形ためらっている

MINIMAL PHRASES

Disc3-22

1017
□ **endure** great pain
[endjúər]

ひどい苦痛に耐える
持続する

同? 同熟? = stand, bear, put up with
◇ endúrance
◇ endúring
◇ dúrable

名 忍耐, 耐久力
形 長続きする
形 耐久性のある

1018
□ **translate** a novel *into* English
[trænsléit]

小説を英語に翻訳する

◇ translátion

名 翻訳

1019
□ **guarantee** your success
アク?

君の成功を保証する
[gærəntíː] ～を請け負う 名 保証

1020
□ **dominate** the world economy
[dáməneit]

世界経済を支配する
(= control, rule)

◇ dóminant

形 優位の, 支配的な

1021
□ **confirm** Darwin's theory
[kənfə́ːrm]

ダーウィンの理論を裏づける
～を確認する 源 firm (確かな)

1022
□ **greet** people with a smile
[gríːt]

笑顔で人にあいさつする
～を迎える

◇ gréeting

名 あいさつ

1023
□ **entertain** the audience
アク?

観客を楽しませる
[entərtéin] ～をもてなす

名?
◇ entertáinment
◇ pástime

★動詞の語尾-tain にはアクセントがある。
名 娯楽, 歓待
名 娯楽, 趣味(= hobby)

1024
□ **defend** ourselves *against* attack
[difénd]

攻撃から自分たちを守る
～を弁護する

◇ defénse

名 防衛；弁護

3 Essential Stage ・動詞

MINIMAL PHRASES

Disc3-23

1025
forbid him *to* go out
[fərbíd]

彼の外出を禁じる
(forbid; forbade; forbidden)

◆forbid A to V
反? ⇔allów, permít

「AがVするのを禁じる」
★forbid A from Ving も可。

1026
broadcast the concert live
[brɔ́:dkæst]

生でコンサートを放送する
名 放送, 番組

1027
sacrifice everything for love
[sǽkrəfais]

愛のためすべてを犠牲にする
名 犠牲, いけにえ

1028
punish him *for* the crime
[pʌ́niʃ]

その罪で彼を罰する

◆punish A for B
◇púnishment

「AをB(悪事など)のことで罰する」
名 罰すること, 処罰

1029
glance *at* the clock
[glǽns]

時計をちらりと見る
名 ちらりと見ること

◆at first glance

「一見したところでは」

1030
retain the world title
[ritéin]

世界タイトルを保持する
~を保つ(=keep)

源 tain(=hold 保つ, 持つ)

1031
calculate the cost
[kǽlkjəleit]

コストを計算する
~と推定する(+that~)

◇calculátion

名 計算

1032
leave a **sink**ing ship
[síŋk]

沈む船から逃げる
~を沈める 名 (台所の)流し

1033
rescue a man from a fire
[réskju:]

火事で人を救助する
名 救助

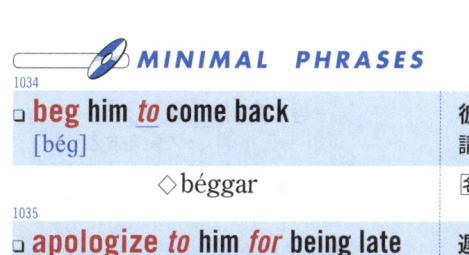

MINIMAL PHRASES

Disc3-24

1034

☐ **beg** him *to* come back / 彼に帰って来てと乞う
[bég] / 請い求める（+ for）

◇ béggar / 名 乞食

1035

☐ **apologize** *to* him *for* being late / 遅れたことを彼に謝る
[əpάlədʒaiz]

◆ apologize (to A) for B / 「(Aに)Bのことで謝る」
名? ◇ apólogy / 名 謝罪

Q I apologized him. はどこがいけない？　A I apologized to him. が正しい。

1036

☐ It is easy to **deceive** people. / 人をだますのは簡単だ
発音? [disí:v]

同熟? = take in
◇ decéption / 名 だますこと
◇ decéit / 名 詐欺，ぺてん

1037

☐ **convey** a message on the Internet / インターネットでメッセージを伝える
[kənvéi]

1038

☐ energy to **sustain** life / 生命を維持するためのエネルギー
[səstéin] / 源 sus (= under) + tain (= hold)

◇ sustáinable / 形 地球にやさしい，(環境破壊をせず)持続可能な

1039

☐ leaves **float**ing on the river / 川面に浮かぶ木の葉
[flóut] / 〜を浮かべる

1040

☐ **vanish** from sight / 視界から消える
[væniʃ] / (= disappear)

1041

☐ Memories of the war **fade** *away*. / 戦争の記憶が薄れる
[féid] / 色あせる，弱まる

1042

☐ **regulate** traffic / 交通を規制する
[régjəleit] / 〜を調整する

◇ regulátion / 名 規制，規則

3 Essential Stage・動詞 ● 207

MINIMAL PHRASES

1043
distribute food equally
[distríbju:t]
アク?

平等に食料を分配する
〜を配布する

◇ distribútion
名分配；分布

1044
enhance the quality of life
[inhǽns]

生活の質を向上させる
〈力・価値〉を高める

1045
chat *with* friends
[tʃǽt]

友達とおしゃべりする
名おしゃべり

◆ have a chat
◇ chátter

「おしゃべりする」
動ぺちゃくちゃしゃべる，うるさく鳴く

1046
Demand **exceed**s supply.
[iksí:d]

需要が供給を超える
〜にまさる

1047
wipe the table
[wáip]

テーブルをふく

◇ wíper
名(自動車の)ワイパー；ふく物

1048
cooperate *with* each other
[kouápəreit]

お互いに協力する
★約40％がwithを伴う。

◇ cooperátion
◇ coóperative
名協力
形協力的な

1049
inherit genes *from* our parents
[inhérit]
名?

親から遺伝子を受け継ぐ

◇ inhéritance
名継承，遺伝，遺産

1050
restore the old building
[ristɔ́:r]

古い建物を修復する
〜を回復する

MINIMAL PHRASES

Disc3-26

1051

unite the Arab world
[juːnáit]

アラブ世界を団結させる
源 uni (一つ)

◆the United Nations
◇únity
◇únify

「国際連合；国連」
名 統一(体), 単一(性)
動 ～を一つにする, 統合する

1052

Look before you **leap**.
[líːp]

跳ぶ前によく見よ(諺)
名 跳ぶこと, 跳躍

例 by leaps and bounds

「どんどん, トントン拍子で」

1053

exaggerate the size of the fish
[igzǽdʒəreit]

魚の大きさを誇張する
〈重要性など〉を強調しすぎる

◇exaggerátion

名 誇張, 大げさな表現

1054

conquer the world
発音?

世界を征服する
[káŋkər]

名? ◇cónquest

名 [káŋkwest] 征服

1055

The snow will **melt** soon.
[mélt]

雪は間もなく溶けるだろう
〈固体〉を溶かす

例 a melting pot

「(人種・文化などの)るつぼ」

1056

invade Poland
[invéid]

ポーランドに侵入する
～を侵略する

◇invásion

名 侵入, 侵略

1057

modify the plan
[mádifai]

計画を修正する
～を変更する

名? ◇modificátion

名 修正, 変更

---

3 Essential Stage ・ 動詞 ● 209

MINIMAL PHRASES
Disc3-27

1058
scatter toys on the floor
[skǽtər]

床におもちゃをばらまく
〜をまき散らす

◇scáttered
例 scattered islands

形点在する, 散在する, 散らばった
「点在する島」

1059
undergo great changes
[ʌ̀ndərgóu]

大きな変化を経験する
(= experience);〈苦難〉を受ける

1060
evaluate the student's ability
[ivǽljueit]

学生の能力を評価する
〜を見積もる　源value(価値)

◇evaluátion

名評価

1061
bend down to pick up the can
[bénd]

カンを拾おうと身をかがめる
曲がる；〜を曲げる

1062
assist *in* my father's business
[əsíst]

父の仕事を手伝う
〜を助ける(= help, aid)

◇assístant
◇assístance

名助手
名援助

1063
a girl **scream**ing for help
[skrí:m]

助けを求め悲鳴をあげる少女
名悲鳴, 金切り声

1064
gaze *at* the stars
[géiz]

星を見つめる
名視線, 凝視　★約35％がatを伴う。

同? = stare

1065
rub the skin with a towel
[rʌ́b]

タオルで肌をこする

◆rub against A
◇rúbber

「Aをこする, 摩擦する」
名ゴム　源こするもの

MINIMAL PHRASES　　Disc3-28

1066
polish the shoes
[páliʃ]

靴を磨く

1067
classify man *as* an animal
[klǽsifai]

人間を動物として分類する
★**40**%近くが**as**を伴う。

◇classificátion

名分類

1068
assert *that* it is impossible
[əsə́ːrt]

それは不可能だと主張する

◆assert oneself
◇assértion

「自己主張する」
名主張

1069
grab the cat by the tail
[grǽb]

ネコのしっぽをつかむ
〈注意など〉をひきつける

1070
fold a piece of paper
[fóuld]

紙を折りたたむ
〈腕など〉を組む

◇unfóld

動進展する；（~を）展開する

1071
sweep the floor
[swíːp]

床を掃く
~を一掃する，運び去る

1072
whisper in her ear
[hwíspər]

彼女の耳にささやく
名ささやき（声）

1073
imitate human behavior
アク?

人間の行動をまねる
[íməteit]　模造する

◇imitátion

名まね，模造品

---

3 Essential Stage ・ 動詞 ● 211

✤ *Nouns* 名詞 ✤

MINIMAL PHRASES

◻ the proportion of boys *to* girls	男子と女子の比率
◻ sign a contract *with* Google	グーグルとの契約にサインする
◻ make an appointment *with* the doctor	医者に予約する
◻ discover treasure	財宝を発見する
◻ the Tokyo stock market	東京株式市場

1074
proportion
[prəpɔ́ːrʃən]

①比率；つり合い ②部分 ③規模
◆ in proportion to A 「Aに比例して」
◆ a large proportion of A 「大部分のA」

1075
contract
[kántrækt]

契約
動[— ´] ①契約する ②縮まる，～を縮める（少数）
③〈病気〉にかかる（まれ）
◇contráction 名短縮(形)，収縮

1076
appointment
[əpɔ́intmənt]

(人と会う)約束，(医院などの)予約
◇appóint　　　　動〈会う日時・場所〉を指定する；
　　　　　　　　　　～を任命する　☞ p. 195
　　　　　　　　例 the appointed time「指定の時刻」

Q promiseとどう違う？　A promiseはある行為を実行する約束。appointmentは用事で人に会う時と場所を決めること。

1077
treasure
[tréʒər]

財宝，貴重品　動～を大事にする

1078
stock
[sták]

①株(式) ②在庫品，貯蔵品

MINIMAL PHRASES　　　　　　　　　　Disc3-30

▫ public **facilities**	公共施設
▫ a large **sum** of money	多額のお金
▫ a man of high **rank**	高い地位の人
▫ a modern **democracy**	近代民主国家
▫ an **emergency** room	救急治療室
▫ a **protest** *against* the Vietnam War	ベトナム戦争に対する抗議

1079
facility
[fəsíləti]

①設備, 施設　②能力, 器用さ（②は少数）
★①の意味では複数形。

1080
sum　多義
[sám]

①金額　②合計　③要約　動 (sum A up) Aを要約する
◇ súmmary　　　　名要約
◇ súmmarize　　　動～を要約する

1081
rank
[rǽŋk]
Q Japan ranks second in income. の意味は？

地位, 階級
動位置する,（上位を）占める；～を評価する, 順位をつける
A「所得では日本は2位を占める」

1082
democracy　アク？

民主主義, 民主制；民主国家
[dimákrəsi]
◇ democrátic　　　形民主的な
◇ démocrat　　　　名民主党員, 民主主義者

1083
emergency
[imə́ːrdʒənsi]

緊急事態　形非常の, 救急の

1084
protest　アク？

抗議　動抗議する
名[próutest]　動[prətést]

MINIMAL PHRASES　　　　　　　　　　　Disc3-31

▫ the **track**s of a lion	ライオンの足跡
▫ a **vehicle** for communication	意思伝達の手段
▫ a healthy daily **routine**	健康的ないつもの日課
▫ write really good **stuff**	本当によいものを書く
▫ sit in the front **row**	最前列に座る
▫ a water **wheel**	水車

1085
track
[trǽk]

小道，足跡，(鉄道の)軌道　動〜の足跡を追う
◆keep track of A　「Aの跡をたどる，Aを見失わない」
◆lose track of A　「Aを見失う」

Q 物を運ぶ「トラック」は？　A truck [trʌ́k]　発音の違いに注意。

1086
vehicle　多義
[víːəkl]

①車，乗り物　②(伝達)手段，媒体

1087
routine　アク？
[ruːtíːn]

決まりきった仕事，日課　形決まりきった，型どおりの

1088
stuff
[stʌ́f]

(漠然と)物，こと，材料　動〜を詰め込む
★stuffは，文脈次第で，様々なもの，考え，出来事を表す。
★staff [stǽf] は「人員，スタッフ」だから混同しないこと。

1089
row
[róu]

列，並び　動(ボートを)こぐ
◆in a row　　　　　　「①1列に②連続して」

1090
wheel　多義
[hwíːl]

①車輪　②(自動車の)ハンドル
動(車輪の付いたもの)を動かす；向きを変える
◆steering wheel　　「ハンドル」
◆behind the wheel　「運転して」
◇whéelchair　　　　名車いす

MINIMAL PHRASES　　　　　　　　　　　　　　　　　　Disc3-32

☐ *at* the dawn of the 21st century	21世紀の夜明けに
☐ social welfare	社会福祉
☐ see life *from* a new perspective	新しい見方で人生を考える
☐ his enthusiasm *for* soccer	彼のサッカーに対する情熱
☐ blind faith *in* technology	技術への盲目的信頼

1091
dawn
[dɔ́:n]　反?

夜明け；(文明などの)始まり　動わかりはじめる；始まる
⇔ dusk　　　　名たそがれ
◆ at dawn　「夜明けに」
◆ dawn on [upon] A 「A(人)にだんだんわかってくる」

1092
welfare
[wélfeər]　同?

福祉, 幸福；生活保護
★健康・快適な生活を含めた幸福を言う。
＝ wéll-béing　　名幸福, 繁栄, 福祉

1093
perspective
[pərspéktiv]

①見方；正しい見方, 大局的な見方　②遠近法
◆ put[get/see] A in perspective「Aを正しく判断する」
源 per(全体的に) + spect(見る)

1094
enthusiasm
アク?
[inθjú:ziæzm]
形?

熱意, 情熱, 熱中(= eagerness, passion)
◇ enthusiástic　　形熱心な, 熱狂的な

1095
faith
[féiθ]　形?

①信頼(= confidence, belief)　②信仰
★約30％が in を伴う。
◇ fáithful　　形忠実な, 信心深い

3 Essential Stage ・名詞　●　215

MINIMAL PHRASES

☐ a well-paid **occupation**	給料のよい**職業**
☐ a **witness** to the accident	事故の**目撃者**
☐ the **kingdom** of Denmark	デンマーク**王国**
☐ There's no English **equivalent** *to* haiku.	俳句に**相当するもの**は英語にない
☐ achieve the **objective**	**目標**を達成する
☐ put the plates in a **pile**	皿を**積み重ね**て置く

1096
occupation 多義
[ɑ̀kjəpéiʃən]

①**職業** ②**占領**，占拠
★occupy「～を占める」(☞ p. 107) の名詞形だ。
◇vocátion　　　　名 天職；職業
◇vocátional　　　形 職業(上)の

1097
witness
[wítnəs]

証人，**目撃者**(＝eyewitness)　動 ～を目撃する
★動詞で使う例も非常に多い。

1098
kingdom
発音？

①**王国** ②(学問などの)**世界**，**領域**
[kíŋdəm]
◆the animal kingdom　「動物界」

1099
equivalent
[ikwívələnt]

同等のもの，**相当するもの**(＋of, to)
形 同等の(＝equal)
源 equi(同じ)＋valent(＝value)

1100
objective 多義
[əbdʒéktiv]

目的，**目標**　形 **客観的な**
Q objective facts の意味は？　A「客観的な事実」

1101
pile
[páil]

①**積み重ね** ②(a pile of A/piles of A)**たくさんのA**
動 ～を重ねる，～を積む

MINIMAL PHRASES

Disc3-34

☐ find **shelter** *from* the cold	寒さから逃れる場所を見つける
☐ **trial** and error	試行錯誤
☐ It's a great **honor** to work here.	ここで働けるのは大変名誉です
☐ defend a **territory**	なわ張りを守る
☐ a window **frame**	窓わく
☐ cross the Russian **border**	ロシア国境を越える

1102
shelter
[ʃéltər]

避難(所)　動 避難する；〜を保護する
◆ food, clothing, and shelter 「衣食住」

1103
trial （多義）
[tráiəl]

① 試み，試し　② 裁判
例 be on trial 「裁判にかけられている」

1104
honor
[ánər]

名誉，光栄　動 〜を尊敬する；〜に栄誉を授ける
◆ in honor of A 「Aに敬意を表して，Aのために」
◇ hónorable　形 立派な，名誉な

1105
territory
[térətɔːri]

① 領土，なわ張り　② 地域，領域

1106
frame
[fréim]

わく，額縁，骨組み
動 ① 〜をわくにはめる　② 〜を組み立てる
◆ frame of mind 「気分」（= mood）
◇ frámework　名 わく組み

1107
border
[bɔ́ːrdər]

国境地帯，境界　動 〜に接する

3 Essential Stage ・名詞

MINIMAL PHRASES　　　　　　　　　　　Disc3-35

◻ according to official **statistics**	公式の統計によると
◻ a private **enterprise**	民間企業
◻ pay school **fees**	授業料を払う
◻ carry a heavy **load**	重い荷物を運ぶ
◻ world **grain** production	世界の穀物生産高
◻ a **review** of the law	その法律の再検討

1108
statistics
[stətístiks]

統計(学)，統計の数字　★「統計」は複数扱い。
◇statístical　　　形統計の，統計上の

1109
enterprise
アク?
[éntərpraiz]

企業，事業；企て

1110
fee
[fíː]

謝礼；料金
★医師・弁護士・教師など専門職への謝礼，会費，授業料，入場料などの料金。

1111
load
[lóud]

荷物，積み荷；重荷，負担
動〈荷など〉を積む，詰め込む

1112
grain
[gréin]

①穀物　②粒；少量

1113
review
[rivjúː]

①再検討；批評　②復習
動①〜を批評する　②〜を復習する
源 re (= again) + view (見る)

MINIMAL PHRASES

□ **prejudice** against women	女性に対する偏見
□ put a **strain** *on* the heart	心臓に負担をかける
□ fall into a **trap**	わなにはまる
□ have a quick **temper**	すぐかっとなる気性である
□ a black **slave**	黒人の奴隷
□ a knife **wound**	ナイフの傷

1114
prejudice
[prédʒədəs]

偏見, 先入観
源 pre(先に)＋judice(判断)

1115
strain
[stréin]

負担, 重圧；緊張　動 ～に無理な負担をかける, 酷使する
◇stráined　　　　　　形緊張した

1116
trap
[trǽp]

わな, 計略　動 ～をわなにかける；わなをしかける
(動詞が多い)

1117
temper
[témpər]

①気性, 気分(＝mood)　②平静な気分
◆lose one's temper　「かっとなる, 腹を立てる」★頻出!
◆keep one's temper　「平静を保つ」

1118
slave
[sléiv]

奴隷
◇slávery　　　　　　名奴隷制度, 奴隷の身分

1119
wound
発音?

傷, けが　動 ～を傷つける
[wúːnd]　★wind「曲がる」の過去形woundは[wáund]。
◇wóunded　　　　　　形負傷した, けがをしている
★woundは, 戦闘やけんかなどで受けた傷。事故による負傷はinjury。

MINIMAL PHRASES　　　　　　　　　　　Disc3-37

◻ an increase in the **divorce** rate	離婚率の増加
◻ the melody of the **tune**	その曲のメロディー
◻ Summer is *at* its **height**.	夏真っ盛りだ
◻ the science **faculty**	理学部
◻ the average *life* **span**	平均寿命
◻ the moral **dimension** of science	科学の道徳的側面

1120
divorce
[divɔ́ːrs]

離婚(⇔marriage)
動 ～と離婚する；～を切り離す(＝separate)

1121
tune
[tjúːn]

曲，メロディー
動 (番組に)チャンネルを合わせる；～を調和させる
◆be in tune with A　　「Aと合っている」

1122
height　(発音?)
[háit]

高さ；高地；最盛期，絶頂期　★highの名詞形だ。

1123
faculty　(多義)
[fǽkəlti]

①(大学の)学部，教授スタッフ　②(心身の)能力(＝ability)
例 mental faculties「知的能力」

1124
span
[spǽn]

期間，長さ
◆life span　　　　　　「寿命」　★半分近くがこの形だ。

1125
dimension　(多義)
[dimén∫ən]

①〈問題などの〉側面(＝aspect)，要素(＝factor)　②次元
③(dimensions)大きさ，規模
◆three-dimensional　　「3次元の，立体の」

220

MINIMAL PHRASES　　　　　　　　　　　　　　Disc3-38

the **worship** of God	神に対する<u>崇拝</u>
the latest **version** of the software	そのソフトの最新<u>版</u>
have no **parallel** in history	歴史上<u>匹敵するもの</u>がない
sink below the **horizon**	<u>地平線</u>の下に沈む
friends and **acquaintance**s	友人と<u>知人</u>

1126
worship
[wə́ːrʃip]

崇拝，礼拝　　動～を崇拝する

1127
version　　多義
[vɚ́ːrʒən]

①型，…版　②翻訳，脚色　③(ある立場からの)説明
(③は入試ではまれ)

1128
parallel
[pǽrəlel]

類似(物)，匹敵するもの(+ to)
形①類似した　②平行の　　動～に似ている，匹敵する

1129
horizon
発音？

①地平線，水平線　②(horizons)視野
[həráizn]
例 broaden [expand] one's horizons「視野を広げる」
◇horizóntal　　　　　　　　形水平な(⇔vertical)

1130
acquaintance
[əkwéintəns]

①知人　②交際　③知識 (②，③は少ない)
◆be acquainted with A　「Aを知っている」
　= be familiar with A
◆acquaint A with B　「AにBを教える，知らせる」

3 Essential Stage・名詞 ● 221

MINIMAL PHRASES　　　　　　　　　　　　　　Disc3-39

❏ become a **burden** *on* society	社会の重荷になる
❏ avoid *traffic* **jams**	交通渋滞を避ける
❏ **poison** gas	毒ガス
❏ the Japanese **Constitution**	日本国憲法
❏ business **administration**	企業の経営
❏ a city full of **charm**	魅力にあふれた都市

1131
burden
[bə́ːrdn]

重荷，負担，重圧　　動（重荷を）～に負わせる（少数）
★精神的・経済的意味で使うことが多い。

1132
jam
[dʒǽm]

①渋滞，込み合い　②ジャム　　動〜を詰め込む
◆ be jammed　　「〈場所が〉ぎゅうぎゅう詰めである，いっぱいだ」

1133
poison
[pɔ́izn]

毒，毒物　　動〜を毒殺する，〜を害する
◇ póisonous　　形有毒な，有害な
諺 One man's meat is another man's poison.
　「ある人の食べ物が別の人には毒になる」（甲の薬は乙の毒）

1134
constitution
[kɑnstətjúːʃən]

①憲法　②体質，体格（②はまれ）

1135
administration
[ədministréiʃən]（多義）

①経営，運営（= management）　②行政，政府；〜局
例 the Food and Drug Administration「食品医薬品局」（= FDA）
例 the Obama Administration　　「オバマ政権」
◇ admínister　　動〜を管理する
◇ admínistrative　　形行政の，管理上の

1136
charm
[tʃɑ́ːrm]

①魅力　②まじない；お守り　　動〈人〉を魅了する
◇ chárming　　形魅力的な，感じのいい

MINIMAL PHRASES　　　　　　　　　　　Disc3-40

▫ sense **organ**s	感覚**器官**
▫ the **prey** of the lion	ライオンの**えじき**
▫ a *joint* **venture** with Taiwan	台湾との共同**事業**
▫ carry out a dangerous **mission**	危険な**任務**を果たす
▫ **inquiry** into the cause of the fire	火事の原因に関する**調査**

1137
organ
[ɔ́ːrgən]

①臓器，(動植物の)**器官**　②オルガン
◇ orgánic　　　　　形有機的な；生物の
◇ órganism　　　　名生物　☞ p. 243

1138
prey
[préi]

獲物，**えじき**　動(prey on A) Aを捕まえて食べる
例 fall prey to A「Aのえじきになる」

1139
venture
[véntʃər]

冒険的事業；冒険
動危険を冒して行く；～を思い切ってする
例 venture into the unknown「未知の世界へ乗り出す」
◇ advénture　　　　名冒険

1140
mission
[míʃən]

①使命，**任務**　②[宇宙]飛行任務　③布教(団)
◇ míssionary　　　　名伝道師，宣教師
★ mission の miss は「送る」という意味で，míssile「ミサイル」の miss と同語源だ。

1141
inquiry
[inkwáiəri]
（動？）

①**調査**；探究(＋into)
②質問，問い合わせ(＝question)
◇ inquíre　　　　動～を質問する(＝ask)
★ inquire into A「Aを調査する」はまれ。
　inquire after A「Aの安否をたずねる」は超まれ。

3 Essential Stage・名詞

MINIMAL PHRASES Disc3-41

☐ the Academy **Award** *for* Best Picture	アカデミー最優秀作品賞
☐ a long **strip** of paper	長い紙切れ
☐ be in economic **distress**	経済的苦難におちいる
☐ increase blood **circulation**	血液の循環を高める
☐ keep the beer in the **shade**	ビールを日陰に置く
☐ a **stereotype** of Americans	アメリカ人に関する型にはまったイメージ

1142
award
発音?
[əwɔ́ːrd]

賞，賞品，賞金(＝prize)　動～を授与する

1143
strip
[stríp]

細長い一片　動～を裸にする，～から取り除く
★紙，土地，布などの細長い一片のこと。
◆comic strip 「(数コマからなる)漫画」

1144
distress
[distrés]

苦しみ，悲嘆，苦難　動～を苦しめる

1145
circulation 多義
[sə̀ːrkjuléiʃən]

①循環；流通　②発行部数
◇círculate　　動循環する，流通する
◇círcular　　形円形の；循環的な

1146
shade
[ʃéid]

①陰，日陰　②(濃淡の)色合い　③(意味などの)わずかな違い　④(a～)ほんの少し(＝a little)
例 delicate shades of meaning「微妙な意味の違い」

Q shadeとshadowはどう違う？
A shadeは日陰の場所を言うが，shadowは光によってできる像としての影を言う。

1147
stereotype
[stériətaip]

典型的なイメージ，類型；固定観念

MINIMAL PHRASES　　　　　　　　　　　　　Disc3-42

◻ a lawyer and his **client**	弁護士とその<u>依頼人</u>
◻ the factory's **output**	その工場の<u>生産高</u>
◻ praise the **Lord**	<u>神</u>をたたえる
◻ follow social **convention**s	社会の<u>慣習</u>に従う
◻ discover a gold **mine**	<u>金鉱</u>を発見する
◻ a traditional Japanese **craft**	日本の伝統<u>工芸</u>

1148
client
[kláiənt]

(弁護士などの)**依頼人**, (会社・店などの)**顧客**

1149
output
[áutput]

①**生産高** ②**出力, アウトプット**
◆put A out 「①A(火など)を消す ②Aを生産する」

反？　⇔ ínput　名入力, インプット

1150
lord
[lɔ́ːrd]

①(Lord)**神, キリスト** ②**領主, 貴族**
◇ lándlord　名家主, 地主, 主人

1151
convention 多義
[kənvénʃən]

①**慣習, しきたり** ②(大規模な)**会議, 大会** ③**協定**
◇ convéntional　形平凡な, 慣習的な

1152
mine
[máin]

鉱山　動〜を掘る
例 landmine 「地雷」
◇ míneral　名鉱物, 鉱石
◇ míner　名鉱夫

1153
craft 多義
[kræft]

①**工芸, 技術** ②**船, 乗り物**
◇ áircraft　名航空機
◇ cráftsman　名職人
◇ spácecraft　名宇宙船

3 Essential Stage・名詞

MINIMAL PHRASES　　　　　　　　　　　　　　　　　　Disc3-43

▫ the **core** *of* the problem	問題の<u>核心</u>
▫ die of a **stroke**	<u>脳卒中</u>で死ぬ
▫ America's last **frontier**	アメリカ最後の<u>辺境</u>
▫ set him apart from his **peer**s	彼を<u>仲間</u>から離す
▫ a fishing **vessel**	漁<u>船</u>
▫ people with **disabilities**	<u>障害</u>を持つ人々

1154
core
[kɔ́ːr]

中心，(問題の)**核心**
形 (名詞の前で)主要な，中心的な

1155
stroke 〔多義〕
[stróuk]

①**脳卒中**，発作　②**打撃**，**一撃**　③**字画**，一筆
動 〜をなでる，さする
例 a stroke of luck「思いがけない幸運」

1156
frontier
[frʌntíər]

①**国境**，辺境　②未開拓の分野，最前線
源 front「前面」

1157
peer 〔多義〕
[píər]

同僚，**仲間**　動 じっと見る
★「貴族」を一番にあげる本があるが，実際にはまれ。動詞は多い。
　例 peer pressure「仲間[周囲]の圧力」(グループ内で周囲から受ける心理的圧力)

1158
vessel 〔多義〕
[vésl]

①**船**　②**血管**，管　③**器**
◆blood vessel　　「血管」

1159
disability
[dìsəbíləti] 〔同?〕

〈身体・精神の〉**障害**
＝hándicap　★handicapは古くさく，disabilityより差別的とされる。
◇disábled　　　　形 障害を持つ(＝handicapped)

226

MINIMAL PHRASES　　　　　　　　　　　　　　　Disc3-44

☐ zero **gravity** in space	宇宙の無重力状態
☐ a question of medical **ethics**	医学の倫理の問題
☐ a railroad **terminal**	鉄道の終点
☐ swim against the **tide**	潮流に逆らって泳ぐ
☐ child **abuse**	児童虐待

1160
gravity
[grǽvəti]

①重力，引力(= gravitation)　②重大さ，重み

1161
ethic
[éθik]

倫理，価値観；(ethics)倫理(学)
◆the work ethic　「労働を善とする価値観」
◇éthical　　　　形倫理的な，道徳的な

1162
terminal
[tə́ːrmənl]

①(バスなどの)終点，ターミナル
②(コンピュータなどの)端末
形末期の，終わりの，終点の

動?
◇términate　　　動～を終わらせる；終わる

Q terminal illness の意味は？　A「末期[命取り]の病気」

1163
tide
[táid]

①潮流，潮の干満　②傾向，時流
諺 Time and tide wait for no man.「歳月人を待たず」

1164
abuse
[発音?]

①虐待　②(薬などの)乱用　動～を虐待する；～を乱用する
名[əbjúːs]　動[əbjúːz]

3 Essential Stage・名詞　● 227

MINIMAL PHRASES　　　　　　　　　　　　Disc3-45

1165
the small incidents of everyday life
[ínsidənt]

日常生活の小さな出来事
事件

◇incidéntal　　　　形付随的な，ささいな

1166
a space science laboratory
[lǽbərətɔːri]

宇宙科学研究所
源 labor（働く）+ atory（場所）

1167
an international conference
[kánfərəns]

国際会議
（+ on A ; Aに関する）

◆press conference　　「記者会見」 cf. press ☞ p. 300
◇cháirman　　　　　　名議長（＝chairperson）

1168
cross the American continent
[kántinənt]

アメリカ大陸を横断する
★ continue が語源。「ずっと続く陸地」の意。

◇continéntal　　　　形大陸の

1169
national health insurance
[inʃúərəns]

国民健康保険

動？　◇insúre　　　動①～に保険をかける
　　　　　　　　　　　②～を確実にする（＝ensure）

1170
a construction site for a new hotel
[sáit]

新しいホテルの建設用地
場所，位置

◇Wébsite　　　　名（インターネットの）ウェブサイト

1171
live in poverty
[pávərti]

貧乏な生活をする

1172
food shortage
[ʃɔ́ːrtidʒ]

食糧不足

◆be short of A　　「Aが不足している」
◆run short of A　　「Aが不足する」

228

MINIMAL PHRASES

Disc3-46

1173
- **international affairs**
  [əféər]

  国際情勢

  ◆ love affair 「性的関係, 情事」
  ◆ the state of affairs 「情勢, 事態」

1174
- **the only exception *to* the rule**
  [iksépʃən]

  その規則の唯一の例外

  ◆ with the exception of A 「Aという例外を除き」
  形？ ◇ excéptional 形 特に優れた, 例外的な

1175
- **work for *low* wages**
  [wéidʒ]

  安い賃金で働く

  ★wageは、主に肉体労働に対する時間給・日給を言う。salaryは、月給などを指す。

1176
- **knowledge and wisdom**
  [wízdəm]

  知識と知恵

  ◆ conventional wisdom 「世間一般の通念」
  形？ ◇ wise 形 賢い, 賢明な

1177
- **pay taxes *on* the land**
  [tǽks]

  その土地にかかる税金を払う

1178
- **have no leisure time for sports**
  発音？

  スポーツをする暇がない
  [líːʒər], [léʒər]

  ★leisureには娯楽の意味はない。日本語の「レジャー」は, leisure activityに近い。

  ◇ pástime 名 娯楽, 気晴らし

1179
- **the language barrier**
  アク？

  言葉の壁
  [bǽriər] 障害(+ to)

1180
- **fall into the same category**
  [kǽtəgɔːri]

  同じ範ちゅうに属する
  カテゴリー, 分類(= group)

3 Essential Stage・名詞

MINIMAL PHRASES

Disc3-47

1181

□ the family as a social **unit**
[júːnit]

社会の<u>単位</u>としての家族

1182

□ the restaurant's **reputation**
[repjutéiʃən]

そのレストランの<u>評判</u>
名声

1183

□ the **virtue** of hard work
[vɚ́ːrtʃuː]

勤勉の<u>美徳</u>

反？	⇔ vice	名 悪徳　☞ p.307
	◆ by virtue of A	「Aの理由で」= because of A
	◇ vírtuous	形 有徳の，高潔な

1184

□ have the **courage** *to* tell the truth
[kɚ́ːridʒ]

真実を話す<u>勇気</u>を持つ

| 動？ | ◇ encóurage | 動 ～をはげます，勇気づける |
| 形？ | ◇ courágeous | 形 勇敢な |

1185

□ feel **sympathy** *for* the victim
[símpəθi]

犠牲者に<u>同情</u>する
共感

	= compássion	名 同情
	◇ sympathétic	形 同情に満ちた，共感する
動？	◇ sýmpathize	動 同情する，賛同する (= agree)
		源 **sym**(共に，同じ) + **pathy**(感情)

1186

□ a labor **union**
[júːnjən]

労働<u>組合</u>
同盟；連邦

1187

□ sign important **document**s
[dákjumənt]

重要<u>書類</u>にサインする
文書

1188

□ a 10,000-**volume** library

アク？

蔵書1万<u>冊</u>の図書館
[válju(ː)m]　本；量，容積

MINIMAL PHRASES

1189
- a religious **ceremony**
  [sérəmouni]

  宗教的儀式

  ◆tea ceremony 「茶道，茶会」
  ◆wedding ceremony 「結婚式」

1190
- the beginning of a new **era**
  [íːrə]

  新しい時代の始まり
  (＝age)

1191
- ***settle*** international **dispute**s
  [dispjúːt]

  国際紛争を解決する
  論争　動〜を議論する

1192
- the **campaign** *to* plant one million trees
  [kæmpéin]

  100万本の樹を植える運動

1193
- the history of **mankind**
  [mænkáind]

  人類の歴史

1194
- mass **murder**
  [mə́ːrdər]

  大量殺人
  殺りく　動〈人〉を殺す

1195
- **landscape** painting
  [lǽndskeip]

  風景画

1196
- reach the final **destination**
  [destinéiʃən]

  最終目的地に着く

1197
- tell a ***fairy*** tale
  [téil]

  おとぎ話をする
  物語（＝story）

  ★fairyは「妖精」の意味。

MINIMAL PHRASES

Disc3-49

1198

□ political **reform**
[rifɔ́ːrm]

政治改革
動 ～を改善する

Q 「家をリフォームする」は？

A remodel [remake] a house. reformは政治や制度の改革に使う言葉で、「家をリフォームする」の意味では使わない。

1199

□ **muscle**s and bones
[mʌ́sl]

筋肉と骨

◇ múscular

形 筋肉の；たくましい

1200

□ future **prospect**s
[práspekt]

将来の見通し
見込み

源 pro (前を) + spect (見る)

1201

□ run a large **corporation**
[kɔːrpəréiʃən]

大企業を経営する
法人

◇ córporate

形 企業の, 会社の

1202

□ a former British **colony**
[káləni]

元イギリスの植民地
(ある場所に住む生物の)群

1203

□ a **quarrel** *with* my wife
[kwɔ́(ː)rəl]

妻との口論
動 口論する, 言い争う

1204

□ an intellectual **profession**
[prəféʃən]

知的職業

◆ the medical profession
◇ proféssional

「医療従事者」
形 専門的な, プロの

1205

□ have a high **fever**
発音?

高熱を出している
[fíːvər] 熱病, 熱狂

MINIMAL PHRASES　　Disc3-50

1206
a three-minute pause
[pɔ́ːz]

3分間の休止
動休止する，一休みする

1207
a room with little furniture
[fə́ːrnitʃər]

家具の少ない部屋

◇fúrnish
◇cúpboard 発音
◇clóset

動〈家具など〉を備えつける
名 [kʌ́bərd] 食器だな ★pは黙字。
名 押し入れ，戸だな

Q The room has few furnitures. はどこがいけない？

A furniture は不可算名詞で，複数形がなく many，few もつかない。little furniture が○。数えるには a piece/pieces of をつける。

1208
white privilege
[prívilidʒ]

白人の特権

◇prívileged

形特権のある

1209
economic prosperity
[praspérəti]

経済的繁栄

◇prósperous
◇prósper

形繁栄している
動栄える，成功する

1210
a musical genius
発音?

音楽の天才
[dʒíːnjəs] 天才的才能

1211
plant pumpkin seeds
[síːd]

カボチャの種をまく

◇sow

動(種を)まく

1212
symptoms of cancer
[símptəm]

ガンの症状
兆候，きざし

3 Essential Stage・名詞　233

MINIMAL PHRASES

Disc3-51

1213
his greatest merit
[mérit]

反? ⇔demérit

彼の最大の長所

名欠点, 短所

1214
destroy the ozone layer
[léiər]

オゾン層を破壊する

1215
a clue *to* the mystery
[klú:]

その謎を解く手がかり
ヒント　★**to**を伴う。25%以上が**to**を伴う。

1216
Truth is stranger than fiction.
[fíkʃən]

◇fictional

事実は小説よりも奇なり(諺)

形架空の, 虚構の

1217
the city's business district
[dístrikt]

◆school district

その都市の商業地区
地域

「学区」

1218
spend two years in prison
[prízn]

◇prísoner
◇impríson
同? ＝jail

刑務所で2年過ごす

名囚人, 捕虜
動〜を投獄する
名刑務所, 監獄, 拘置所
動〜を投獄する

1219
my traveling companion
[kəmpǽnjən]

私の旅行仲間
道連れ

MINIMAL PHRASES　　　　　　　　　　　　　　　　　Disc3-52

1220

☐ **tobacco company executive**s　　　　タバコ会社の重役たち
　　　　[igzékjətiv]　　　　　　　　　　　　　　幹部

1221

☐ **a strong sense of justice**　　　　　　強い正義感
　　　　[dʒʌ́stis]

動?	◇jústify	動〜を正当化する
	◇justificátion	名正当化

1222

☐ **the check-in procedure**　　　　　　チェックインの手続き
　　　　[prəsíːdʒər]　　　　　　　　　　　　　手順；処置

★proceed「進む」(☞ p.184)と同語源。

1223

☐ **the sun's rays**　　　　　　　　　　　　太陽光線
　　　　[réi]　　　　　　　　　　　　　　　　放射線

　　　　◆X-ray　　　　　　　　　　　　　　「レントゲン写真；X線」
　　　　◆ultraviolet rays　　　　　　　　　　「紫外線」

1224

☐ **go to heaven**　　　　　　　　　　　　天国に昇る
　　　　[hévən]　　　　　　　　　　　　　　(the heavens)空

反?	⇔hell	名地獄　cf. earth「地上，この世」
	◆heavenly body	「天体」

1225

☐ **lead a life of luxury**　　　　　　　　ぜいたくな生活を送る
　　　　[lʌ́gʒəri]

	例 **a luxury hotel**	「豪華なホテル」　★形容詞用法も多い。
形?	◇luxúrious	形豪華な，一流好みの

1226

☐ **oxygen in the air**　　　　　　　　　　空気中の酸素
　　　　[ɑ́ksidʒən]　　　　　　　　　　　　　源 oxy (酸) + gen (生む)

　　　　◇hýdrogen　　　　　　　　　　　　名水素　源 hydro (水) + gen (生む)
　　　　◇nítrogen　　　　　　　　　　　　　名窒素

3 Essential Stage ・名詞

MINIMAL PHRASES

Disc3-53

1227
- **lack of funds**
  [fʌnd]

  資金不足
  基金　動～に資金を出す

1228
- **the theme of the book**
  発音?

  その本の主題
  [θíːm]　テーマ

1229
- **the boundary between two countries**
  [báundəri]

  二国間の境界
  (= border); 範囲, 限界

1230
- **his ambition *to* be a writer**
  [æmbíʃən]

  作家になりたいという彼の熱望
  野心, 野望

  形?　◇ambitious

  形 野心的な, 熱望している
  (+ to V, + for)

1231
- **the weather forecast**
  [fɔ́ːrkæst]

  天気予報
  予測　動～を予報する

1232
- **study social psychology**
  発音?

  社会心理学を研究する
  [saikálədʒi]

  ◇psychólogist
  ◇psychológical

  名 心理学者
  形 心理学の

1233
- **give money to charity**
  [tʃǽrəti]

  慈善のために寄付する

  ◇charitable

  形 寛容な, 情け深い

1234
- **the International Olympic Committee**
  アク?

  国際オリンピック委員会 (IOC)
  [kəmíti:]

  源 commit (委任する) + ee (～された)

1235
- **a physician at the hospital**
  [fizíʃən]

  その病院の医者
  内科医

236

MINIMAL PHRASES

Disc3-54

1236 take a book from the **shelf** [ʃélf]	**たな**から本を取る
1237 a deep **affection** *for* animals [əfékʃən]	動物への深い**愛情** 好意
◇afféctionate	形 愛情ある，やさしい
1238 a **candidate** *for* President [kǽndideit]	大統領**候補**
1239 an atomic **bomb** 発音?	原子**爆弾** [bám]　★bは黙字。
◇bómbing	名 爆撃，爆破
1240 give top **priority** to safety [praió(:)rəti]	安全を最**優先**する 優先事項
1241 an **obstacle** *to* communication [ábstəkl]	コミュニケーションの**障害** じゃま（な物）
1242 have no **appetite** [ǽpitait]	**食欲**がない 欲望（= desire）（+ for）
1243 relieve **tension** [ténʃən]	**緊張**を緩和する
形? ◇tense	形 緊張した；張りつめた　名 時制
1244 a Native American **tribe** [tráib]	アメリカ先住民の**部族** 種族
1245 cut the defense **budget** [bʌ́dʒit]	防衛**予算**を削減する 予算案

3 Essential Stage ・ 名詞

MINIMAL PHRASES

1246
- **an ancient Greek temple** [témpl] | 古代ギリシャの神殿 / (仏教などの)寺
  - ◇shríne | 名神社，神殿
  - ◇monk | 名修道士，僧侶

1247
- **joy and sorrow** [sárou] | 喜びと悲しみ
  - ◆to A's sorrow | 「Aが悲しんだことには」

1248
- **a communications satellite** [sǽtəlait] | 通信衛星 / 人工衛星(= artificial satellite)

1249
- **a deep insight *into* life** [ínsait] | 人生に対する深い洞察 / 見識，理解(力)
  - ★40％近くがintoを伴う。

1250
- **have a bad cough** 発音？ | ひどいせきが出る / [kɔ́(:)f] 動せきをする
  - ◇sneeze | 名くしゃみ 動くしゃみをする

1251
- **decide your fate** [féit] | 君の運命を決定する / (悪い)運；破滅
  - 形？ ◇fátal | 形致命的な

1252
- **a training scheme for pilots** 発音？ | パイロットの訓練計画 / [skíːm] (= plan)

1253
- **an insult to women** アク？ | 女性に対する侮辱 / 名[ínsʌlt] 動[insʌ́lt] ～を侮辱する

1254
- **the inhabitants *of* the country** [inhǽbitənt] | その国の住民 / (= resident) ☞ p.138
  - 動？ ◇inhábit | 動～に住む(= live in)

MINIMAL PHRASES   Disc3-56

1255
□ burn fossil *fuels* [fá(:)səl]

化石燃料を燃やす
★この形が50％を超える。

1256
□ the motive for the killing [móutiv]

殺しの動機

動? ◇mótivate
動〈人に〉動機[刺激]を与える（= stimulate）

◇motivátion
名動機づけ，刺激

1257
□ human instinct to fight
アク?

人間の闘争本能
[ínstiŋkt] 直観

◇instínctive
形本能的な

1258
□ the legend of Robin Hood [lédʒənd]

ロビン・フッドの伝説
言い伝え

◇légendary
形伝説の，伝説上の

1259
□ the Roman Empire
アク?

ローマ帝国
[émpaiər]

◇émperor
◇impérial
名皇帝
形帝国の

1260
□ live in the suburbs of London [sÁbəːrb]

ロンドンの郊外に住む

1261
□ study modern architecture
発音?

近代建築を学ぶ
[áːrkitektʃər] 建築様式

◇árchitect
◇architéctural
名建築家
形建築の

1262
□ love and passion [pǽʃən]

愛と情熱

◇pássionate
形情熱的な，熱烈な

3 Essential Stage ・ 名詞 ● 239

MINIMAL PHRASES

Disc3-57

1263

a horror movie
[hɔ́(ː)rər]

形? ◇hórrible
◇hórrify

恐怖映画
嫌悪感
形身の毛がよだつ，ひどい
動～をぞっとさせる

1264

persuade him with logic
[ládʒik]

◇lógical

彼を論理で説得する
論理学
形論理的な，筋の通った

1265

two dozen eggs
[dʌ́zn]

◆dozens of A

2ダースの卵
★数詞の後では複数のsをつけない。
「何ダースものA」

1266

a good harvest of rice
[háːrvist]

米の豊かな収穫
動～を収穫する

1267

the ingredients of the cake
[ingríːdiənt]

ケーキの材料
構成要素，成分（＋in, of）

1268

***test* the hypothesis**
[haipáθəsis]

仮説を検証する
仮定 ★複数形はhypotheses。

1269

the first voyage of Columbus
[vɔ́iidʒ]

コロンブスの最初の航海
宇宙旅行

1270

the editor of a fashion magazine
[éditər]

◇édit
◇edítion
◇editórial

ファッション雑誌の編集長
編集者
動～を編集する
名（出版物の）版
名社説　形編集の

240

MINIMAL PHRASES

Disc3-58

1271
have no option [ápʃən]

選択の自由がない
(= choice); 選択肢

形? ◇óptional

形 随意の, 自由に選択できる
(⇔ compulsory 形 義務的な)

1272
the southern hemisphere [hémisfiər]

南半球
(左右の)脳半球

1273
the mechanism of a clock アク?

時計の仕組み
[mékənizm] 機構, 装置

◇mechánical
◇mechánics
◇mechánic

形 機械の, 機械的な
名 力学; 仕組み, 構造
名 機械工

1274
Anthropologists study people. [ænθrəpálədʒist]

人類学者は人間を研究する

◇anthropólogy

名 人類学

1275
the crew of the space shuttle [krú:]

スペースシャトルの乗組員たち
(作業の)チーム

1276
Greek tragedy [trǽdʒədi]

ギリシャ悲劇

反? ⇔cómedy
◇trágic

名 喜劇
形 悲劇の, 悲劇的な

1277
put the meat in the refrigerator [rifrídʒəreitər]

肉を冷蔵庫に入れる
★fridge (略)とも言う。

1278
pay the bus fare [féər]

バスの運賃を払う

3 Essential Stage・名詞 ● 241

MINIMAL PHRASES

Disc3-59

1279
- **pay the debt** 発音? | 借金を返す
[dét] 恩，借り ★bは黙字。

1280
- **the high school curriculum**
[kəríkjələm] | 高校の教育課程

1281
- **the components of the body**
[kəmpóunənt] | 人体の構成要素
部分 (= part), 成分

★ compose (☞ p.187) の関連語だ。

1282
- **plant wheat and corn**
[hwíːt] | 小麦とコーンを植える

1283
- **modern English usage**
[júːsidʒ] | 現代英語の語法
使用 (法)

1284
- **take out the garbage**
[gáːrbidʒ] | ゴミを出す
生ゴミ，がらくた

1285
- **a terrible famine in Africa**
[fǽmin] | アフリカのひどい飢饉(ききん)

1286
- **animals in danger of extinction**
[ikstíŋkʃən] | 絶滅の危機にある動物たち

◇ extinct | 形 絶滅した

1287
- **take money out of the purse**
[páːrs] | 財布からお金を取り出す
ハンドバッグ (米)

◇ wállet | 名 札入れ，財布

242

MINIMAL PHRASES　　　　　　　　　Disc3-60

1288
□ **English folk music**
発音?
イギリスの民族音楽
[fóuk]　人々, 国民

　◇fólklore　　　　　　　名民間伝承

1289
□ **the population explosion**
[iksplóuʒən]
人口爆発

動?　◇explóde　　　動爆発する(= blow up, go off),
　　　　　　　　　　　　〜を爆発させる
　　◇explósive　　　形爆発的な　名爆発物

1290
□ ***a* large portion *of* your salary**
[pɔ́ːrʃən]
給料の大部分
(= part)

1291
□ **marine organisms**
[ɔ́ːrɡænizm]
海洋生物
微生物

　◆living organism　「生物, 生体」

1292
□ **The Merchant of Venice**
[mə́ːrtʃənt]
ヴェニスの商人
(シェイクスピアの戯曲)

　◇mérchandise　　　名(集合的に)商品(= goods)

1293
□ **ancient Greek myths**
[míθ]
古代ギリシャの神話

1294
□ **a priest in the church**
[príːst]
教会の神父
牧師, 聖職者

1295
□ **weddings and funerals**
[fjúːnərəl]
結婚式と葬式

1296
□ **protect wildlife**
[wáildlaif]
野生生物を保護する
★不可算名詞だ。

3 Essential Stage ・名詞　● 243

MINIMAL PHRASES

1297
the United States Congress [káŋgrəs] — 合衆国議会

◇ (the) Párliament — 名 (イギリスの)国会
◇ the Díet — 名 (日本などの)国会

1298
a boat in Tokyo bay [béi] — 東京湾に浮かぶ船

同? = gulf

1299
the death penalty [pénəlti] — 死刑
刑罰, 罰金

1300
Japanese cultural heritage [héritidʒ] — 日本の文化遺産
伝統

◆ World Heritage Site — 「世界遺産」

1301
American cultural diversity [divə́ːrsəti] — アメリカの文化的多様性

同? = varíety
形? ◇ divérse — 形 多様な (= various)
◇ biodivérsity — 名 生物の多様性

1302
the thumb of my left hand — 私の左手の親指
発音? [θʌ́m] ★bは発音しない。

◇ palm — 名 手のひら
◇ fist — 名 握りこぶし
◇ wrist — 名 手首
◇ ánkle — 名 足首
◇ toe — 名 足の指
◇ fórefinger — 名 人差し指 = index finger

1303
history and geography [dʒiágrəfi] — 歴史と地理
地形 源 geo (土地) + graphy (記述)

◇ geográphical — 形 地理的な (= geographic)

MINIMAL PHRASES　　　　　　　　　Disc3-62

1304
- **put the letter in a pink envelope** | ピンクの封筒に手紙を入れる
　　　　[énvəloup]

1305
- **discrimination *against* women** | 女性に対する差別
　[diskriminéiʃən]
　　　◆racial discrimination | 「人種差別」
　　　◇discríminate | 動差別する(＋against)

1306
- **the AIDS virus** | エイズのウイルス
　　発音? | [váiərəs]
　　　◇vaccíne | 名ワクチン

1307
- **the Statue of Liberty** | 自由の女神像
　　[stǽtʃuː] | 彫像

1308
- **a professional athlete** | プロの運動選手
　　アク? | [ǽθliːt]　運動の得意な人
　　　◇athlétic | 形運動の
　　　例 an athletic meet(ing) | 「運動会」
　　　◇athlétics | 名運動競技

1309
- **a rock'n'roll pioneer** | ロックンロールの先駆者
　　アク? | [paiəníər] 開拓者　動〜を開拓する

1310
- **personality traits** | 人格の特徴
　　[tréit] | (＝characteristic)

3 Essential Stage・名詞　245

MINIMAL PHRASES

1311
- **strong** family **bond**s
[bánd]

家族の強い<u>きずな</u>

1312
- **go to the grocery store**
[gróusəri]

<u>食料品</u>店に行く
(groceriesで)食料品

1313
- his **secretary**'s desk
[sékrəteri]

彼の<u>秘書</u>の机
書記官, (各省の)長官

◆the Secretary of State 「国務長官」
◆the Secretary General 「(国連などの)事務総長」

1314
- speak the local **dialect**
[dáiəlekt]

地元の<u>方言</u>を話す

1315
- Galileo's **astronomy**
[əstránəmi]

ガリレオの<u>天文学</u>
源 astro (星) + nomy (法則)

◇astrónomer
◇ástronaut

名 天文学者
名 宇宙飛行士

1316
- today's **youngster**s
[jʌ́ŋstər]

今日の<u>子供</u>たち

1317
- a tree in the **yard**
[já:rd]

<u>庭</u>の木
ヤード(長さの単位)

★ a yard = three feet ≒ 0.91m

1318
- the **finding**s of the study
[fáindiŋ]

その研究による<u>発見</u>

★複数形が普通。

1319
- British military **strategy**
[strǽtədʒi]

イギリスの軍事<u>戦略</u>
作戦, 計画

MINIMAL PHRASES　　　　　　　　　　Disc3-64

1320

□ **his heart and lungs**
　　　　　[láŋ]

彼の心臓と肺

　　◇ stomach　発音
　　◇ líver

名 [stʌ́mək] 胃, 腹
名 肝臓

1321

□ **beat an opponent**
　　　　　[əpóunənt]

敵を倒す
(ゲームなどの)相手, 対抗者

★ oppose「～に反対する」(☞ p.118) が語源。

1322

□ **a religious ritual**
　　　　　[rítʃuəl]

宗教的な儀式

　　◇ rite

名 儀式(= ritual)

1323

□ **the outcome of the race**
　　　　[áutkʌm]

レースの結果
成果(= result)

　　◆ come out

「現れる；(本が)出版される」
★ income「収入」は, outcome の反意語ではない。

1324

□ **conservation groups**
　　[kɑnsərvéiʃən]

環境保護団体
(資源などの)節約

　　◇ consérve
　　◇ conservátionist

動 ～を保護する, 保存する
名 環境保護論者
(= environmentalist)

1325

□ **whales and other sea mammals**
　　　　　　　　　　　　[mǽməl]

鯨などの海の哺乳類

　　◇ réptile
　　◇ vértebrate

名 は虫類
名 脊椎動物

1326

□ **NASA's space telescope**
　　　　　　　[téləskoup]

NASAの宇宙望遠鏡
源 tele (遠く) + scope (見る)

　　◇ télegram
　　◇ mícroscope

名 電報
名 顕微鏡

3 Essential Stage・名詞

MINIMAL PHRASES

Disc3-65

1327
- **refugee** camps in Palestine | パレスチナの難民キャンプ
  [refjudʒíː] | 亡命者
  ◇réfuge | 名避難(所)
  ◆take refuge (from A) | 「(Aから)避難する」

1328
- break the dress **code** | 服装規則を破る
  [kóud] | 規範
  ◆genetic code | 「遺伝子情報」
  ◆Morse code | 「モールス信号」
  ◆area code | 「市外局番」

1329
- the **flavor** of fresh fruit | 新鮮なフルーツの風味
  [fléivər] | 動~に味をつける

1330
- the **particle**s of light | 光の粒子
  [páːrtikl] | 微粒子

1331
- 24-hour **nursing** | 24時間看護
  [nə́ːrsiŋ]
  ◆nursing home | 「療養所;老人ホーム」
  | ★nursingの用例の半分がnursing homeだ。
  ◇nurse | 名看護師 動~を看護する
  ◇núrsery | 名託児所, 保育所;養殖場
  ◆nursery school | 「保育所」

1332
- commit **suicide** | 自殺をする
  [súːəsaid]
  ◆assisted suicide | 「ほう助自殺;自殺ほう助」
  | ★医師などの助けをかりた自殺。

Q commit suicide = (　　)(　　) | A kill oneself

MINIMAL PHRASES

Disc3-66

1333
- **the natural habitat of bears**
  [hǽbitæt]

クマの自然生息地

1334
- **bullying in schools**
  [búliiŋ]

学校のいじめ

  ◇ búlly

動 ~をいじめる　名 いじめっ子

1335
- **Dinosaurs died out.**
  [dáinəsɔːr]

恐竜は絶滅した

1336
- **the New York City Council**
  [káunsl]

ニューヨーク市議会
会議

1337
- **age and gender**
  [dʒéndər]

年齢と性別
★主に文化・社会的文脈で使う。

  ◆ gender difference

「性差, 男女の違い」

1338
- **have open heart surgery**
  [sə́ːrdʒəri]

心臓切開手術を受ける
外科

  ◇ súrgeon

名 外科医

1339
- **technological innovation**
  [inəvéiʃən]

技術革新
源 in(入れる)+nova(新しい)+tion(名詞語尾)

  ◇ ínnovative

形 革新的な

1340
- **high-protein food**
  [próutiːn]

高タンパク質の食べ物

  ◇ fat

名 脂肪　形 太った

---

3 Essential Stage ・ 名詞

MINIMAL PHRASES

Disc3-67

1341
□ enough sleep and **nutrition**
[njuːtríʃən]
　　◇nútrient

十分な睡眠と栄養
栄養をとること
名栄養素，栄養になる食べ物〔薬〕

1342
□ be caught in a spider's **web**
[wéb]
　　例 a web of expressways
　　◇nest
　　◆the World Wide Web

クモの巣にかかる
網
「高速道路網」
名（鳥・虫などの）巣
「（インターネットの）ワールド・ワイド・ウェブ」

1343
□ reduce carbon dioxide **emission**s
[imíʃən]
　　◇emít

二酸化炭素の排出を減らす
動～を排出する

1344
□ monkeys and **ape**s
[éip]

猿と類人猿

1345
□ a single DNA **molecule**
[mάləkjuːl]
　　◇molécular
　　◇átom

一つのDNA分子
形分子の，分子的な
名原子

1346
□ the smell of **sweat**
発音？

汗の臭い
[swét] ★sweet [swíːt]「甘い」と区別せよ！

1347
□ a heart **transplant** operation
[trǽnsplænt]

心臓移植の手術
動 [— ́—]〈木・臓器など〉を移植する
源 trans(移して) + plant(植える)

1348
□ a sand **castle**
[kǽsl]

砂の城

MINIMAL PHRASES　　　　　　　　　　　　　Disc3-68

1349
- **a popular cartoon character** | 人気マンガのキャラクター
  [kɑːrtúːn]

1350
- **the tip of my finger** | 私の指の先
  [típ] | 先端　動～の先に付ける
  ◆the tip of the iceberg | 「氷山の一角」

1351
- **raise sheep and cattle** | 羊と牛を育てる
  [kǽtl]

  ◇sheep | ★peopleに似た用法の名詞で，「牛の集合」を指す。a cattle, cattlesとは言わない。
  | 名羊（複数形もsheep）

1352
- **high population density** | 高い人口密度
  [dénsəti]

  ◇dense | 形密集した，（霧などが）濃い（＝thick）
  ◆densely populated | 「人口が密集した」

3 Essential Stage・名詞　251

Adjectives & Adverbs 形容詞・副詞；etc.

MINIMAL PHRASES

Disc4-01

◻ feel **guilty** about leaving him	彼を捨てたことに罪の意識を感じる
◻ play a **vital** role	重要な役割を果たす
◻ a **rough** sketch	大ざっぱなスケッチ
◻ **contemporary** Japanese society	現代の日本社会
◻ his **annual** income	彼の年収
◻ become **accustomed** *to* driv*ing*	車の運転に慣れる

1353
guilty
[gílti]
名?

有罪の(⇔innocent)；罪の意識がある，うしろめたい
◆be guilty of A 「Aの罪で有罪だ」
◇guilt 图罪の意識；有罪

1354
vital 多義
[váitl]

①きわめて重要な，必要な ②活気のある
◇vitálity 图生命力，活気

1355
rough 多義
発音?
反?
[ráf]

①荒い；手荒い ②大ざっぱな ③つらい，厳しい
⇔smóoth 形なめらかな

1356
contemporary
アク?
[kəntémpəreri]

①現代の ②同時代の 图同時代人

1357
annual
[ǽnjuəl]

①年に一度の，恒例の ②一年間の
◇ánnually 副年に一度

1358
accustomed
[əkʌ́stəmd]

慣れた
◆be accustomed to A [Ving]   「A [Vすること]に
 = be used to A   慣れている」

MINIMAL PHRASES　　　　　　　　　　Disc4-02

◻ **steady** economic growth	着実な経済成長
◻ very **dull** work	とても退屈な仕事
◻ a **keen** eye for art	芸術に対する鋭い目
◻ wear **loose** clothes	ゆったりとした服を着る
◻ the **delicate** balance of nature	自然界の微妙なバランス
◻ **internal** medicine	内科

1359
steady
[stédi]　同?

しっかりした；変わらない，一定の
= cónstant
例 a steady job「定職」
◇ stéadily　　　副着々と，絶えず

1360
dull
[dʌ́l]

① (人を)退屈させる (= boring)
② (刃物・色彩・人が)鈍い；頭が悪い
諺 All work and no play makes Jack a dull boy.
「勉強ばかりで遊びがないとばかになる」

1361
keen
[kíːn]

〈刃物などが〉鋭い；〈頭・感覚が〉鋭敏な
◆ be keen on A　「Aに熱中している，Aが好きだ」

1362
loose
発音?

① ゆるい，たるんだ　② 解き放たれた，自由の
[lúːs]　★ looseの発音は，lose [lúːz] と混同しないこと。

1363
delicate　多義

① 繊細な，上品な；か弱い　② (問題など)微妙で難しい，慎重を要する
アク?
[délikət]

1364
internal
[intə́ːrnəl]　反?

① 内部の (= interior)　② 国内の (= domestic)
⇔ extérnal　　形外部の，国外の

3 Essential Stage・形容詞 副詞 ● 253

MINIMAL PHRASES

Disc4-03

☐ wear **casual** clothes	気楽な服装をする
☐ **mature** adults	成熟した大人
☐ give a **concrete** example	具体的な例をあげる
☐ How **awful**!	なんてひどい！
☐ a **senior** member of the club	クラブの先輩の部員

1365
casual
[kǽʒuəl] 反?

①形式ばらない，気楽な，さりげない ②偶然の，ふとした
①⇔fórmal　形形式ばった，堅苦しい

1366
mature
[mətúər]
反?
同?

成熟した
動成熟する，大人になる(= grow)；〜を成熟させる
⇔immatúre　形未熟な，大人げない(= childish)
= ripe　形熟した，円熟した
★ mature「成熟した」は人に，ripe「熟した」は果物などに使うことが多い。
◇prematúre　形早すぎる
◇matúrity　名成熟(期)，円熟

1367
concrete
[kánkriːt] 反?

具体的な，形のある　名コンクリート
⇔ábstract　形抽象的な

1368
awful
[ɔ́ːfl]

ひどい，いやな(= terrible)　副すごく
例 an awful lot of time 「すごく多くの時間」
◇áwfully　副ひどく
例 I'm awfully sorry. 「本当にすみません」
◇awe　名畏敬，おそれ多い気持ち

1369
senior
[síːnjər]
反?

(役職などが)上級の；先輩の　名(高校・大学の)最上級生，上役
◆ senior citizens 「高齢者，お年寄り」(= seniors)
⇔júnior　形後輩の，(地位が)下級の
★ be senior to A 「Aよりも年上だ」は，実際にはめったに使われない。名詞のseniorで「年上の人」はあるが，まれ。

MINIMAL PHRASES　　　　　　　　　　　　　　Disc4-04

❑ part of an **overall** plan	**全体的な**計画の一部
❑ **tight** jeans	**きつい**ジーンズ
❑ the **prime** cause	**主要な**原因
❑ **genuine** interest in science	科学に対する**真の**関心
❑ a **modest** dress	**控えめな**服装
❑ an **intimate** relationship	**親密な**関係

1370
overall
[óuvərɔ̀ːl]

全面的な，全体的な　　副全体として，概して

1371
tight
[táit]
動？

①引き締まった，(服などが)きつい　②厳しい
副きつく，堅く
◇tíghten　　　　　　　　動〜を引き締める，きつくする

1372
prime
[práim]

最も重要な，主要な，第一の
◆the Prime Minister　「総理大臣」
◇prímary　　　　　　　　形第一の；主要な
◆primary school　　　　「小学校」

1373
genuine
[dʒénjuin]

本物の(=real)，〈関心・愛情などが〉真の，心からの

1374
modest　多義
[mádəst]

①控えめな，謙虚な(⇔arrogant)　②質素な
③少しの，わずかな　(③は盲点だ)
例 a quite modest number of books 「わずかな数の本」

1375
intimate
発音？

親密な，親しい
[íntəmət]
★性的ニュアンスがあるので，代わりに close を用いることがある。
◇íntimacy　　　　　　　　名親密さ

3 Essential Stage・形容詞　副詞

MINIMAL PHRASES　　　　　　　　　　　　　　　　　Disc4-05

▫ **minimum** effort	最小の努力
▫ **sophisticated** computer technology	高度なコンピュータ技術
▫ I have a dog and a cat. *The* **latter** is bigger.	犬と猫を飼っているが，後者の方が大きい
▫ a **bitter** experience	苦い経験
▫ expressions **peculiar** *to* English	英語特有の表現
▫ a **passive** attitude	消極的な態度

1376
minimum
[mínimǝm] 反?

最小限の，最低限の　名最小限，最低限
⇔ máximum　　　　形 名最大限(の)
◇ mínimal　　　　　形最小の，非常に少量の

1377
sophisticated
[sǝfístikeitid]

①高度な，精巧な　②洗練された，教養のある

1378
latter
[lǽtǝr]

後者の；後の，後半の
cf. later　形 副「もっと遅い；後で」(⇔earlier)
◆the latter　　「後者」

Q 「前者」は？　　A the former ☞ p.161

1379
bitter　多義
[bítǝr]

①苦い；つらい　②腹を立てた，いまいましい気持ちの

1380
peculiar
[pikjú:liǝr]

①独特の，固有の　②変な，妙な
◇ peculiárity　　　　名特性，特色

Q The custom is peculiar ( ) Japan.　　A to 「その習慣は日本独特のものだ」

1381
passive
[pǽsiv] 反?

受動的な，消極的な，活発でない
⇔ áctive　　　　　　形活動的な，積極的な
◆passive smoking　「受動喫煙」
(他人のタバコの煙を吸わされること)

MINIMAL PHRASES　　Disc4-06

□ different **ethnic** groups	異なる民族集団
□ a person of **noble** birth	高貴な生まれの人
□ make a **vain** effort	むだな努力をする
□ kill **innocent** people	罪の無い人々を殺す
□ the **underlying** cause	根本的な原因
□ an **alien** culture	異質な文化

1382
ethnic
[éθnik]

民族的な，民族の
◆ethnic group　「民族集団」
★生物学的「人種」に対し，主に文化的集団を指す。
◆ethnic minority　「少数民族」

1383
noble
発音?
[nóubl]

高貴な，気高い　　名(nobles)貴族

1384
vain
[véin]

①むだな，むなしい　②虚栄心の強い (②は少ない)
◆in vain　　　「むだに，むなしく」★頻出！
◇vánity　　　名①虚栄心　②むなしさ

Q He tried ( ) vain to save her.　　A in 「彼は彼女を助けようとしたがむだだった」

1385
innocent　多義
アク?
反?
[ínəsənt]

①無罪の，罪の無い　②無邪気な，うぶな
⇔guílty　　　形有罪の
◇ínnocence　　名無罪；無邪気

1386
underlying
[ʌndərláiiŋ]

根本的な，基礎となる；根底にある
◇underlíe　　動～の背後にある；
　　　　　　　〈理論・行動など〉の基礎となる

1387
alien
[éiljən]

①外国(人)の(= foreign)　②異質な，なじみのない
(= strange)　名①外国人(市民権が無い人)　②宇宙生物
◇álienate　　動～を疎外する

3 Essential Stage・形容詞 副詞

MINIMAL PHRASES

Disc4-07

◻ be **relevant** *to* the question	その問題に関係がある
◻ I *am* **inclined** *to* believe him.	彼の言葉を信じたい気がする
◻ an **awkward** silence	気まずい沈黙
◻ That's a **brilliant** idea!	それはすばらしいアイディアだ！
◻ a **desperate** attempt	必死の試み

1388
relevant
[réləvənt] 反?

関連のある；適切な
⇔ irrélevant 　　形 不適切な，無関係な
◇ rélevance 　　名 関連(性)

1389
inclined
[inkláind]

(be inclined to V) ① V する傾向がある　② V したい気がある　★①= tend to V, be likely to V, ②= feel like Ving
◇ inclinátion　　名 ①(〜したい)気持ち　②傾向

1390
awkward
[ɔ́ːkwərd]

①〈状況などが〉気まずい，やっかいな　②〈物が〉扱いにくい　③〈人・動作が〉ぎこちない(= clumsy)

1391
brilliant
[bríljənt]

すばらしい，輝かしい；(人・才能などが)極めて優秀な

1392
desperate
[déspərət]

①〈人・努力が〉必死の　②(事態が)絶望的な
◆ be desperate for A 　「A を死ぬほど欲しい」
◇ désperately　　副 必死に，ひどく

MINIMAL PHRASES　　　　　　　　　　　　Disc4-08

◻ a **refreshing** drink	<u>さわやかな</u>飲み物
◻ a **miserable** life	<u>惨めな</u>生活
◻ a **substantial** number of people	<u>多くの</u>人々
◻ be **consistent** *with* the theory	理論と<u>一致する</u>
◻ The book is written in **plain** English.	その本は<u>平易な</u>英語で書かれている

1393
refreshing
[rifréʃiŋ]

さわやかな，すがすがしい，清新な
◇refrésh　　　　　動①〈人〉の気分をさわやかにする
　　　　　　　　　　　②〈記憶〉を思い出させる

例 **The cool air refreshed me.**
「冷たい空気のおかげで私はさわやかな気分になった」

1394
miserable
[mízərəbl]

惨めな，不幸な；不十分な
◇mísery　　　　　名悲惨さ，惨めさ，不幸

1395
substantial 多義
[səbstǽnʃəl]

①たくさんの，多大な　②実質的な，重要な
◇súbstance　　　　名物質；中身　☞ p.152

1396
consistent
[kənsístənt]

①矛盾のない，一致した(＋with)　②一貫した，不変の
★30％以上がwithを伴う。
◇consístency　　　名一貫性

1397
plain　　　多義
[pléin]

①明白な，わかりやすい　②簡素な，無地の　名平野

3 Essential Stage・形容詞　副詞

MINIMAL PHRASES　　　　　　　　　　　Disc4-09

❏ have **vivid** memories	<u>鮮やかな</u>思い出がある
❏ I'm **thrilled** to hear your voice.	君の声が聞けて<u>とてもうれしい</u>
❏ her **inner** self	彼女の<u>内なる</u>自分
❏ She is very **fond** *of* reading.	彼女は読書が<u>大好きだ</u>

1398
vivid
[vívid]

①**鮮やかな**，鮮明な　②(描写などが)**生き生きした**
源 viv (生きる)

1399
thrilled
[θríld]

〈人が〉**とてもうれしい**，わくわくしている
◇thrill 　名 (感動・喜び・恐怖などで)**わくわくする気持ち**
★thrill の動詞用法は比較的少ない。
◇thrílling　　　　形 〈人を〉**わくわくさせるような**

1400
inner
[ínər]

内側の，心の奥の
◆the inner city　　「都心部周辺の貧困層が住む地域，スラム」

1401
fond
[fánd]

(be fond of A) **Aが好きだ**
★約 **80**％がこの形で，補語として用いる。
★be fond of A very much は誤り。

副詞；etc.

MINIMAL PHRASES　　　　　　　　　　　　　　Disc4-10

□ **precisely** at noon	<u>ちょうど</u>正午に
□ She was cooking. **Meanwhile**, I was drinking.	彼女は料理をしていた。<u>その間</u>，私は酒を飲んでいた。
□ disappear **altogether**	<u>完全に</u>消滅する
□ Have you seen him **lately**?	<u>最近</u>彼に会いましたか
□ **barely** survive the war	<u>かろうじて</u>戦争を生き延びる

1402
precisely
[prisáisli]

正確に，まさに，ちょうど(= exactly)
◇ precíse　　　　形 正確な，まさに
◇ precísion　　　名 正確さ

1403
meanwhile
[míːnhwail]

①その間に　②一方では
◆ in the meantime 「その間に」
源 mean(中間)＋while(時間)　while には「時間(= time)」の意味がある。

1404
altogether
[ɔːltəgéðər]

①完全に，まったく　②全部で

1405
lately
[léitli]

最近，近頃
★現在完了形と共に用いられることが多い。(☞ p.171 recently)
★lately には「遅く」の意味はない。cf. late 形 副 「遅い；遅く」

1406
barely
[béərli]

①かろうじて，やっとのことで
②ほとんど〜ない(= hardly)
◇ bare　　　　　形 ①むき出しの；
　　　　　　　　　　〈部屋などに〉なにもない
　　　　　　　　　　②ぎりぎりの，最小限の
◇ bárefoot　　　副 裸足で

3 Essential Stage・形容詞 副詞

MINIMAL PHRASES　　　　　　　　　　　Disc4-11

- I could **scarcely** believe it. 　　　ほとんど信じられなかった
- You're an adult, so act **accordingly**. 　君は大人なのだからそれ相応に行動しなさい
- **deliberately** ignore him 　　　彼をわざと無視する
- **beneath** the surface of the water 　水面下で

1407
scarcely
[skéərsli]

Q We ( ) scarcely reached the station when the train left.

ほとんど〜ない（＝hardly）
◆scarcely...when [before] 〜 「…してすぐに〜した」
◇scarce　　　形乏しい，不十分な

A had 「私たちが駅に着くとすぐに，列車は出発した」 過去完了形に注意。

1408
accordingly
[əkɔ́ːrdiŋli]

①それ相応に，それに応じて
②したがって（＝therefore）
★特に②は穴埋め問題に出る。
◆according to A 「①A（情報源）によると②Aに応じて」

1409
deliberately
アク？
同熟？
[dilíbərətli]

①わざと，故意に（＝intentionally）　②慎重に
＝on purpose　　「わざと」
◇deliberate　　　形意図的な，慎重な

1410
beneath
[biníːθ]

前〜の下で（＝under, below）　副下の方に（まれ）

MINIMAL PHRASES

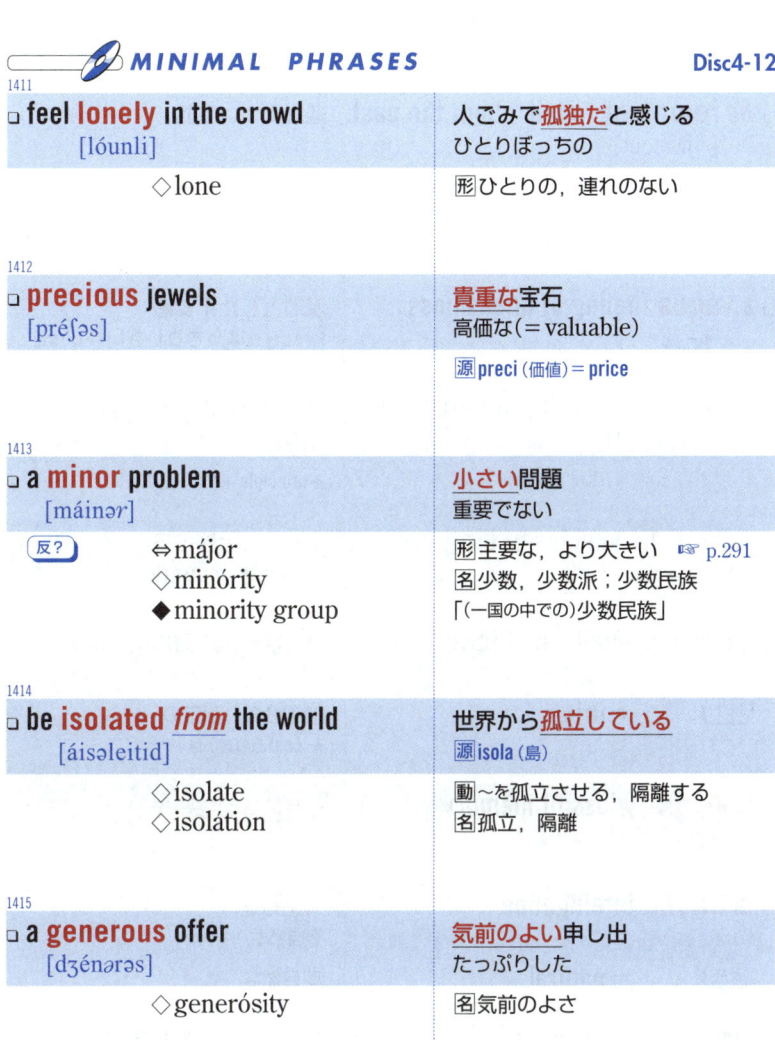

Disc4-12

1411
- **feel lonely in the crowd** | 人ごみで孤独だと感じる
  [lóunli] | ひとりぼっちの

    ◇lone | 形ひとりの，連れのない

1412
- **precious jewels** | 貴重な宝石
  [préʃəs] | 高価な（＝valuable）

    源 preci（価値）＝ price

1413
- **a minor problem** | 小さい問題
  [máinər] | 重要でない

  反？
    ⇔ májor | 形主要な，より大きい ☞ p.291
    ◇minórity | 名少数，少数派；少数民族
    ◆minority group | 「（一国の中での）少数民族」

1414
- **be isolated *from* the world** | 世界から孤立している
  [áisəleitid] | 源 isola（島）

    ◇ísolate | 動〜を孤立させる，隔離する
    ◇isolátion | 名孤立，隔離

1415
- **a generous offer** | 気前のよい申し出
  [dʒénərəs] | たっぷりした

    ◇generósity | 名気前のよさ

1416
- **tropical rain forests** | 熱帯雨林
  [trápikəl] | 熱帯地方の

    ◇trópics | 名熱帯地方
    ◇témperate | 形温帯の，温暖な
    ◇frígid | 形寒帯の，寒冷な

3 Essential Stage ・形容詞 副詞 ● 263

MINIMAL PHRASES

Disc4-13

1417
- ***be* reluctant *to* talk about the past**
  [rilʌ́ktənt]

同?	◆be reluctant to V = be unwilling to V ◇relúctance

過去について話<u>したがらない</u>

「〜したがらない」

名 気が進まないこと，不承不承

1418
- **a vague feeling of uneasiness**

  発音?

<u>漠然とした</u>不安感
[véig] はっきりしない⇔clear

1419
- **the principal cities of Europe**
  [prínsəpl]

ヨーロッパの<u>主要な</u>都市
名 校長

★principle「原則」と同音。

1420
- **numerous species of birds**
  [njúːmərəs]

<u>たくさんの</u>種の鳥
(= many ; countless)

1421
- **move to a small rural town**
  [rúərəl]

反?	⇔úrban

小さな<u>田舎の</u>町に引っ越す

形 都会の，都市の
★localとの違いは ☞ p.157。

1422
- **temporary loss of memory**
  [témpəreri]

<u>一時的な</u>記憶喪失

1423
- **artificial intelligence**
  [ɑːrtəfíʃəl]

反?	⇔nátural

<u>人工</u>知能
不自然な

形 自然な

1424
- **make visible progress**
  [vízəbl]

  ◇vísual

<u>目に見える</u>進歩をとげる
(⇔invisible)

形 視覚の，視覚による

1425
- **eat raw meat**
  [rɔ́ː]

  ◆raw material

<u>生の</u>肉を食べる
加工されていない

「原料」

MINIMAL PHRASES

Disc4-14

1426
□ live in a **remote** village
[rimóut]

へんぴな村に住む
遠い(= distant)

例 remote control 「リモコン」

1427
□ need **urgent** action
[ə́ːrdʒənt]

緊急の行動を必要とする

名? ◇úrgency 名緊急(性)

1428
□ tell **silly** jokes
[síli]

ばかな冗談を言う

1429
□ a **striking** contrast
[stráikiŋ]

いちじるしい対照
★ strike ☞ p.296

1430
□ provide **adequate** food
[ǽdikwət]

十分な食料を供給する
適切な

反? ⇔inádequate 形不十分な；不適切な

1431
□ a man of **extraordinary** talent
[ikstrɔ́ːrdəneri]

並はずれた才能の持ち主
異常な

反? ⇔órdinary 形普通の, 並みの

1432
□ the **odd** couple
[ád]

おかしな二人
奇妙な(= strange)

1433
□ an **abstract** concept
[ǽbstrækt]

抽象的な概念

反? ⇔cóncrete 形具体的な

1434
□ **mutual** understanding
[mjúːtʃuəl]

相互の理解
共通の(= common)

---

3 Essential Stage・形容詞 副詞 ● 265

MINIMAL PHRASES

1435
- **excessive** use of alcohol
[iksésiv]

  名? ◇ excéss — 名 過剰, 超過
  動? ◇ excéed — 動 ～を超える, ～にまさる

1436
- I'*m* **ashamed** *of* myself.
[əʃéimd]

  ◆ be ashamed of A — 「Aを恥ずかしく思う」
  ◆ be ashamed to V — 「恥ずかしくてVしたくない, Vするのが恥ずかしい」
  ◇ shame — 名 ①恥 ②(a shameの形で)残念なこと ☞ p.306
  ◇ shámeful — 形〈行為などが〉恥ずべき, みっともない

過度のアルコール摂取

自分が恥ずかしい

1437
- a **tremendous** amount of energy
[triméndəs]

とてつもない量のエネルギー
大きな, 巨大な

1438
- Death is **inevitable**.
[inévitəbl]

  ◇ inévitably — 副 必然的に

死は避けられない
必然的な

1439
- **pure** gold
[pjúər]

  ◇ púrity — 名 純粋, 清らかさ

純金
純粋な

1440
- a **stable** condition
[stéibl]

  ◇ stabílity — 名 安定(性), 固定

安定した状態
一定の

1441
- be **indifferent** *to* politics
[indífərənt]

  ◇ indífference — 名 無関心

政治に無関心だ
★約50％がtoを伴う。

MINIMAL PHRASES

Disc4-16

1442
children's aggressive behavior
[əgrésiv]

子供の**攻撃的な**行動
積極的な、強引な

◇aggréssion — 名攻撃、侵略

1443
the ultimate goal
[ʌ́ltimət]

究極の目標
最終の

1444
a quiet, shy girl
[ʃái]

静かで**内気な**女の子
恥ずかしがりな

1445
solar energy
[sóulər]

太陽エネルギー

◆the solar system —「太陽系」
◆solar cell —「太陽電池」
◇lúnar — 形月の

1446
a profound meaning
[prəfáund]

深い意味
(=deep);〈影響・変化などが〉大きい

1447
a subtle difference
[sʌ́tl]

微妙な違い
★bは黙字。

1448
the Conservative Party
[kənsə́:rvətiv]

保守党
控えめな

反? ⇔progréssive — 形進歩的な

1449
a brave young soldier
[bréiv]

勇敢な若い兵士
(=courageous)

1450
feel intense pressure
[inténs]

強烈なプレッシャーを感じる
〈関心・感情が〉強い、〈競争などが〉激しい

◇inténsive — 形集中的な、激しい
◇inténsify — 動～を強める
◇inténsity — 名激しさ、強さ

3 Essential Stage・形容詞 副詞

MINIMAL PHRASES

1451
- **a fantastic experience**
  [fæntǽstik]
  ◇ fántasy

  すばらしい経験
  空想の(＝unreal)
  名幻想

1452
- **acid rain**
  [ǽsid]

  酸性雨
  名酸 ★40％近くがこの形で出る。

1453
- **cruel treatment of animals**
  [krúːəl]
  ◇ crúelty

  動物に対する残酷なしうち
  (＋to)
  名残酷さ，残虐な行為

1454
- **rational thought**
  [rǽʃənəl]
  反? ⇔ irrátional

  理性的な思考
  合理的な
  形理性のない，分別のない

1455
- **the initial stages of development**
  アク?
  動? ◇ inítiate
  ◇ inítially

  発達の最初の段階
  [iníʃəl] 名頭文字
  動～を始める，〈計画など〉に着手する
  副最初は(＝at first)，最初に

1456
- **rigid rules**
  [rídʒid]

  厳格な規則
  がんこな

1457
- **the linguistic ability of children**
  [liŋgwístik]
  ◇ línguist
  ◇ linguístics

  子供の言語能力
  言語学の
  名言語学者
  名言語学

1458
- **play a crucial role**
  [krúːʃəl]

  重大な役割を果たす
  (＝essential)；決定的な

268

MINIMAL PHRASES

Disc4-18

1459
□ **verbal** communication | 言葉によるコミュニケーション
[və́ːrbəl]

| 反? | ⇔nonvérbal | 形言葉を用いない（ジェスチャーなど） |

1460
□ an **optimistic** view of the future | 将来に関する楽観的な見方
[ɑptimístik]

反?	⇔pessimístic	形悲観的な
名?	◇óptimism	名楽観主義
	◇óptimist	名楽天家，楽観主義者

1461
□ have a **flexible** mind | 柔軟な頭を持っている
[fléksəbl] | 変更可能な

◆flexible working hours 「自由勤務時間制, フレックスタイム」
◇flexibílity 名柔軟性

1462
□ I'm **grateful** *for* your help. | 君の助けに感謝している
[gréitfəl]

◆be grateful (to A) for B 「(Aに)Bのことで感謝する」
◇grátitude 名感謝の気持ち

1463
□ a **lively** conversation | 生き生きとした会話
発音? | [láivli] 元気な

◇alíve 形生きている⇔dead

1464
□ an **overwhelming** majority | 圧倒的な多数
[ouvərhwélmiŋ]

| 動? | ◇overwhélm | 動〜を圧倒する |

1465
□ an **abundant** supply of food | 豊富な食料供給
[əbʌ́ndənt] | (＝rich)

◇abúndance 名多量，豊富
◇abóund 動富む(＋in)

3 Essential Stage・形容詞 副詞 ● 269

MINIMAL PHRASES　　　　　　　　　　Disc4-19

1466
☐ a **selfish** attitude　　　　　　　　　　　利己的な態度
　[sélfiʃ]

1467
☐ an **ugly** duckling　　　　　　　　　　　みにくいアヒルの子
　発音?　　　　　　　　　　　　　　　　　　[ʌ́gli]　不快な（＝unpleasant）

1468
☐ **racial** differences　　　　　　　　　　人種の違い
　[réiʃəl]　　　　　　　　　　　　　　　　民族の
　名?　　◇race　　　　　　　　　　　　　名民族；競争　☞ p.281
　　　　　◇rácism　　　　　　　　　　　　名人種差別，人種的偏見

1469
☐ a **prominent** scientist　　　　　　　　有名な科学者
　[prámənənt]　　　　　　　　　　　　　　目立った
　　　　　◇próminence　　　　　　　　　　名目立つこと，重要

1470
☐ a **controversial** social *issue*　　　　物議を呼ぶ社会問題
　[kɑntrəvə́ːrʃəl]　　　　　　　　　　　　意見が対立する
　名?　　◇cóntroversy　　　　　　　　　　名論争

1471
☐ the **Federal** Government　　　　　　　連邦政府
　[fédərəl]　　　　　　　　　　　　　　　★州政府に対するアメリカ中央政府のこと。

1472
☐ a **ridiculous** error　　　　　　　　　　ばかげたまちがい
　アク?　　　　　　　　　　　　　　　　　[ridíkjuləs]
　　　　　◇rídicule　　　　　　　　　　　動～をあざ笑う　名あざ笑い，嘲笑

1473
☐ an **imaginary** country　　　　　　　　架空の国
　[imǽdʒəneri]　　　　　　　　　　　　　想像上の

cf. ☐ an **imaginative** writer　　　　　　想像力豊かな作家
　　☐ every trouble **imaginable**　　　　想像しうるあらゆる困難

　　　　　　　　　　　　　　　　　　　　★この3つの違いを問う問題が多いので注意しよう。

MINIMAL PHRASES　　　　　Disc4-20

1474
- **the harsh realities of life**
  [háːrʃ]

  厳しい人生の現実
  無慈悲な

1475
- **a random choice**
  [rǽndəm]

  無作為な選択
  でたらめの，手当たり次第の

  ◆at random
  「でたらめに，無作為に」

1476
- **adolescent boys and girls**
  [ædəlésnt]

  思春期の少年少女
  名(十代の)若者(= teenager)

  ◇adoléscence
  名思春期(= teenage)

1477
- **up-to-date fashions**
  [ʌ́ptədéit]

  最新の流行

  反?　⇔out-of-date
  形時代遅れの，すたれた

1478
- **liberal politics**
  [líbərəl]

  自由主義の政治

  ◆liberal arts　　　　　「(大学の)教養科目」
  名?　◇líberty　　　　　名自由
  　　　◇líberate　　　　動～を解放する
  　　　◇liberátion　　　名解放

1479
- **the period prior *to* the war**
  [práiər]

  戦争より**前の**時代

  ◆prior to A　　　　　「Aより前の」
  名?　◇prióritý　　　名優先　☞ p.237

1480
- **do moderate exercise**
  [mádərit]

  適度な運動をする
  節度ある，控えめな

  反?　⇔excéssive　　　形過度の，度を越した
  　　　⇔extréme　　　　形極端な

3 Essential Stage・形容詞 副詞 ● 271

MINIMAL PHRASES

1481
speak fluent French
[flúːənt]

流ちょうなフランス語を話す
源 flu(流れる= flow)

- ◆be fluent in A 「A(言語)をすらすら話せる」
- ◇flúency 名流ちょうさ
- ◇flúently 副流ちょうに

1482
an elaborate plan of escape
[ilǽbərit]

手の込んだ脱走計画
複雑な ★labor(努力)が語源。

1483
an incredible story
[inkrédəbl]

信じられない話
途方もない

- ◇incrédibly 副信じられないほど

1484
radical changes
[rǽdikəl]

根本的な変化
過激な

1485
manual work
[mǽnjuəl]

手を使う仕事(肉体労働)
名手引書

1486
sign language for deaf people
発音?

耳が聞こえない人のための手話
[déf]

- ◇blind 形盲目の
- ◆turn a deaf ear to A 「Aに耳を貸さない」

1487
a medieval castle
[miːdiíːvəl]

中世の城

源 medi(中間の)

MINIMAL PHRASES　　　　　　　　　　　　Disc4-22

1488
□ **protect the ecological system** | 生態系を保護する
[iːkəládʒikəl] | 自然環境の

- ◇ ecólogy — 名①自然環境　②生態学
- ◇ écosystem — 名生態系（= ecological system）
- ◇ ecólogist — 名環境保護主義者

（名?）

1489
□ **a mobile society** | 流動的な社会
[móubəl] | 動きのある

- ◆ mobile phone — 「携帯電話」= cellular phone
- ◇ mobílity — 名動きやすさ, 流動性

（名?）

1490
□ **be ignorant *of* the fact** | その事実を知らない
[ígnərənt] | 無知な　★40％近くが **of** を伴う。

- ◇ ígnorance — 名無知

（名?）

1491
□ **the body's immune *system*** | 人体の免疫機構
[imjúːn]

副 詞

MINIMAL PHRASES

1492
- I will **definitely** not marry you. | 絶対あなたとは結婚しない
  [définətli] | はっきり，確かに；〈返事で〉そのとおり
  - ◇définite | 形明確な，確実な
  - ◇indéfinitely | 副漠然と

1493
- **virtually** every woman | ほとんどすべての女性
  [və́:rtʃuəli] | (= almost)；事実上
  - ◇vírtual | 形実際の，事実上の
  - ◆virtual reality | 「仮想現実」

1494
- **approximately** 10,000 years ago | およそ1万年前
  [əpráksəmətli] | (= about)
  - ◇appróximate | 形おおよその

1495
- die **instantly** | 即死する
  [ínstəntli] | すぐに (= immediately)
  - ◇ínstant | 名瞬間　形瞬時の

1496
- There's **literally** nothing there. | そこには文字通り何もなかった
  [lítərəli] |

★次の3つの形容詞を区別しよう。

- the **literal** meaning of the word | その語の文字通りの意味
- **literary** history | 文学の歴史
- **literate** people in India | 読み書きのできるインド人
  - ◇illíterate | 形読み書きできない
  - ◇líteracy | 名①読み書きの能力
    　②(ある分野の)能力，知識

MINIMAL PHRASES　　　　　　　　　　Disc4-24

1497
- **a seemingly impossible task**
  [síːmiŋli]

  一見不可能な仕事

1498
- **regardless *of* age**
  [rigáːrdləs]

  年齢に関係なく
  ★99％の率でofを伴う。

  ★regardless ofの後にwh節がくる確率は約30％だ。
  例 regardless of what you do
  　「君が何をするかに関係なく」

1499
- **thoroughly enjoy the party**
  発音?

  ◇thórough

  パーティを徹底的に楽しむ
  [θə́ːrouli]　完全に

  形完全な，徹底的な，十分な

1500
- **Soon afterwards, he left.**
  [ǽftərwərdz]

  その後すぐ彼は去った
  のちに

3 Essential Stage・形容詞 副詞

ジャンル別英単語

人体

- **shoulder** [ʃóuldər] 肩
- **cheek** [tʃíːk] ほお
- **elbow** [élbou] ひじ
- **jaw** [dʒɔ́ː] (上下の)あご
- **forehead** [fɔ́(ː)rəd] ひたい
- **bone** [bóun] 骨
- **chest** [tʃést] 胸
- **skin** [skín] はだ
- **stomach** [stʌ́mək] 腹部, 胃
- **throat** [θróut] のど
- **knee** [níː] ひざ
- **toe** [tóu] 足の指
- **tooth** [túːθ] 歯 ★複数形は teeth。
- **bowel** [bául] 腸
- **liver** [lívər] 肝臓
- **kidney** [kídni] 腎臓
- **skeleton** [skélətn] 骨格

食事

- **steak** 発音? [stéik] ステーキ
- **dessert** アク? [dizə́ːrt] デザート
- **dish** [díʃ] 皿
- **plate** [pléit] 取り皿
- **chopsticks** [tʃɑ́pstiks] はし
- **mug** [mʌ́g] マグカップ ★mug cup とは言わない。

衣服

- **cotton** [kɑ́tn] 綿
- **fur** [fə́ːr] 毛皮
- **leather** [léðər] 革(かわ), レザー
- **wool** 発音? [wúl] 羊毛
- **collar** [kɑ́lər] えり
- **pants** [pǽnts] ズボン ★下着の「パンツ」は shorts, underpants だ。
- **dye** [dái] 染料 動 ～を染める

第4章

多義語のBrush Up

一見簡単な単語なのに，意外な意味があるものばかり。この章の単語は、とにかく設問で問われることが多いから，絶対に読んでおかないと損！入試直前には，必ずチェックしよう！

MINIMAL PHRASES

Disc4-25

1. run [rʌ́n]
☆この他動詞用法が出る！

run a big company	動大会社を経営する [～を運営する]
同?	= mánage

2. meet [míːt]
☆1の意味は超頻出！

| 1. meet people's needs | 動人々の必要を満たす (= satisfy) |
| 2. how to meet the problem | 動問題に対処する方法 |

3. right [ráit]
☆「右」「正しい」以外。

1. the right to vote	名投票する権利
2. right and wrong	名善と悪
3. right in front of my house	副家のすぐ前に

★3は場所や時間の副詞句を強調して「ちょうど，正確に」などの意味を表す。

4. last [lǽst]

1. The war lasted four years.	動戦争は4年続いた
2. Our food will last a week.	動食料は一週間持つだろう
3. the last man who would tell a lie	形最もうそをつきそうにない人
4. He's moved twice in *the* last year.	形彼は最近1年間に2回引っ越した

★4は，the の無い last year「去年」と区別せよ。

◇ lásting　　形永続的な，長持ちする

5. stand [stǽnd]
☆他動詞のときは？

| I *can't* stand this heat. | 動この暑さには耐えられない |

★否定(疑問)文が普通。(= bear, endure)

6. turn [tə́ːrn]
☆名詞の意味は？

1. Now it's your turn.	名さあ君の番だ
2. the turn of the century	名世紀の変わり目
◆in turn	「代わって，今度は」

278

MINIMAL PHRASES

7 case [kéis] ☆「場合」以外。

1. It is also *the* case *with* him.	名それは彼についても事実だ
2. a murder case	名殺人事件
3. make a case *for* war	名戦争を支持する主張をする
4. new cases of AIDS	名エイズの新しい患者[症例]

★ 1は「それは彼にも当てはまる」と訳せばいい。be the case with A = be true of A だ。

8 face [féis] ☆「顔を向ける」の意味から発展。

1. face a problem	動問題に直面する[立ち向かう]
2. problems facing Japan	動日本に迫っている問題
3. lose face	名面目を失う (まれ)
◆A be faced with B	「A〈人〉がBに直面している」
◆face to face	「向かい合って, 直接会って」

9 certain [sə́ːrtn] ☆名詞の前では3より1が多い。

1. a certain kind of bacteria	形ある種のバクテリア[特定の]
2. I am certain *of* his success.	形私は彼の成功を確信している
3. He is certain to come.	形彼が来るのは確実だ
◇cértainly	副①確かに ②(返事)いいですとも
◇cértainty	名確実さ, 確実なこと

10 company [kʌ́mpəni] ☆「会社」以外。

1. keep bad company	名悪い仲間とつきあう
2. I enjoy your company.	名君と一緒にいることは楽しい
3. We have company today.	名今日は来客がある

諺 A man is known by the company he keeps. 「つきあっている仲間で人がわかる」

★「パン(pan)を共(com)に食べる人」がもとの意味だ。

11 nature [néitʃər] ☆「自然」以外。

the nature of language	名言語の本質[性質]

★「自然」の意味の nature は無冠詞で使う。「本質, 性質」の意味では the nature of A の形が多い。
(human nature「人間の性質」のような例もある)

4 多義語の *Brush Up*

MINIMAL PHRASES

Disc4-27

12 attend [əténd]

1. **attend** the meeting	動ミーティング<u>に出席する</u>
2. **attend** to patients	動患者を<u>世話する</u>
3. **attend** *to* what he says	動彼の言うことに<u>注意する</u>

★1は前置詞不要。頻出！ × attend to the meeting　★2は**to**がなくても可。
◇ atténdance　　　　　　　　　　　名出席, 世話
◇ atténtive　　　　　　　　　　　　形注意深い

13 otherwise [ʌ́ðərwaiz]

☆語源的には other + way だ。

1. He worked hard; **otherwise** he would have failed.	副彼は努力した。<u>さもなければ</u>失敗しただろう。
2. He is poor but **otherwise** happy.	副彼は貧しいが<u>その他の点では</u>幸福だ
3. He is honest, but people think **otherwise**.	副彼は正直なのに人は<u>ちがう</u>と思っている
4. I can't do it **otherwise**.	副<u>ちがう方法で</u>はできない

14 miss [mís]

1. **miss** the last train	動終電車<u>に乗り遅れる</u> [〜を逃す]
2. I sometimes **miss** Japan.	動時には日本<u>が恋しい</u>
3. You can't **miss** it.	動<u>見逃す</u>はずないよ

★3は道順を教えたあとなどに言うせりふ。
◇ míssing　　　　　　　　　　　　形行方不明の, 欠けた

15 term [tə́ːrm]

1. use scientific **term**s	名科学<u>用語</u>を使う
2. long-**term** planning	名長<u>期</u>的な計画[期間]
3. I am *on* good **terms** *with* him.	名彼とは<u>仲</u>がよい

◆ in terms of A　　　　　「Aの観点で, Aの視点から」
◆ technical term　　　　　「専門用語」
◆ come to terms with A　　「A(不快な事実など)を受け入れる」

MINIMAL PHRASES　　　　　　　　　　　　　Disc4-28

16 ❏ practice [præktis]
☆「練習」以外。「実際にやる」が基本義。

1. theory and **practice**	名 理論と**実践**
2. the **practice** of smoking	名 喫煙の**習慣**
3. **practice** medicine	動 医者**を営む**

◆ put A into practice 「Aを実行する」

17 ❏ challenge [tʃæləndʒ]
☆「挑戦」は意外にまれ。

1. face a new **challenge**	名 新しい**難問**に直面する[試練]
2. **challenge** the theory	動 その理論**に異議をとなえる**

◇ chállenging 形 困難だがやりがいのある

18 ❏ race [réis]
☆「競争」以外には？

a **race** problem	名 **人種**問題[民族]

◆ the human race 「人類」(= mankind)
◇ rácial 形 人種的な

19 ❏ issue [íʃu:]

1. a political **issue**	名 政治**問題**[論争点]
2. **issue** an order	動 命令**を出す**[〜を発行する]
3. this week's **issue** of *Time*	名 「タイム」の今週**号**

★「出る」が原義。1も3も「出てくるもの」。

20 ❏ party [pá:rti]
☆「パーティー」以外。

1. the Democratic **Party**	名 民主**党**
2. a **party** of tourists	名 観光客の一**団**
3. Your **party** is on the line.	名 **相手**の方が電話に出ています

★ 3は裁判・契約などの当事者を指すのにも用いる。the other party を「相手側の人」の意味で用いることが多い。

21 ❏ room [rú:m]
☆不可算名詞のときは？

There is no **room** for doubt.	名 疑問の**余地**はない[空間, 可能性]

4 多義語の *Brush Up* ● 281

MINIMAL PHRASES

22. sense [séns]
☆「感覚」以外。

1. In a *sense*, it is right. — 名ある意味ではそれは正しい
2. He *came to his* senses. — 名彼は正気に戻った (one's senses で)

- ◆common sense —「常識的判断力」
- ◆make sense —「意味をなす，理解できる」
- ◇sénsitive — 形敏感な ☞ p. 176
- ◇sénsible — 形賢明な，判断力のある (= wise)
- ◇sénsory — 形感覚に関する

23. fault [fɔ́:lt]

1. If he fails, it'll be *my* fault. — 名彼が失敗したら私の責任だ [過失]
2. He has a lot of faults. — 名彼は欠点が多い

- ◆find fault with A —「Aにけちをつける」

24. do [dú:]

1. This pen *will* do. — 動このペンで十分役に立つ
2. Smoking does harm *to* everybody. — 動タバコはみんなに害を与える

★ 1は自動詞，2は第4文型もある。harm の他に good「利益」, damage「害」なども用いる。

25. part [pá:rt]
☆「部分」以外では？

1. *play* an important part — 名重要な役割を果たす
2. a fault *on* our part — 名私たちの側の過失
3. part *with* the car — 動車を手放す

- ◆take part in A —「Aに参加する」(= participate in A)
- ◇pártial — 形部分的な，不公平な
- ◇impártial — 形偏らない；公平な

26. figure [fígjər]

1. Tell me the exact figures. — 名正確な数字を教えてくれ
2. historical figures — 名歴史上の人物
3. She has a beautiful figure. — 名彼女はスタイルが美しい [姿，形]
4. I figure that he is dead. — 動彼は死んでいると思う (= think)

★ 3の意味で style は使えない。

- ◆figure A out —「Aを理解する，解決する」

MINIMAL PHRASES　　　　　　　　　　　　　　Disc4-30

27 character [kǽrəktər]

1. his true **character**	名彼の本当の性格
2. He's an odd **character**.	名彼は変わった人物だ
3. the **character**s of the novel	名その小説の登場人物

　　　　◆Chinese character　　　　　「漢字」
　　　　◆national character　　　　　「国民性」
　　　　◇cháracterize　　　　　　　　動〜を特徴づける

28 very [véri]　　　　　　　　　　　☆名詞につくと？

the **very** man I was looking for	形私が探していたまさにその男

29 order [ɔ́ːrdər]

1. **order** a book *from* England	動英国に本を注文する [名注文]
2. carry out his **order**	名彼の命令を遂行する [動命令する]
3. law and **order**	名法と秩序
4. in alphabetical **order**	名アルファベット順で [順序]

　　　　◇disórder　　　　　　　　　名混乱，障害
　　　　◇órderly　　　　　　　　　　形秩序ある
　　　　◆be in order　　　　　　　「整然としている」
　　　　⇔be out of order　　　　　「乱れている，壊れている」

30 sound [sáund]　　　　　　　　　☆「音」だけじゃない。

1. That **sound**s true.	動それは本当らしく聞こえる
2. a **sound** body	形健全な肉体
3. She is **sound** *asleep*.	副彼女はぐっすり眠っている (=fast)

31 way [wéi]　　　　　　　　　　　☆「道，方法」の他にも色々。

1. *In* some **way**s they are right.	名いくつかの点で彼らは正しい
2. The island is a long **way** off.	名その島までは距離が遠い
3. Come this **way**, please.	名こちらの方へどうぞ [方向]

4 多義語の *Brush Up*

MINIMAL PHRASES

32. concern [kənsə́ːrn]

1. concern *about* the future	名 将来への不安［関心］
2. concern *for* others	名 他人への思いやり
3. This problem concerns everyone.	動 この問題はみんなに関係する
4. a matter *of* great concern	名 大変重要な問題（= of importance）
◆ be concerned with A	「Aに関係している，関心がある」
◆ be concerned about A	「Aを心配している」
◆ as far as A is concerned	「Aに関する限りでは」
◇ concérning	前 ～に関して（= about）

33. even [íːvn]

☆比較級につくと…。

This is even better.	副 これはさらによい
◇ évenly	副 均等に

34. still [stíl]

1. He is still working.	副 まだ彼は働いている
2. a still better idea	副 さらによい考え（比較級にかかる）
3. The water became still.	形 水は静かになった
4. It's raining. Still, I have to go.	副 雨だ。それでも行かねばならない。

35. mean [míːn]

☆「意味する」以外には？

1. I meant *to* call you sooner.	動 すぐに電話するつもりだった
2. I love you. I mean it.	動 好きだ。本気で言ってるんだ。
3. He is mean to me.	形 彼は私に意地悪だ［卑劣だ］
◇ méaning	名 意味

36. leave [líːv]

☆第5文型に注意。

1. leave an umbrella on the train	動 電車に傘を置き忘れる
2. leave the door open	動 ドアを開けたまま放置する
3. The flood left us homeless.	動 洪水の結果私達は宿無しになった
4. take one month's leave	名 1か月の休暇を取る（まれ）

MINIMAL PHRASES　　　Disc4-32

37 □ most [móust]　☆「最も」だけじゃない。

| 1. **Most** people think so. | 形 **たいていの**人はそう考える |
| 2. a **most** dangerous country | 副 **非常に**危険な国（= very） |

★最上級ではないので a を伴うことがある。

38 □ things [θíŋz]　☆複数形に注意。

| **Things** have changed. | 名 **状況**は変わった |

★How are things (with you)? は How are you? と同じ意味。

39 □ will [wíl]　☆名詞のときは？

| 1. against his **will** | 名 彼の**意志**に反して |
| 2. leave a **will** | 名 **遺言**を残す |

40 □ state [stéit]　☆「州」以外。

1. an excited **state** of mind	名 興奮した精神**状態**
2. **state** an opinion	動 意見**を述べる**
3. a **state** secret	名 **国家**の機密

41 □ mind [máind]　☆「精神，知性」以外。

| 1. I *don't* **mind** walk*ing*. | 動 歩くのは**いや**ではない |
| 2. talented **mind**s | 名 才能ある**人々** |

★1の意味では否定・疑問文が普通。

- ◆Would you mind Ving?　「Vしてくれませんか」(to Vは不可)
- ◆Do you mind if I V?　「Vしていいですか」

★「～はいやですか」の意味だから「いいですよ」と答えるには **Not at all. / Certainly not.** などと否定語で答える。

- ◆Never mind.　「気にしないで」

★Don't mind. とは言わない。

42 □ help [hélp]　☆「助ける，手伝う」だけではない。

| I *cannot* **help** laugh*ing*. | 動 **笑わずにはいられない** |

★この help は「～を避ける」の意。目的語に不定詞でなく動名詞を用いる。

- ◆cannot help but V(原形)　「Vせずにいられない」
- ◆help oneself to A　「Aを自由に取る」

4 多義語の *Brush Up*

MINIMAL PHRASES　　　　　　　　　　　　　　　　　　　Disc4-33

43 ❏ matter [mǽtər]　　　　　　　　　　　☆「問題」以外。動詞に注意。

1. It *doesn't* matter what he says.	動 彼が何と言おうと重要ではない
2. soft matter	名 やわらかい物質 (= material)
3. Something *is the* matter *with* my car.	名 私の車はどこか異常だ (= wrong)

★1の意味は否定文で使うことが多い。

44 ❏ means [míːnz]　　　　　　　　　　　☆単複同形だ。

1. a means of communication	名 コミュニケーションの手段
2. a man of means	名 資産家[収入, 財産] (まれ)

45 ❏ content　　　　　　　　　　　　　☆1と2でアクセントがちがう！

1. the contents of her bag	名 彼女のカバンの中身[目次]
2. be content *with* the result	形 結果に満足している (= contented) [名 満足]

★1 名 [kántent], 2 形 [kəntént]

46 ❏ respect [rispékt]　　　　　　　　　☆名詞に注意。

1. in some respects	名 いくつかの点で
2. respect the law	動 法を尊重する [名 尊重, 尊敬]
◇respéctive	形 それぞれの, 個々の
◇respéctable	形 ちゃんとした, 立派な, 下品でない
◇respéctful	形 〈人に〉敬意をはらう, ていねいな
◆with respect to A	「Aに関して」
◆self-respect	「自尊心」

47 ❏ reason [ríːzn]　　　　　　　　　　☆「理由」以外。

1. the ability to reason	動 推理する能力
2. He lost his reason.	名 彼は理性を失った
◇réasonable	形 理にかなった；〈値段が〉手ごろな
◇réasoning	名 推理

MINIMAL PHRASES　　　　　　　　　　Disc4-34

48 ❑ cause [kɔ́ːz]　　☆ 3はまれ。

1. the **cause** of the failure	名 失敗の原因
2. **cause** a lot of trouble	動 多くの問題を引き起こす
3. advance the **cause** of peace	名 平和運動を推進する [主張]
◆cause and effect	「原因と結果」

49 ❑ hold [hóuld]　　☆「持つ，おさえる」の他。

1. **hold** a meeting	動 会合を開く [〜を開催する]
2. **hold** that it is impossible	動 それは不可能だと考える
◆hold true (for A)	「(Aに)あてはまる」

50 ❑ fortune [fɔ́ːrtʃən]

1. make a **fortune** in oil	名 石油で財産を築く
2. bring good **fortune**	名 幸運をもたらす(⇔misfortune)
◇fórtunate	形 幸運な(⇔unfortunate)
◇fórtunately	副 幸運にも(⇔unfortunately)

51 ❑ humanity [hjuːmǽnəti]　　☆「人間性」だけじゃ不十分。

1. the future of **humanity**	名 人類の未来
2. science and *the* **humanities**	名 自然科学と人文科学

★ 2は the と複数形に注意。

52 ❑ end [énd]　　☆「終わり」「端」以外の重要な意味は？

a means to an **end**	名 目的を果たす手段
反?	⇔means

53 ❑ form [fɔ́ːrm]　　☆「形」以外で。

1. **form** a new company	動 新しい会社を作る (=make)
2. *fill in* the application **form**	名 申込用紙に記入する
3. Knowledge is a **form** *of* power.	名 知識は一種の力だ
◇fórmal	形 形式ばった
◇infórmal	形 形式ばらない，くだけた
◇formátion	名 形成；配列

4 多義語の *Brush Up*

MINIMAL PHRASES　　　　　　　　　　　Disc4-35

54 change [tʃéindʒ]　　　　　　　☆不可算名詞に注意。

1. I have no **change** with me. ｜ 名 小銭の持ち合わせがない
2. Keep the **change**. ｜ 名 おつりはいりません

55 present 形名[préznt]　動[prizént]

1. my **present** address ｜ 形 現在の住所　★名詞の前に置く。
2. *the* **present** and future ｜ 名 現在と未来
3. the people **present** ｜ 形 出席している人々　★名詞の後に置く。
4. **present** a plan *to* the president ｜ 動 社長に計画を提示する[提供する]
5. **present** Mr. Boyd *to* you ｜ 動 君にボイド氏を紹介する
6. **present** the winner *with* the prize ｜ 動 勝者に賞を与える

★動詞の意味は show や give に近い。present A to B = present B with A「AをBに与える」
　　◇présence ｜ 名 出席
　　◇presentátion ｜ 名 発表；表現

56 work [wə́ːrk]　　　　　　　☆「仕事」の結果残るのは？

1. **work**s of art ｜ 名 芸術作品
2. This plan will **work**. ｜ 動 この計画はうまく行く

★「職業, 作業」の意味では不可算だが,「作品」の意味では可算名詞だ。

57 lead [líːd]

1. Smoking **lead**s *to* cancer. ｜ 動 喫煙はガンを引き起こす
2. **lead** a happy *life* ｜ 動 幸福な生活を送る
3. **lead**ing artists ｜ 形 一流のアーティスト[主要な, 先頭の]

★lead「鉛」は, [léd] と発音する。

58 life [láif]　　　　　　　☆「生活, 人生」以外。

There is no **life** on the moon. ｜ 名 月には生物がいない[生命]
　　◆animal life ｜ 「動物」(⇔plant life「植物」)

MINIMAL PHRASES　　　　　　　　　　　　　　　Disc4-36

59 care [kéər]　　　　　　　　　　　☆「注意(する)」以外。

1. I *don't* care what you say.　　　　　動 君が何と言おうと気にしない
2. A baby requires constant care.　　名 赤ちゃんはつねに世話が必要だ
- ◆ care for A　　　　　　　　　　「Aの世話をする；Aを好む」
- ◆ medical care　　　　　　　　　「医療」
- ◇ cáreless　　　　　　　　　　　形 不注意な

60 class [klǽs]　　　　　　　　　　☆「クラス」以外。

1. middle-class families　　　　　　　名 中流階級の家庭
2. sleep *in* class　　　　　　　　　　名 授業中にいねむりする

61 natural [nǽtʃərəl]　　　　　　　☆「自然の, 当然の」以外。

his natural abilities　　　　　　　　　形 彼の生まれながらの才能

62 free [fríː]　　　　　　　　　　　☆「自由な, ひまな, ただの」以外。

1. a life free *from* stress　　　　　　形 ストレスの無い生活
2. free women *from* childcare　　　動 育児から女性を解放する
- ◆ free of charge　　　　　　　　「無料」
- ◇ cárefree　　　　　　　　　　　形 悩みの無い

Q a smoke-free room とはどんな部屋？　　A 「禁煙の部屋」A-free は「Aが無い, A禁止の」だ。

63 head [héd]

1. head straight *for* Paris　　　　　　動 まっすぐパリに向かう
2. a team headed by a woman　　　動 女性に率いられたチーム
- ◇ héading　　　　　　　　　　　名 見出し, 表題

64 deal [díːl]

1. deal *with* the problem　　　　　　動 問題を処理する[あつかう]
2. *a great* deal of data　　　　　　　名 大量のデータ
3. *make* a deal *with* Microsoft　　名 マイクロソフトと取引する

4 多義語の *Brush Up* ● 289

MINIMAL PHRASES　　Disc4-37

65 view [vjúː]　　☆「ながめ，景色」以外。

1. my **view** *of* education	名教育に関する私の見解
2. **view** Japan *as* a safe society	動日本を安全な社会と考える

- ◇víewpoint　　名視点，見地（= point of view）
- ◆with a view to Ving　　「Ｖする目的で」

66 chance [tʃæns]　　☆「機会」以外。

the **chance** *of* cancer	名ガンになる可能性

- ◆by chance　　「偶然に」
- ◆(The) chances are (that)～　　「たぶん～だろう」

67 close　　☆「閉める；閉まる」以外。

1. very **close** *to* the city	形都市にとても近い [副近くに]
2. a **close** friend	形親しい友達（=関係が近い）
3. a **close** examination	形綿密な検査（=目を近づけてする）
4. the **close** of the 20th century	名20世紀の終わり（まれ）

★形の発音は[klóus], 名動は[klóuz]だ。

68 interest [íntərəst]　　☆「関心」以外。

1. protect workers' **interest**	名労働者の利益を守る
2. lend money at high **interest** rates	名高い利率で金を貸す（まれ）

69 fail [féil]　　☆「失敗する」とは限らない。

1. **fail** *to* understand him	動彼を理解できない
2. His tongue **failed** him.	動舌が役に立たなくなった（=しゃべれなくなった）（まれ）

- ◆never fail to V　　「いつもＶする」= always V
- ◆without fail　　「必ず」
- ◇fáilure　　名失敗(者)；故障；不実行

MINIMAL PHRASES

70 major 発音?

1. a **major** problem	形 主要な問題(⇔minor)
2. **major** *in* economics	動 経済学を専攻する(=specialize)

★発音は[méidʒər]。measure[méʒər]と区別。

◇majórity 名 大多数，大部分(⇔minority)

71 agree [əgríː]
☆前置詞に注意しよう。

1. **agree** *to* his proposal	動 彼の提案に同意する(=consent)
2. I **agree** *with* you.	動 私も君と同じ考えである

★agree with は人，人の考え(opinion, view, etc.)と同感だという意味。agree to は提案，計画などを承諾するという意味。

◆agree to V 「Vすることに同意する」

72 rule [rúːl]
☆動詞も大切。

1. *under* the **rule** of Hitler	名 ヒトラーの支配下で[動 ～を支配する]
2. Small families are *the* **rule** in Japan.	名 日本では小家族が普通だ(⇔exception)

例 the ruling party 「与党」(=支配する党)

73 process [práses]

1. the **process** of thought	名 思考の過程
2. how to **process** meat	動 肉を加工する方法
3. **process** data with a computer	動 コンピュータでデータを処理する

74 amount [əmáunt]

1. a large **amount** of water	名 大量の水[金額，合計]
2. The expenses **amount** *to* $90.	動 経費は合計90ドルになる
3. This act **amounts** *to* murder.	動 この行為は殺人に等しい

75 long [lɔ́ŋ]
☆時間を長く感じることから。

long *for* world peace	動 世界平和を切望する

MINIMAL PHRASES

76. line [láin]
☆3は「1行」の意味から。

1. The line is busy.	名 電話が話し中だ
2. wait *in* line	名 一列に並んで待つ
3. *drop* him a line	名 彼に短い手紙を書く
4. this line *of business*	名 こういう種類の仕事

★ Hold the line.「切らないで待て」, He is on the line.「彼が電話に出ている」などの表現にも注意。

77. letter [létər]
☆「手紙」に書いてあるのは何？

a word of six letters	名 6文字の単語

78. subject [sʌ́bdʒikt]

1. People are subject *to* the law.	形 人は法に支配される
2. I am subject *to* illness.	形 私は病気にかかりやすい
3. Let's change the subject.	名 話題を変えよう
4. My favorite subject is math.	名 好きな学科は数学です

79. rest [rést]

1. *the* rest of his life	名 彼の残りの人生
2. Let's take a rest.	名 休息をとろう

★1の意味では常に the がつく。

80. fine [fáin]
☆「良い, 晴れだ, 元気だ」以外。

1. the fine *for* speeding	名 スピード違反の罰金
	[動 ～に罰金を科す]
2. fine sand on the beach	形 海岸の細かい砂（まれ）

81. wear [wéər]
☆「身に着けている」以外。

My shoes have worn thin.	動 靴がすり減った
◆be worn out	「すり減っている；疲れ果てている」

MINIMAL PHRASES

Disc4-40

82 remember [rimémbər]

1. Please **remember** me *to* your wife.	動 奥さんによろしく伝えてください
2. **remember** *to* lock the door	動 忘れずにドアにカギをかける

★ remember + Ving は「Vしたことを覚えている」だ。

83 cover [kávər]

☆ 2はマスコミ関係でよく使う。

1. The insurance **cover**s the cost.	動 保険で費用をまかなう
2. **cover** the big news	動 大ニュースを報道[取材]する
3. **cover** 120 miles an hour	動 1時間に120マイル進む

84 book [búk]

☆ 動詞のときはどんな意味?

book a hotel room	動 ホテルの部屋を予約する
◇ bóoking	名 予約(= reservation)

85 store [stɔ́ːr]

☆ 「店」だけじゃない。

store information in a computer	動 コンピュータに情報を蓄える
◇ stórage	名 貯蔵, 保管

86 save [séiv]

☆ 「~を救う」以外には?

1. **save** money for a new house	動 新しい家のためお金を蓄える
2. **save** time and trouble	動 時間と手間を省く
3. answer all the questions **save** one	前 一つを除きすべての質問に答える
◇ sávings	名 貯金

87 serve [sə́ːrv]

1. **serve** good food	動 うまい料理を出す
2. **serve** many purposes	動 多くの目的に役立つ
3. **serve** the king	動 王に仕える
◇ sérvant	名 召使い, 家来

4 多義語の *Brush Up*

MINIMAL PHRASES　　　　　　　　　　Disc4-41

88 account [əkáunt]
☆**account for** をマスターすべし。

1. Black people **account** *for* 10% of the population.　　動 黒人が人口の10％を占める
2. This **accounts** *for* the failure.　　動 これが失敗の原因だ
3. **account** *for* the difference　　動 違いを説明する [名 説明]

◆on account of A 「Aが原因で」
◆take A into account 「Aを考慮に入れる」
　　　　　　　　　　（＝take account of A）
◆bank account 「銀行預金口座」

89 art [á:rt]
☆芸術, 美術よりも広い意味では？

the **art** of writing　　名 書く技術 [コツ]

90 fire [fáiər]

1. He was **fired** *from* his job.　　動 彼は仕事をクビになった
2. **fire** into the crowd　　動 群衆に向かって発砲する

★「おまえはクビだ！」は You're fired!

91 object
☆「目的」以外。

1. a strange flying **object**　　名 奇妙な飛行物体
2. an **object** of desire　　名 欲望の対象
3. **object** *to* his drink*ing*　　動 彼が酒を飲むのに反対する [嫌がる]

★名は[ábdʒikt], 動は[əbdʒékt]。
◇objéction　　名 反対, 異議

92 manage [mǽnidʒ]
☆**manage to V** の意味は？

1. **manage** *to* catch the train　　動 何とか列車に間に合う
2. **manage** a big company　　動 大会社を経営する [～を管理する]

★manage to V で「なんとか[うまく]Vする」。

93 fast [fǽst]
☆「速い, 速く」以外。副詞だ。(少数)

She is **fast** *asleep*.　　副 彼女はぐっすり眠っている [しっかり]
◇fásten　　動 ～を固定する

294

MINIMAL PHRASES　　　　　　　　　　　Disc4-42

94
❏ assume [əsjúːm]

1. **assume** that money can buy happiness	動 金で幸福が買える<u>と思い込む</u>
2. **assume** responsibility	動 責任<u>を引き受ける</u>（= take）
◇assúmption	名 ①考え，仮定，前提　②引き受けること

95
❏ direct [dirékt]

1. **direct** contact	形 <u>直接の</u>接触
2. **direct** his attention *to* the fact	動 その事実に彼の注意<u>を向ける</u>
3. **direct** her *to* the station	動 彼女に駅への<u>道を教える</u>
4. **direct** the workers	動 労働者たち<u>に指図する</u>
◇diréction	名 ①方向　②指示
◆in the direction of A	「Aの方向へ」 ★この in は穴埋め頻出！

96
❏ ground [gráund]

On what **grounds** do you say that?	名 どんな<u>根拠</u>でそう言うのか

97
❏ due [djúː]　　　　　　　　　　☆ due to だけではない。

1. He is tired **due** *to* lack of sleep.	形 睡眠不足<u>のせいで</u>疲れている
2. pay **due** respect	形 <u>十分な</u>敬意を払う
3. The train is **due** *to* arrive at ten.	形 その列車は10時に着く<u>予定だ</u>

98
❏ manner [mǽnər]

1. ***in*** a scientific **manner**	名 科学的な<u>方法</u>で（= way）
2. her friendly **manner**	名 彼女の好意的な<u>態度</u>
3. It's bad **manners** to spit.	名 つばを吐くのは<u>行儀</u>が悪い

★3は常に複数形。「テーブルマナー」は table manners が正しい。

99
❏ minute　　　　　　　　　　☆形容詞として使うと？　発音注意。

minute differences	形 <u>細かい</u>違い[mainjúːt]

4 多義語の *Brush Up*

MINIMAL PHRASES　　　　　　　　　　　　　　Disc4-43

100 ☐ pretty [príti]　　　　　　　　☆「きれいな」でなく副詞。

| a **pretty** long time | 副 <u>かなり</u>長い間 |

101 ☐ strike [stráik]　　　　　　　　☆「たたく」「ストライキ」だけじゃない。

1. The man **struck** me *as* strange.　　動 その男は私に奇妙な<u>印象を与えた</u>
2. Suddenly an idea **struck** him.　　　動 突然彼にある考えが<u>浮かんだ</u>
3. The typhoon **struck** Osaka.　　　　動 その台風は大阪<u>を襲った</u>
　　　◇ stríking　　　　　　　　　　形 印象的な，目立つ

102 ☐ exercise [éksərsaiz]　　　　　　☆「練習」以外。

1. *get* regular **exercise**　　　　　　名 規則的に<u>運動</u>する［動 運動する］
2. **exercise** power over people　　　　動 人々に対し権力<u>を用いる</u>［名 行使］

103 ☐ maintain [meintéin]

1. **maintain** health　　　　　　　　動 健康<u>を維持する</u>
2. **maintain** that he is innocent　　動 彼の無罪<u>を主張する</u>
　　　◇ máintenance　　　　　　　　名 維持，管理

104 ☐ firm [fə́ːrm]

1. work for a big **firm**　　　　　　名 大きな<u>会社</u>に勤める（＝company）
2. a **firm** belief　　　　　　　　　形 <u>堅い</u>信念

105 ☐ article [áːrtikl]　　　　　　　　☆他に「冠詞」の意味もある。

1. a newspaper **article**　　　　　　名 新聞の<u>記事</u>（＝item）
2. an **article** for sale　　　　　　名 販売用の<u>品物</u>（＝item）

106 ☐ count [káunt]　　　　　　　　☆「数える」以外。

| That's what **count**s. | 動 それが<u>重要な</u>ことだ |

　　　◆ count on A　　　　　　　　「Aを頼る，当てにする」
　　　　　　　　　　　　　　　　　（＝depend on）

MINIMAL PHRASES

107. appreciate [əpríːʃieit]
☆基本義は「正しく認識する」。

1. **appreciate** his talent — 動 彼の才能を高く評価する（= value）
2. **appreciate** music — 動 音楽を鑑賞する（= like, admire）
3. I **appreciate** your help. — 動 君の助けに感謝する

★3 では人は目的語にならないことに注意。× I appreciate you.

◇ appreciátion — 名 評価；鑑賞；感謝

108. measure [méʒər]
☆「物差し」「測る」以外。2 は盲点。

1. take strong **measures** — 名 強硬な手段を用いる[対策]
2. a **measure** of respect — 名 ある程度の尊敬

109. command [kəmǽnd]
☆「命令(する)」は入試ではまれ。

1. have a good **command** of English — 名 英語をうまくあやつる能力がある
2. The hill **command**s a fine view. — 動 丘からいい景色を見わたせる
3. **command** great respect — 動 大いに尊敬を集める

110. bear [béər]
☆「クマ」ではなく，動詞の方だ。

1. **bear** the weight — 動 重さに耐える（= endure, stand）
2. **bear** a child — 動 子供を産む
3. **bear** relation to the matter — 動 その問題に関係を持つ

★変化形は bear; bore; borne だ。

◆ bear A in mind 「A を心に留める」

111. stick [stík]
☆ stick; stuck; stuck

1. **stick** *to* the rules — 動 規則を守る
2. get **stuck** on a crowded train — 動 混んだ列車で動けなくなる
3. **stick** out my tongue — 動 舌を突き出す
4. The song **stuck** in my mind. — 動 その歌は私の心に残った

★多くの単語集は最初に「突き刺す」をあげているが，入試ではまれ。

MINIMAL PHRASES　　　　　　　　　　　　　　Disc4-45

112 ❏ fix [fíks]　　　　　　　　　　☆ 2と3はアメリカ口語では重要。

1. a **fixed** point　　　　　　　　　　動 固定された点
2. **fix** a broken car　　　　　　　　動 壊れた車を修理する
3. I'll **fix** you a drink.　　　　　　動 飲み物を作ってあげる

113 ❏ fashion [fǽʃən]　　　　　　☆ 「流行」の他には？

in a similar **fashion**　　　　　　　名 同じようなやり方で（= way）

　　◇ óld-fáshioned　　　　　　　　形 時代おくれの

114 ❏ charge [tʃáːrdʒ]

1. free of **charge**　　　　　　　　　名 料金不要で
2. **charge** a high price　　　　　　動 高い代金を請求する
3. He is ***in* charge *of*** the case.　　名 彼がその事件の担当だ［責任, 監督］
4. be **charged *with*** murder　　　　動 殺人で告訴される［名 容疑, 非難］

　◆ take charge of A　　　　　　　「Aを担当する，引き受ける」

115 ❏ fit [fít]　　　　　　　　　　☆ 「～に合う」以外。

1. The water is **fit *to*** drink.　　　形 その水は飲むのに適する
2. go to the gym to keep **fit**　　　形 健康でいるためにジムに通う

　　◇ fítness　　　　　　　　　　　名 健康

116 ❏ observe [əbzə́ːrv]

1. **observe** the comet　　　　　　　動 彗星を観察する
2. **observe** that prices would fall　動 物価は下がると述べる
3. **observe** the rule　　　　　　　　動 規則を守る

　　◇ observátion　　　　　　　　　名 観察

117 ❏ conduct 名 [kándʌkt] 動 [kəndʌ́kt]　☆ 「導く，指揮する」は意外にまれ。

1. **conduct** an experiment　　　　　動 実験を行う
2. standards of **conduct**　　　　　　名 行動の基準
3. **conduct** electricity　　　　　　　動 電気を伝える（まれ）

　　◇ condúctor　　　　　　　　　　名 ①車掌　②指揮者

MINIMAL PHRASES

Disc4-46

118 word [wə́ːrd]
☆言葉は言葉でも？

1. I'll keep *my* word.	名私は約束を守る
2. Could I *have a* word *with* you?	名ちょっと話があるんですが

例 a man of his word 「約束を守る人」

★ A's word で「Aの約束」の意。A's words は単に「Aの言うこと」だから注意。

119 touch [tʌ́tʃ]
☆「触る」だけではない。

1. *get in* touch *with* him by phone	名電話で彼に連絡をとる
2. The story touched him deeply.	動その話は彼を深く感動させた
3. add *a* touch *of* spice	名スパイスを少し加える

120 degree [digríː]

1. agree *to* some degree	名ある程度まで同意する
2. get a master's degree	名修士の学位を取る

121 lesson [lésn]
☆学校で教えない lesson とは？

learn a lesson from the failure	名失敗から教訓を学ぶ

122 deny [dinái]

1. deny the existence of God	動神の存在を否定する
2. deny women equal rights	動女性に平等な権利を与えない

◆ deny A + B 「AにBを与えない」= deny B to A
◇ denial 名否定

123 break [bréik]
☆名詞の意味に注意！

take a break for a cup of tea	名一休みしてお茶を飲む[中断]

◆ Give me a break! 「冗談はやめてよ」★あきれた時に用いる。

124 authority [ɔːθɔ́rəti]

1. the school authorities	名学校当局（複数形で）
2. the authority of the king	名王の権力（= power）[権限]
3. an authority on biology	名生物学の権威（= expert）[専門家]

4 多義語の *Brush Up*

MINIMAL PHRASES

Disc4-47

125 address [ədrés]
☆「住所」以外の意味。

1. a letter addressed to him	動彼に宛てられた手紙
2. address environmental issues	動環境問題に取り組む
3. address the audience	動聴衆に呼びかける
4. an opening address	名開会の演説

126 sentence [séntəns]
☆「文」だけではない。

a death sentence	名死刑の判決 [動~に判決を与える]

127 press [prés]

1. the freedom of *the* press	名出版の自由 [マスコミ, 報道陣]
2. press him to drink more	動彼にもっと飲めと強く迫る

★1は「印刷機」の意味から来た。

◇préssing	形差し迫った

128 item [áitəm]

1. an expensive item	名高価な品物
2. the top news item	名トップニュースの記事 [項目]

129 pity [píti]

1. feel pity *for* the homeless	名家の無い人に同情する
2. It's *a* pity that he can't come.	名彼が来られないのは残念なことだ

130 beat [bíːt]
☆「~を打つ」が発展すると?

beat the champion	動チャンピオンに勝つ (= defeat)

★目的語は敵・相手。cf. win the game「試合に勝つ」

131 gift [gíft]
☆「贈り物」以外。

have a gift *for* languages	名語学の才能がある (= talent)
◇gífted	形才能ある (= talented)

MINIMAL PHRASES　　　　　　　　　　Disc4-48

132 ❏ point [pɔ́int]

1. **point** *out* that it is wrong	動 それは誤りだと指摘する
2. There's no **point** *in* writing it.	名 それを書く意味はない[利点]
3. prove his **point**	名 彼の主張を証明する[論点]

- ◆ point of view 「観点，見地」
- ◆ there is no point (in) Ving 「Vするのは無駄だ」

133 ❏ once [wʌ́ns]　　　☆「一度」以外に？

1. I lived there **once**.	副 私はかつてそこに住んでいた
2. **Once** she arrives, we can start.	接 彼女が来るとすぐ我々は出発できる (=when)[いったん～すると]

- ◆ at once 「すぐに，同時に」
- ◆ at once A and B 「Aと同時にB」
- ◆ once in a while 「時々」

134 ❏ diet [dáiət]　　　☆「やせる」ことではない！

1. a healthy **diet**	名 健康的な食事
2. She is *on* a **diet**.	名 彼女は食事制限をしている
3. a member of *the* **Diet**	名 国会議員

135 ❏ paper [péipər]　　　☆「紙，新聞」の他に。

write a **paper** on economics	名 経済学の論文を書く

136 ❏ check [tʃék]　　　☆「調べる」の他に。

1. cash a **check**	名 小切手を現金に換える
2. a dinner **check**	名 ディナーの勘定書

- ◆ check in 「①チェックインする ②〈荷物〉をあずける」
- ◆ check out 「①チェックアウトする ②〈本など〉を借り出す ③～を調べる」

4 多義語の *Brush Up*

MINIMAL PHRASES　　　　　　　　　　　　Disc4-49

137 bright [bráit]
☆「明るい」以外。

| Meg is a **bright** girl. | 形 メグは<u>賢い</u>子だ (= clever) |

138 sort [sɔ́ːrt]

1. a **sort** of bird — 名 一<u>種</u>の鳥 (= kind)
2. **sort** papers by date — 動 日付で書類<u>を分類する</u>

139 court [kɔ́ːrt]
☆テニスなどの「コート」以外。

take the matter to **court** — 名 その問題を<u>法廷</u>に持ち込む
◆the Supreme Court — 「最高裁判所」

140 bound [báund]

1. He *is* **bound** *to* fail. — 形 彼は<u>きっと</u>失敗する (= sure)
2. The plane *is* **bound** *for* Guam. — 形 その飛行機はグアム<u>行きだ</u>
3. be **bound** by tradition — 動 伝統に<u>縛られる</u> (bindの過去分詞形)

141 flat [flǽt]

1. **flat** land — 形 <u>平らな</u>土地
2. live in a **flat** in London — 名 ロンドンの<u>アパート</u>に住む
◆have a flat tire — 「タイヤがパンクする」

142 spare [spéər]

1. have no **spare** money — 形 <u>余分な</u>お金はない [予備の]
2. **spare** him a few minutes — 動 彼のために少し時間<u>を割く</u>
3. **spare** him the trouble — 動 彼の面倒<u>を省く</u>
4. **spare** *no* effort to help her — 動 彼女を助ける努力<u>を惜しま</u>ない
◆spare time — 「余暇」(= time to spare)

MINIMAL PHRASES

143 ◻ capital [kǽpitl]
☆語源に秘密がある。

1. the **capital** of Australia	名オーストラリアの**首都** (=国の頭)
2. land and **capital**	名土地と**資本** (=事業の頭金)
◆ capital letter	「大文字」(=文の頭に使う字)
◆ capital punishment	「死刑」(=頭を切る罰)

★ caput「頭」が語源と知ればナットク！

144 ◻ tongue [tʌ́ŋ]
☆「舌」の意味から発展。

speak in a foreign **tongue**	名外国の**言葉**でしゃべる
◆ mother tongue	「母語」

145 ◻ credit [krédit]
☆「信用，クレジット」以外。

1. **credit** for the discovery	名その発見の**功績** [名誉，手柄]
2. college **credits**	名大学の**単位** [履修証明] (まれ)

146 ◻ succeed [səksíːd]
☆「成功する」以外には？

succeed *to* the crown	動王位を**受け継ぐ**
◇ succéssion	名継続，継承
★ success と区別しよう。	
◇ succéssive	形連続する
★ successful「成功した」と区別しよう。	

147 ◻ settle [sétl]

1. **settle** the problem	動問題**を解決する**
2. **settle** in America	動アメリカに**定住する**
3. get married and **settle** *down*	動結婚して**落ち着く**
◇ séttlement	名①解決 ②入植地；定住
◇ séttler	名移民

4 多義語の *Brush Up*

MINIMAL PHRASES　　　　Disc4-51

148 ❏ vision [víʒən]　　☆「見ること」が語源だが…。

1. a **vision** of the city　　名その都市の未来像
2. a leader of **vision**　　名先見の明のある指導者
3. have poor **vision**　　名視力が弱い

149 ❏ but [bʌ́t]

1. I have **but** one question.　　副一つだけ質問がある（＝only）
2. They *all* went out **but** me.　　前私を除いて皆出かけた（＝except）
　　◆nothing but A　　「Aのみ，Aにすぎない」（＝only A）

150 ❏ given [gívn]　　☆元はgiveの過去分詞だが…。

1. in a **given** situation　　形ある特定の状況で［一定の］
2. **given** the present conditions　　前現状を考慮すると［〜が与えられれば］
3. **given** *that* you are young　　接君が若いことを考慮すると（まれ）

151 ❏ pay [péi]　　☆「支払う」の他に。

1. equal **pay** for equal work　　名同じ仕事に対する同じ給料
2. Honesty doesn't always **pay**.　　動正直は割に合うとは限らない
　　　　　　　　　　　　　　　　　　　［採算がとれる］（まれ）

152 ❏ good [gúd]

1. *a* **good** many books　　形かなり多くの本［十分な］
2. work for the public **good**　　名公共の利益のために働く

★「多くのよい本」は many good books だ。

153 ❏ discipline [dísiplin]　　☆発音も注意。

1. teach students **discipline**　　名学生に規律を教える［しつけ，訓練］
2. scientists of many **discipline**s　　名いろんな分野の科学者たち
　　◇self-díscipline　　名自制心

MINIMAL PHRASES　　　　　　　　　　　Disc4-52

154
❏ bill [bíl]

1. an electricity bill	名 電気代の請求書
2. a ten dollar bill	名 10ドル紙幣
3. pass a bill	名 法案を可決する

155
❏ relief [rilíːf]

1. breathe a sigh of relief	名 安心してため息をつく
2. relief from poverty	名 貧困に対する救済
3. relief from stress	名 ストレスの除去
◇ relíeve	動 (不安・苦痛など)を取り除く，~を安心させる

156
❏ board [bɔ́ːrd]

☆動詞に注意。海外旅行必修！

1. board a plane	動 飛行機に乗り込む
2. the school board	名 教育委員会
◇ abóard	副 〈乗り物に〉乗って(= on board)

157
❏ mad [mǽd]

☆「狂った」とは限らない。

| She *got* mad at me. | 形 彼女は私に腹を立てた |

★「狂った」よりはるかに頻度が高い。

158
❏ yield [jíːld]

1. yield food and wood	動 食料や木材を産出する(= produce)
2. yield *to* pressure	動 圧力に屈する
3. Radio yielded *to* television.	動 ラジオはテレビに取って代わられた

★熟語で言い換える問題が頻出。2 = give in to，3 = give way to。

159
❏ rear [ríər]

1. a rear seat	名 後部座席[後ろ]
2. rear three children	動 3人の子供を育てる
	(= raise, bring up)

MINIMAL PHRASES

Disc4-53

160 ❑ fancy [fǽnsi]
☆2はまれ。

1. eat at a **fancy** restaurant	形 高級レストランで食事をする
2. **fancy** myself a novelist	動 自分が小説家だと想像する [名 空想]

161 ❑ shame [ʃéim]

1. feel no **shame**	名 恥と思わない
2. What *a* **shame**!	名 なんと残念なことか
◆it is a shame that〜	「〜とは残念なことだ」(＝it is a pity that〜)

162 ❑ waste [wéist]

1. **waste** money	動 お金を浪費する [名 浪費]
2. industrial **waste**	名 産業廃棄物

163 ❑ drive [dráiv]
☆「運転する」以外。

1. **drive** the dog *away*	動 犬を追い払う [〜を追いやる]
2. be **driven** by desire	動 欲望に駆りたてられる
3. my strong **drive** to work	名 働きたいという強い欲求 [衝動]

★3はかなりまれ。

164 ❑ accent [ǽksent]
☆「アクセント」以外。

English with an Italian **accent**	名 イタリアなまりの英語

165 ❑ like [láik]

apples, peaches, *and the* **like**	名 リンゴや桃など

★この like は「同様のもの」の意。

166 ❑ coin [kɔ́in]
☆動詞に意外な意味が。

coin a new *word*	動 新語を作り出す (＝invent)

MINIMAL PHRASES

167. make [méik]

| He will **make** a good teacher. | 動 彼はよい教師に**なる**だろう |

★「教師の素質がある」というニュアンス。

168. spell [spél]

☆「つづる」以外。

| 1. She cast a **spell** on me. | 名 彼女は私に**魔法**をかけた [呪文] |
| 2. a long dry **spell** | 名 長い日照り**続き** [連続, 期間] |

★「つづり」は spell ではなく spelling,「スペルのミス」は a spelling error だ。

169. late [léit]

☆「遅い」だけではない。

| *the* **late** Mr. Ford | 形 **故**フォード氏 |

170. soul [sóul]

| 1. her body and **soul** | 名 彼女の肉体と**魂** |
| 2. There was *not a* **soul** there. | 名 そこには**一人**もいなかった (まれ) |

★ 2 は否定文で用いる。

171. arms [ɑ́ːrmz]

☆「うで」以外。つねに s がつく。

| **arms** control | 名 **軍備**制限 [兵器, 武力] |
| ◇ armed | 形 武装した |

172. vice [váis]

1. virtue and **vice**	名 美徳と**悪徳**
2. **Vice** President	形 **副**大統領
◆ vice versa	「逆もまた同様」
◇ vícious	形 悪意のある

173. story [stɔ́ːri]

| a five-**story** building | 名 5 **階**建ての建物 |

4 多義語の *Brush Up*

MINIMAL PHRASES　　Disc4-55

174 move [múːv]
☆「動く，動かす，引っ越す」以外。

| She was **moved** by my story. | 動 彼女は私の話に感動した |

175 air [éər]

| an **air** of sadness | 名 悲しそうな様子（= look）（まれ）|

176 game [géim]
☆不可算名詞として使うと？

| go hunting for big **game** | 名 大きな獲物を狩りに行く（まれ）|

177 lot [lát]

| She accepted her **lot**. | 名 彼女は運命を受け入れた（= fortune）|
| ◆parking lot | 「駐車場」|

178 trick [trík]
☆中核的意味は「巧妙な行為」だ。

1. teach the dolphin new **trick**s	名 イルカに新しい芸を教える［手品］
2. a **trick** for memorizing words	名 単語を覚えるコツ
3. *play* a **trick** *on* the teacher	名 先生にいたずらする［をだます］
4. **trick** him *into* buying the pot	動 彼をだましてそのつぼを買わせる
5. a clever **trick**	名 巧妙なたくらみ［策略］

179 spring [spríŋ]
☆「春；泉」だけではない！

| New companies will **spring** up there. | 動 そこに新しい会社が出現するだろう |
| ◆hot spring(s) | 「温泉」|

★springはcomeと同じように「出現する，生じる」という意味が多い。また，熟語でも，spring to life = come to life「活気づく」，spring to mind = come to mind「心に浮かぶ」など，spring = comeが多い。

180 pose [póuz]
☆「ポーズ，姿勢」以外に？

| 1. **pose** a problem | 動 問題を引き起こす（= cause）|
| 2. **pose** a question | 動 疑問を提起する |

MINIMAL PHRASES　　　　　　　　　Disc4-56

181
□ **note** [nóut]

1. take notes on what you hear	名 聞くことをメモする
2. He noted that America is a big country.	動 アメリカは大国だと彼は書いた[指摘する]
3. Note that the book is non-fiction.	動 その本は実話だということに注意しなさい
4. He is noted *for* his intelligence.	形 彼は知的なことで有名だ
5. a ten-pound note	名 10ポンド紙幣

★「一冊のノート」は **a notebook** だ。
　　◆a thank-you note　　　　「礼状」

4 多義語の *Brush Up*

INDEX

見出しの語は黒の太字で示した。

A

- abandon ·············101
- ability ···············32
- able ·················32
- abnormal ············8
- aboard ·············305
- abound ············269
- above ···············9
- abroad ·············71
- absence ············65
- absent ·············65
- absolute ···········181
- absolutely ·········181
- absorb ············120
- abstract ·····254, 265
- abundance ········269
- abundant ·········269
- abuse ·············227
- accent ············306
- accept ·······97, 112
- acceptable ········112
- acceptance ········112
- access ············137
- accessible ········137
- accident ···········32
- accompany ·······185
- accomplish ·······204
- accomplished ····204
- accomplishment ···204
- accordingly ······262
- account ···········294
- accuracy ·········176
- accurate ·········176
- accusation ·······193
- accuse ············193
- accustomed ······252
- ache ···············49
- achieve ···········115
- achievement ·····115
- acid ···············268
- acknowledge ······196
- acquaintance ······221
- acquire ···········92
- acquired ··········92
- acquisition ·······92
- act ················16
- action ·············16
- active ·······173, 256
- activist ···········173
- activity ···········173
- actor ··············41
- actress ············41
- actual ············168
- actually ··········168
- adapt ·············103
- adaptable ········103
- adaptation ·······103
- add ···············113
- addition ··········113
- address ··········300
- adequate ·········265
- adjust ············109
- administer ·······222
- administration ···222
- administrative ···222
- admirable ········100
- admiration ·······100
- admire ···········100
- admission ········90
- admit ·············90
- adolescence ······271
- adolescent ·······271
- adopt ·············98
- adoption ··········98
- adult ··············30
- advance ·········125
- advanced ········125
- advancement ····125
- advantage ·······141
- advantageous ····141
- adventure ·······223
- advertise ········154
- advertisement ····154
- advertising ······154
- advice ············117
- advise ············117
- affair ·············229
- affect ·············114
- affection ·········237
- affectionate ······237
- afford ·············94
- afraid ·············56
- afterwards ·······275
- age ············28, 165
- aged ··············165
- agency ···········136
- agent ·············136
- aggression ·······267
- aggressive ·······267
- agree ·············291
- agricultural ······154
- agriculture ·······154
- ahead ·············71
- aid ···············155
- aim ···············94
- air ················308
- aircraft ···········225
- alarm ·············108
- alarmed ··········108
- alarming ·········108
- alien ··············257
- alienate ··········257
- alike ··············164
- alive ··········60, 269
- allow ··············80
- almost ············68
- alone ··············55
- aloud ··············64
- alter ··············203
- alteration ········203
- alternate ·········136
- alternative ·······136
- altogether ········261
- amaze ············105
- amazed ···········105

- ☐ amazing 105
- ☐ **ambition** 236
- ☐ ambitious 236
- ☐ **amount** 291
- ☐ amuse 186
- ☐ amused 186
- ☐ amusement 186
- ☐ amusing 186
- ☐ **analysis** 153
- ☐ analyst 153
- ☐ analyze 153
- ☐ **ancestor** 152, 172
- ☐ ancestry 152
- ☐ **ancient** 152, 172
- ☐ anger 59
- ☐ **angle** 182
- ☐ **angry** 59
- ☐ **animal** 122
- ☐ ankle 244
- ☐ **announce** 121
- ☐ announcement 121
- ☐ **annoy** 204
- ☐ annoyance 204
- ☐ annoyed 204
- ☐ annoying 204
- ☐ **annual** 252
- ☐ annually 252
- ☐ **another** 62
- ☐ **anthropologist** 241
- ☐ anthropology 241
- ☐ anxiety 166
- ☐ **anxious** 166
- ☐ **anyway** 74
- ☐ anywhere 74
- ☐ **apart** 72
- ☐ **apartment** 10
- ☐ **ape** 250
- ☐ **apologize** 207
- ☐ apology 207
- ☐ apparent 180
- ☐ **apparently** 180
- ☐ **appeal** 103
- ☐ appealing 103
- ☐ **appear** 15, 129
- ☐ **appearance** 15, 129
- ☐ **appetite** 237
- ☐ appliance 151
- ☐ applicant 88
- ☐ application 88
- ☐ **apply** 88
- ☐ **appoint** 195, 212
- ☐ **appointment** 195, 212
- ☐ **appreciate** 297
- ☐ appreciation 297
- ☐ **approach** 90
- ☐ **appropriate** 174
- ☐ approval 109
- ☐ **approve** 109
- ☐ approximate 274
- ☐ **approximately** 274
- ☐ architect 239
- ☐ architectural 239
- ☐ **architecture** 239
- ☐ **area** 28
- ☐ **argue** 91
- ☐ argument 91
- ☐ **arise** 117
- ☐ armed 307
- ☐ **arms** 307
- ☐ **army** 45
- ☐ **arrange** 101
- ☐ arrangement 101
- ☐ **arrest** 189
- ☐ arrival 15
- ☐ **arrive** 15
- ☐ **art** 294
- ☐ **article** 296
- ☐ **artificial** 264
- ☐ **ashamed** 266
- ☐ **asleep** 63
- ☐ **aspect** 143
- ☐ **assert** 211
- ☐ assertion 211
- ☐ **assign** 196
- ☐ assignment 196
- ☐ **assist** 210
- ☐ assistance 210
- ☐ assistant 210
- ☐ **associate** 97
- ☐ association 97
- ☐ **assume** 295
- ☐ assumption 295
- ☐ **assure** 189
- ☐ **astonish** 193
- ☐ astonished 193
- ☐ astonishing 193
- ☐ **astronaut** 246
- ☐ astronomer 246
- ☐ **astronomy** 246
- ☐ **athlete** 245
- ☐ athletic 245
- ☐ athletics 245
- ☐ **atmosphere** 134
- ☐ atmospheric 134
- ☐ **atom** 5, 250
- ☐ atomic 5
- ☐ **attach** 187
- ☐ attachment 187
- ☐ **attack** 6
- ☐ **attempt** 126
- ☐ **attend** 280
- ☐ attendance 280
- ☐ **attention** 2
- ☐ attentive 280
- ☐ **attitude** 140
- ☐ **attract** 98
- ☐ attraction 98
- ☐ attractive 98
- ☐ **attribute** 194
- ☐ **audience** 133
- ☐ **author** 141
- ☐ **authority** 299
- ☐ **available** 157
- ☐ avenue 151
- ☐ **average** 32
- ☐ **avoid** 113
- ☐ **awake** 165
- ☐ awaken 165
- ☐ **award** 224
- ☐ **aware** 172
- ☐ awareness 172
- ☐ **awe** 254
- ☐ **awful** 254
- ☐ awfully 254
- ☐ **awkward** 258

B

- ☐ **background** 135
- ☐ **badly** 72
- ☐ **balance** 52
- ☐ balanced 52

312 **INDEX**

☐ bamboo ……170	☐ bitter ……256	☐ bullying ……249
☐ ban ……108	☐ blackboard ……5	☐ burden ……222
☐ bank ……10	☐ blame ……99	☐ burial ……204
☐ bare ……261	☐ blank ……41	☐ **burn** ……6
☐ barefoot ……261	☐ bleed ……34	☐ **burst** ……191
☐ **barely** ……261	☐ **blind** ……67, 272	☐ **bury** ……204
☐ **barrier** ……229	☐ **block** ……42	☐ **business** ……5
☐ **base** ……83	☐ **blood** ……34	☐ **busy** ……56
☐ basic ……83	☐ **blow** ……23	☐ **but** ……304
☐ **basis** ……132	☐ **board** ……305	☐ **butterfly** ……182
☐ **bath** ……42	☐ **boil** ……25	☐ **button** ……4
☐ bathe ……42	☐ **bomb** ……237	☐ by-product ……112
☐ bathing ……42	☐ bombing ……237	
☐ bathroom ……42	☐ **bond** ……246	**C**
☐ **battle** ……45	☐ **bone** ……276	
☐ **bay** ……244	☐ **book** ……293	
☐ beach ……44	☐ booking ……293	☐ **calculate** ……206
☐ **bear** ……17, 297	☐ **border** ……217	☐ calculation ……206
☐ **beat** ……300	☐ **bore** ……91	☐ **calm** ……167
☐ **bee** ……182	☐ bored ……91	☐ **camel** ……122
☐ **beetle** ……182	☐ boredom ……91	☐ **campaign** ……231
☐ **beg** ……207	☐ boring ……91	☐ **cancer** ……149
☐ beggar ……207	☐ **born** ……17	☐ **candidate** ……237
☐ behave ……140	☐ **borrow** ……25, 117	☐ capability ……160
☐ **behavior** ……140	☐ **bother** ……102	☐ **capable** ……160
☐ **belief** ……34	☐ **bottom** ……149	☐ **capacity** ……136
☐ believe ……34	☐ bough ……137	☐ **capital** ……303
☐ **belong** ……92	☐ **bound** ……302	☐ captive ……187
☐ belongings ……92	☐ **boundary** ……236	☐ **capture** ……187
☐ **below** ……9	☐ **bow** ……191	☐ **carbon** ……154
☐ **bend** ……210	☐ **bowel** ……276	☐ **care** ……289
☐ **beneath** ……262	☐ **brain** ……145	☐ **career** ……146
☐ beneficial ……130	☐ **branch** ……137	☐ carefree ……289
☐ **benefit** ……130	☐ **brave** ……267	☐ **careful** ……60
☐ **beside** ……9	☐ breadth ……176	☐ carefully ……60
☐ **besides** ……75, 170	☐ **break** ……299	☐ **careless** ……60, 289
☐ **bet** ……202	☐ breath ……119	☐ **carry** ……7
☐ **beyond** ……74	☐ **breathe** ……119	☐ **cartoon** ……251
☐ **bike** ……46	☐ **breed** ……191	☐ **case** ……279
☐ **bill** ……305	☐ **brief** ……177	☐ **cash** ……43
☐ **billion** ……149	☐ **bright** ……62, 302	☐ **cast** ……194
☐ biodiversity ……244	☐ **brilliant** ……258	☐ **castle** ……250
☐ **biological** ……178	☐ **broad** ……176	☐ **casual** ……254
☐ biologist ……178	☐ **broadcast** ……206	☐ **category** ……229
☐ **biology** ……178	☐ **budget** ……237	☐ **caterpillar** ……182
☐ **birth** ……35	☐ **bug** ……182	☐ **cattle** ……251
☐ **bit** ……34	☐ **build** ……6	☐ **cause** ……287
☐ **bite** ……24, 128	☐ bully ……249	

- cave ·············47
- cease ·············184
- ceaseless ·············184
- cedar ·············170
- ceiling ·············10
- celebrate ·············110
- celebrated ·············110
- celebration ·············110
- celebrity ·············110
- cell ·············155
- center ·············61
- central ·············61
- century ·············28
- ceremony ·············231
- certain ·············279
- certainly ·············279
- certainty ·············279
- chairman ·············228
- challenge ·············281
- challenging ·············281
- chance ·············290
- change ·············288
- character ·············283
- characteristic ·············131
- characterize ·············283
- charge ·············298
- charitable ·············236
- charity ·············236
- charm ·············222
- charming ·············222
- chase ·············200
- chat ·············208
- chatter ·············208
- cheap ·············61
- cheat ·············199
- check ·············301
- cheek ·············276
- cheer ·············191
- cheerful ·············191
- chemical ·············161
- chemist ·············161
- chemistry ·············161
- chest ·············49, 276
- chestnut ·············170
- chew ·············128
- chief ·············64
- chiefly ·············64
- childhood ·············3
- choice ·············14
- choose ·············14
- chopsticks ·············276
- church ·············10
- cigar ·············5
- cigarette ·············5
- circle ·············182
- circular ·············224
- circulate ·············224
- circulation ·············224
- circumstances ·············148
- citizen ·············146
- citizenship ·············146
- civil ·············167
- civilian ·············167
- civilization ·············148
- civilized ·············148
- claim ·············89
- class ·············289
- classification ·············211
- classify ·············211
- classmate ·············48
- clean ·············65
- clear ·············67
- clearly ·············67
- clerk ·············145
- clever ·············64
- client ·············225
- climate ·············133
- climb ·············20
- close ·············290
- closet ·············10, 233
- cloth ·············142
- clothes ·············142
- clue ·············234
- coal ·············46
- coast ·············44
- cockroach ·············182
- code ·············248
- coin ·············306
- collapse ·············192
- collar ·············276
- colleague ·············153
- collect ·············21
- collection ·············21
- collector ·············21
- college ·············10
- colony ·············232
- color-blind ·············67
- combination ·············103
- combine ·············103
- comedy ·············241
- comfort ·············173
- comfortable ·············173
- command ·············297
- comment ·············24
- commentator ·············24
- commercial ·············62
- commission ·············109
- commit ·············109
- commitment ·············109
- committee ·············236
- common ·············156
- commonplace ·············156
- communicate ·············18
- communication ·············18
- community ·············32
- companion ·············234
- company ·············279
- comparable ·············87
- comparatively ·············87, 180
- compare ·············87
- comparison ·············87
- compassion ·············230
- compete ·············121
- competition ·············121
- competitive ·············121
- competitor ·············121
- complain ·············115
- complaint ·············115
- complete ·············171
- completely ·············171
- complex ·············159
- complexity ·············159
- complicated ·············175
- component ·············242
- compose ·············187
- composer ·············187
- composition ·············187
- conceive ·············146
- concentrate ·············102
- concentration ·············102
- concept ·············146
- conception ·············146
- concern ·············284
- concerning ·············284

☐ **conclude** ·········107	☐ **consume** ·········121	☐ **cotton** ·········276
☐ conclusion ·········107	☐ consumer ·········121	☐ **cough** ·········238
☐ **concrete** ·····254, 265	☐ consumption ·····121	☐ **council** ·········249
☐ **condition** ·········5	☐ **contact** ·········34	☐ **count** ·········296
☐ **conduct** ·········298	☐ **contain** ·········114	☐ **courage** ·········230
☐ conductor ·········298	☐ container ·········114	☐ courageous ·········230
☐ **conference** ·········228	☐ **contemporary** ·····252	☐ **course** ·········5
☐ confide ·········150	☐ **content** ·········286	☐ **court** ·········302
☐ **confidence** ·········150	☐ **context** ·········124	☐ **cover** ·········293
☐ confident ·········150	☐ **continent** ·········228	☐ **cow** ·········122
☐ **confirm** ·········205	☐ continental ·········228	☐ **craft** ·········225
☐ **conflict** ·········133	☐ continual ·········79	☐ craftsman ·········225
☐ **confront** ·········188	☐ **continue** ·········79	☐ **crash** ·········189
☐ confrontation ·····188	☐ continuity ·········79	☐ **crazy** ·········65
☐ **confuse** ·········94	☐ continuous ·········79	☐ **create** ·········14
☐ confused ·········94	☐ **contract** ·········212	☐ creation ·········14
☐ confusing ·········94	☐ contraction ·········212	☐ creative ·········14
☐ confusion ·········94	☐ **contrary** ·········169	☐ creativity ·········14
☐ **congress** ·········244	☐ **contrast** ·········144	☐ **creature** ·········145
☐ **connect** ·········96	☐ **contribute** ·········96	☐ **credit** ·········303
☐ connection ·········96	☐ contribution ·········96	☐ **crew** ·········241
☐ **conquer** ·········209	☐ **control** ·········52	☐ **crime** ·········146
☐ conquest ·········209	☐ **controversial** ·····270	☐ criminal ·········146
☐ **conscious** ·········162	☐ controversy ·········270	☐ **crisis** ·········151
☐ **consequence** ·····155	☐ convenience ·········175	☐ **critic** ·········119
☐ consequently ·····155	☐ **convenient** ·········175	☐ critical ·········151
☐ **conservation** ·····247	☐ **convention** ·········225	☐ criticism ·········119
☐ conservationist ···247	☐ conventional ·········225	☐ **criticize** ·········119
☐ **conservative** ·····267	☐ **conversation** ·····31	☐ **crop** ·········151
☐ conserve ·········247	☐ **convert** ·········195	☐ **crow** ·········182
☐ **consider** ·········78	☐ **convey** ·········207	☐ **crowd** ·········142
☐ **considerable** ·····175	☐ conviction ·········97	☐ crowded ·········142
☐ considerably ·····175	☐ **convince** ·········97	☐ **crucial** ·········268
☐ considerate ·········78	☐ convincing ·········97	☐ **cruel** ·········268
☐ consideration ·········78	☐ **cooperate** ·········208	☐ cruelty ·········268
☐ considering ·········78	☐ cooperation ·········208	☐ **cube** ·········138, 182
☐ **consist** ·········99	☐ cooperative ·········208	☐ **cultivate** ·········190
☐ consistency ·········259	☐ **cope** ·········204	☐ cultivation ·········190
☐ **consistent** ·········259	☐ **core** ·········226	☐ cultural ·········28
☐ **constant** ·········62	☐ **corporate** ·········232	☐ **culture** ·········28
☐ constantly ·········62	☐ **corporation** ·········232	☐ cupboard ·········233
☐ **constitute** ·········195	☐ **correct** ·········157	☐ **cure** ·········107
☐ **constitution** ·········222	☐ **correspond** ·········193	☐ curiosity ·········166
☐ **construct** ·········150	☐ correspondence ···193	☐ **curious** ·········166
☐ **construction** ·········150	☐ corresponding ·········193	☐ currency ·········160
☐ constructive ·········150	☐ **corridor** ·········10	☐ **current** ·········160
☐ **consult** ·········189	☐ **cost** ·········82	☐ **curriculum** ·········242
☐ consultant ·········189	☐ costly ·········82	☐ **custom** ·········127

INDEX 315

- ☐ customary 127
- ☐ **customer** ...127, 145

D

- ☐ **daily** 58
- ☐ **damage** 38, 136
- ☐ danger 57, 201
- ☐ **dangerous** ...57, 201
- ☐ **dark** 60
- ☐ darkness 60
- ☐ **date** 35
- ☐ **dawn** 215
- ☐ **dead** 60
- ☐ **deaf** 272
- ☐ **deal** 289
- ☐ **dear** 63
- ☐ death 60
- ☐ **debate** 152
- ☐ **debt** 242
- ☐ **decade** 143
- ☐ deceit 207
- ☐ **deceive** 207
- ☐ deception 207
- ☐ **decide** 79
- ☐ decision 79
- ☐ decisive 79
- ☐ declaration 203
- ☐ **declare** 203
- ☐ **decline** 94
- ☐ **decorate** 199
- ☐ decoration 199
- ☐ decrease 78
- ☐ **deep** 56
- ☐ deepen 56
- ☐ **deer** 122
- ☐ **defeat** 203
- ☐ **defend** 205
- ☐ defense 205
- ☐ **define** 118
- ☐ definite 118, 274
- ☐ **definitely** 274
- ☐ definition 118
- ☐ **degree** 299
- ☐ **delay** 103
- ☐ deliberate 262
- ☐ **deliberately** 262
- ☐ **delicate** 253
- ☐ **delicious** 66
- ☐ **delight** 134
- ☐ delighted 134
- ☐ delightful 134
- ☐ **deliver** 106
- ☐ delivery 106
- ☐ **demand** 82
- ☐ demanding 82
- ☐ demerit 234
- ☐ **democracy** 213
- ☐ democrat 213
- ☐ democratic 213
- ☐ **demonstrate** 186
- ☐ demonstration 186
- ☐ denial 299
- ☐ **dense** 251
- ☐ **density** 251
- ☐ **deny** 90, 299
- ☐ **department** 131
- ☐ **depend** 82
- ☐ dependence 82
- ☐ dependent 82
- ☐ **depress** 189
- ☐ depressed 189
- ☐ depressing 189
- ☐ depression 189
- ☐ **deprive** 193
- ☐ **depth** 56, 145
- ☐ **derive** 108
- ☐ **descend** 198
- ☐ descendant ...152, 198
- ☐ descent 198
- ☐ **describe** 85
- ☐ description 85
- ☐ **desert** 135
- ☐ deserted 135
- ☐ **deserve** 204
- ☐ **design** 5
- ☐ desirable 142
- ☐ **desire** 142
- ☐ **desperate** 258
- ☐ desperately 258
- ☐ **despite** 181
- ☐ **dessert** 276
- ☐ **destination** 231
- ☐ **destroy** 88
- ☐ destruction 88
- ☐ destructive 88
- ☐ **detail** 142
- ☐ detailed 142
- ☐ **detect** 200
- ☐ detective 200
- ☐ determination 114
- ☐ **determine** 114
- ☐ **develop** 79
- ☐ development 79
- ☐ **device** 151
- ☐ devise 151
- ☐ **devote** 104
- ☐ devoted 104
- ☐ devotion 104
- ☐ **dialect** 246
- ☐ **diary** 5
- ☐ die 60
- ☐ **diet** 301
- ☐ the Diet 244
- ☐ **differ** 53, 116
- ☐ difference 53, 116
- ☐ **different** 53, 116
- ☐ **difficult** 53
- ☐ difficulty 53
- ☐ **dig** 24
- ☐ **digital** 8
- ☐ **dimension** 220
- ☐ **diminish** 201
- ☐ **dinosaur** 249
- ☐ **direct** 295
- ☐ direction 295
- ☐ **dirty** 65
- ☐ **disability** 226
- ☐ disabled 32, 226
- ☐ disadvantage 141
- ☐ **disappear** 15, 129
- ☐ **disappoint** 100
- ☐ disappointed 100
- ☐ disappointing 100
- ☐ disappointment ...100
- ☐ disapprove 109
- ☐ **disaster** 153
- ☐ disastrous 153
- ☐ **discipline** 304
- ☐ discomfort 173
- ☐ **discount** 4
- ☐ discourage 86

- discover ············16
- discovery ············16
- discriminate ········245
- discrimination ···245
- discuss ············114
- discussion ········114
- disease ············141
- dish ················276
- dishonest ············63
- dislike ············23
- dismiss ············191
- dismissal ············191
- disorder ············283
- display ············102
- dispute ············231
- distance ············142
- distant ············142
- distinct ············116
- distinction ········116
- distinctive ········116
- distinguish ········116
- distinguished ······116
- distress ············224
- distribute ········208
- distribution ········208
- district ············234
- disturb ············101
- disturbance ········101
- disturbing ············101
- diverse ············244
- diversity ············244
- divide ············116
- division ············116
- divorce ············220
- do ················282
- document ········230
- dolphin ············122
- domestic ············164
- domesticate ········164
- dominant ············205
- dominate ············205
- double ················7
- doubt ············35
- doubtful ············35
- dove ················182
- downstairs ······49, 73
- downtown ············73
- dozen ············240

- draw ············89
- drawer ········10, 89
- dream ············30
- dress ················18
- dressing ············18
- drive ············6, 306
- drop ················18
- drown ············197
- drug ················38
- dry ················7
- due ················295
- dull ················253
- durable ············205
- during ············76
- dusk ············215
- duty ············132
- duty-free ············132
- dye ················276

E

- eager ············165
- eagerly ············165
- eagle ············182
- earn ················94
- earth ················5
- earthquake ········151
- ease ················45
- easy ················45
- ecological ········273
- ecologist ············273
- ecology ············273
- economic ············127
- economical ········127
- economy ············127
- ecosystem ········273
- edge ············150
- edit ············240
- edition ············240
- editor ············240
- editorial ············240
- educate ············116
- educated ············116
- education ············116
- educational ············116
- effect ············124

- effective ············124
- efficiency ············163
- efficient ············163
- effort ············139
- either ············70
- elaborate ············272
- elbow ············48, 276
- elderly ············177
- elect ············196
- election ············196
- electric ············153
- electrical ············153
- electricity ············153
- electronic ············153
- element ············133
- elementary ········133
- elephant ············122
- elevate ············10
- elevator ············10
- eliminate ············185
- else ················70
- e-mail ············37
- embarrass ············109
- embarrassed ······109
- embarrassing ······109
- embarrassment ···109
- embrace ············194
- emerge ············111
- emergence ········111
- emergency ········213
- emigrate ············128
- emission ············250
- emit ················250
- emotion ············149
- emotional ············149
- emperor ············239
- emphasis ············122
- emphasize ············122
- empire ············239
- employ ············101
- employee ············101
- employment ········101
- empty ············174
- enable ············115
- encounter ············102
- encourage ···86, 230
- encouragement ······86
- end ················287

INDEX 317

- endanger ·······201
- endurance ·······205
- endure ·······205
- enduring ·······205
- enemy ·······150
- energetic ·······52
- energy ·······52
- engage ·······101
- engagement ·······101
- enhance ·······208
- enjoy ·······14
- enjoyable ·······14
- enormous ·······175
- ensure ·······184
- enter ·······84
- enterprise ·······218
- entertain ·······205
- entertainment ·······205
- enthusiasm ·······215
- enthusiastic ·······215
- entire ·······173
- entirely ·······173
- entrance ·······84
- entry ·······84
- envelope ·······245
- envious ·······200
- environment ·······140
- environmental ·······140
- environmentalist ·······140
- envy ·······200
- equal ·······158
- equality ·······158
- equip ·······147, 198
- equipment ·······147, 198
- equivalent ·······216
- era ·······231
- error ·······41
- escape ·······93
- especially ·······69
- essay ·······3
- essence ·······172
- essential ·······172
- establish ·······86
- establishment ·······86
- estimate ·······94
- ethic ·······227
- ethical ·······227
- ethnic ·······257
- evaluate ·······210
- evaluation ·······210
- even ·······284
- evenly ·······284
- event ·······4
- eventually ·······179
- evidence ·······143
- evident ·······143
- evil ·······165
- evolution ·······155
- evolve ·······155
- exact ·······168
- exactly ·······168
- exaggerate ·······209
- exaggeration ·······209
- examination ·······95
- examine ·······95
- exceed ·······208, 266
- excel ·······174
- excellence ·······174
- excellent ·······174
- except ·······75
- exception ·······229
- exceptional ·······229
- excess ·······266
- excessive ·······266, 271
- exchange ·······115
- excite ·······58
- excited ·······58
- excitement ·······58
- exciting ·······58
- exclude ·······79
- excuse ·······127
- executive ·······235
- exercise ·······296
- exhaust ·······102
- exhausted ·······102
- exhausting ·······102
- exhaustion ·······102
- exhibit ·······195
- exhibition ·······195
- exist ·······112
- existence ·······112
- existing ·······112
- expand ·······100
- expansion ·······100
- expect ·······78
- expectation ·······78
- expenditure ·······172
- expense ·······172
- expensive ·······61, 172
- experience ·······123
- experienced ·······123
- experiment ·······143
- experimental ·······143
- explain ·······112
- explanation ·······112
- explode ·······243
- exploration ·······120
- explore ·······120
- explosion ·······243
- explosive ·······243
- export ·······104
- expose ·······107
- exposure ·······107
- express ·······113
- expression ·······113
- expressive ·······113
- extend ·······99
- extension ·······99
- extensive ·······99
- extent ·······99
- external ·······253
- extinct ·······242
- extinction ·······242
- extraordinary ·······60, 265
- extreme ·······180, 271
- extremely ·······180

F

- face ·······279
- facility ·······213
- fact ·······27
- factor ·······144
- factory ·······10
- faculty ·······220
- fade ·······207
- fail ·······290
- failure ·······290
- fair ·······63
- fairly ·······72
- faith ·······215
- faithful ·······215

- [ ] fall ·············6
- [ ] false ·······57, 62
- [ ] fame ············55
- [ ] **familiar** ········157
- [ ] familiarity ······157
- [ ] **famine** ·········242
- [ ] famous ··········55
- [ ] fancy ···········306
- [ ] **fantastic** ·······268
- [ ] fantasy ·········268
- [ ] **far** ··············74
- [ ] fare ············241
- [ ] **farm** ············38
- [ ] farmer ···········38
- [ ] farming ··········38
- [ ] **fascinate** ······104
- [ ] fascinated ······104
- [ ] fascinating ·····104
- [ ] fascination ·····104
- [ ] **fashion** ········298
- [ ] **fast** ············294
- [ ] fasten ··········294
- [ ] fat ·············249
- [ ] fatal ···········238
- [ ] **fate** ············238
- [ ] fault ···········282
- [ ] **favor** ···········129
- [ ] favorable ·······129
- [ ] **favorite** ····129, 173
- [ ] **fear** ·············32
- [ ] fearful ··········32
- [ ] **feature** ········130
- [ ] **federal** ········270
- [ ] fee ·············218
- [ ] **feed** ············93
- [ ] **feel** ··············6
- [ ] feeling ············6
- [ ] **fellow** ··········59
- [ ] female ··········160
- [ ] **fever** ···········232
- [ ] **fiction** ·········234
- [ ] fictional ········234
- [ ] **fight** ············17
- [ ] fighter ··········17
- [ ] **figure** ··········282
- [ ] **fill** ··············6
- [ ] **film** ·············5
- [ ] final ············70
- [ ] **finally** ··········70
- [ ] finance ·········175
- [ ] **financial** ·······175
- [ ] **finding** ········246
- [ ] **fine** ············292
- [ ] **fire** ············294
- [ ] **firm** ············296
- [ ] fist ·············244
- [ ] **fit** ·············298
- [ ] fitness ·········298
- [ ] **fix** ·············298
- [ ] **flag** ··············4
- [ ] **flat** ············302
- [ ] **flavor** ··········248
- [ ] flexibility ······269
- [ ] **flexible** ········269
- [ ] **flight** ···········37
- [ ] **float** ···········207
- [ ] **flood** ···········134
- [ ] **flow** ············39
- [ ] fluency ·········272
- [ ] **fluent** ··········272
- [ ] fluently ········272
- [ ] **fly** ·············182
- [ ] **focus** ············96
- [ ] **fold** ············211
- [ ] **folk** ············243
- [ ] folklore ·········243
- [ ] **follow** ··········78
- [ ] following ····78, 162
- [ ] **fond** ············260
- [ ] **fool** ············46
- [ ] foolish ··········46
- [ ] **foot** ············48
- [ ] **forbid** ······80, 206
- [ ] **force** ············80
- [ ] forecast ········236
- [ ] forefinger ······244
- [ ] **forehead** ·······276
- [ ] **foreign** ·········54
- [ ] foreigner ········54
- [ ] **forest** ··········31
- [ ] **forever** ···········8
- [ ] **forget** ············16
- [ ] forgetful ········16
- [ ] **forgive** ········199
- [ ] **form** ············287
- [ ] formal ·····254, 287
- [ ] formation ······287
- [ ] **former** ·········161
- [ ] formerly ·······161
- [ ] **forth** ············73
- [ ] **fortunate** ···72, 287
- [ ] **fortunately** ···72, 287
- [ ] **fortune** ·········287
- [ ] **forward** ·········71
- [ ] **fossil** ··········239
- [ ] **foster** ··········201
- [ ] **found** ···········190
- [ ] foundation ······190
- [ ] **fox** ············122
- [ ] **frame** ··········217
- [ ] framework ······217
- [ ] **free** ············289
- [ ] **freeze** ··········194
- [ ] **frequency** ·······179
- [ ] **frequent** ········179
- [ ] **frequently** ······179
- [ ] **friendly** ·········61
- [ ] friendship ·······61
- [ ] **frighten** ········105
- [ ] frightened ······105
- [ ] frightening ·····105
- [ ] **frigid** ··········263
- [ ] **front** ·············2
- [ ] **frontier** ········226
- [ ] **frustrate** ·······193
- [ ] frustrated ······193
- [ ] frustrating ·····193
- [ ] frustration ·····193
- [ ] **fuel** ············152
- [ ] **fulfill** ··········190
- [ ] **full** ··············7
- [ ] **fun** ············36
- [ ] **function** ········144
- [ ] **fund** ············236
- [ ] **fundamental** ·····163
- [ ] **funeral** ·········243
- [ ] funny ············36
- [ ] **fur** ············276
- [ ] furnish ·········233
- [ ] **furniture** ········233
- [ ] further ··········74
- [ ] **future** ···········29

G

- [ ] **gain** ·············88
- [ ] **gallery** ·············10
- [ ] **game** ·············308
- [ ] **gap** ·············44
- [ ] **garage** ·············10
- [ ] **garbage** ·············242
- [ ] **gas** ·············37
- [ ] **gate** ·············10
- [ ] **gather** ·············21
- [ ] **gaze** ·············210
- [ ] **gender** ·············249
- [ ] **gene** ·············154
- [ ] **general** ······162, 171
- [ ] generalization ······171
- [ ] generalize ·········171
- [ ] generally ·············171
- [ ] **generate** ·············122
- [ ] **generation** ···122, 142
- [ ] **generosity** ·········263
- [ ] **generous** ·············263
- [ ] genetic ·············154
- [ ] **genius** ·············233
- [ ] **gentle** ·············66
- [ ] **gently** ·············66
- [ ] **genuine** ·············255
- [ ] geographical ······244
- [ ] **geography** ·········244
- [ ] **gesture** ·············3
- [ ] **ghost** ·············4
- [ ] **gift** ·············300
- [ ] gifted ·············300
- [ ] **given** ·············304
- [ ] **glad** ·············61
- [ ] **glance** ·············206
- [ ] **global** ·············162
- [ ] globalization ······162
- [ ] **globe** ·············162
- [ ] **glove** ·············4
- [ ] **goal** ·············36
- [ ] **goat** ·············122
- [ ] **god** ·············2
- [ ] **good** ·············304
- [ ] **goods** ·············145
- [ ] **goose** ·············182
- [ ] **govern** ·············139
- [ ] **government** ······139
- [ ] **governor** ·············139
- [ ] **grab** ·············211
- [ ] **grade** ·············135
- [ ] **gradual** ·············180
- [ ] **gradually** ·············180
- [ ] **graduate** ·············95
- [ ] graduation ·············95
- [ ] **grain** ·············218
- [ ] **grand** ·············7
- [ ] **grant** ·············92
- [ ] **grasp** ·············192
- [ ] **grass** ·············43
- [ ] **grateful** ·············269
- [ ] gratitude ·············269
- [ ] **gravity** ·············227
- [ ] **greet** ·············205
- [ ] **greeting** ·············205
- [ ] **grocery** ·············246
- [ ] **ground** ·············295
- [ ] **grow** ·············13
- [ ] **grown-up** ·············13
- [ ] **growth** ·············13
- [ ] **guarantee** ·············205
- [ ] **guard** ·············44
- [ ] **guess** ·············114
- [ ] **guest** ·············39
- [ ] guidance ·············39
- [ ] **guide** ·············39
- [ ] guilt ·············252
- [ ] **guilty** ·········252, 257
- [ ] **guy** ·············47

H

- [ ] **habit** ·············141
- [ ] **habitat** ·············249
- [ ] **habitual** ·············141
- [ ] **hall** ·············10
- [ ] **handle** ·············119
- [ ] **hang** ·············16
- [ ] **happen** ·············7
- [ ] **hardly** ·············179
- [ ] **hare** ·············122
- [ ] **harm** ·············136
- [ ] **harmful** ·············136
- [ ] **harmless** ·············136
- [ ] **harmonious** ·············52
- [ ] **harmony** ·············52
- [ ] **harsh** ·············271
- [ ] **harvest** ·············240
- [ ] **hate** ·············6
- [ ] **hawk** ·············182
- [ ] **head** ·············289
- [ ] **headache** ·············49
- [ ] **heading** ·············289
- [ ] **heal** ·············199
- [ ] healing ·············199
- [ ] **health** ·············29
- [ ] healthy ·············29
- [ ] **heat** ·············2
- [ ] **heaven** ·············235
- [ ] **heavy** ·············57
- [ ] **height** ·············220
- [ ] hell ·············235
- [ ] **help** ············12, 285
- [ ] helpful ·············12
- [ ] **hemisphere** ······241
- [ ] **hen** ·············182
- [ ] **heritage** ·············244
- [ ] **hero** ·············44
- [ ] heroic ·············44
- [ ] heroine ·············44
- [ ] hesitant ·············204
- [ ] **hesitate** ·············204
- [ ] hesitation ·············204
- [ ] **hide** ·············19
- [ ] **highly** ·············71
- [ ] **hire** ·············83
- [ ] historian ·············29
- [ ] historic ·············29
- [ ] historical ·············29
- [ ] **history** ·············29
- [ ] **hobby** ·············3
- [ ] **hold** ············12, 287
- [ ] **hole** ·············4
- [ ] hometown ·············49
- [ ] **homework** ·············42
- [ ] **honest** ·············63
- [ ] honesty ·············63
- [ ] **honor** ·············217
- [ ] honorable ·············217

- hope ······26
- horizon ······221
- horizontal ······221
- horrible ······240
- horrify ······240
- horror ······240
- hospital ······10
- host ······39, 43
- hostess ······39, 43
- household ······150
- however ······8
- huge ······172
- human ······33
- human being ······33
- humanity ······287
- humor ······43
- humorous ······43
- hunger ······7
- hungry ······7
- hunt ······19
- hunting ······19
- hurricane ······5
- hurry ······40
- hurt ······99
- hydrogen ······235
- hypothesis ······240

I

- ideal ······174
- identical ······106
- identification ······106
- identify ······106
- identity ······106
- ignorance ······273
- ignorant ······273
- ignore ······114
- ill ······7
- illegal ······166
- illiterate ······274
- illness ······4
- illustrate ······188
- illustration ······188
- image ······26
- imaginable ······270
- imaginary ······26, 270
- imagination ······26
- imaginative ······26, 270
- imagine ······26
- imitate ······211
- imitation ······211
- immature ······254
- immediate ······179
- immediately ······179
- immigrant ······128
- immigration ······128
- immune ······273
- impact ······135
- impartial ······282
- impatient ······129
- imperial ······239
- implication ······111
- imply ······111
- impolite ······176
- import ······104
- important ······8
- impose ······110
- impossible ······58
- impress ······146
- impression ······146
- impressive ······146
- imprison ······234
- improve ······83
- improvement ······83
- in spite of ······76
- inadequate ······265
- inappropriate ······174
- incapable ······160
- incident ······228
- incidental ······228
- inclination ······258
- inclined ······258
- include ······79
- income ······146
- incomplete ······171
- incorrect ······157
- increase ······78
- increasingly ······78
- incredible ······272
- incredibly ······272
- indeed ······70
- indefinitely ······274
- independence ······160
- independent ······160
- indicate ······92
- indication ······92
- indifference ······266
- indifferent ······266
- individual ······124
- individualism ······124
- individuality ······124
- industrial ······126
- industrialized ······126
- industrious ······126
- industry ······126
- inevitable ······266
- inevitably ······266
- inexpensive ······172
- infancy ······154
- infant ······154
- infect ······202
- infection ······202
- inferior ······163
- influence ······124
- influential ······124
- inform ······118
- informal ······287
- information ······28, 118
- ingredient ······240
- inhabit ······238
- inhabitant ······238
- inherit ······208
- inheritance ······208
- initial ······268
- initially ······268
- initiate ······268
- injure ······111
- injury ······111
- inner ······66, 260
- innocence ······257
- innocent ······257
- innovation ······249
- innovative ······249
- input ······225
- inquire ······223
- inquiry ······223
- insect ······153
- insight ······238
- insist ······95
- inspiration ······190
- inspire ······190
- instance ······142

☐ instant	274	
☐ **instantly**	274	
☐ **instead**	69	
☐ **instinct**	239	
☐ instinctive	239	
☐ **institute**	135	
☐ **institution**	135	
☐ **instruct**	151	
☐ **instruction**	151	
☐ instructive	151	
☐ instructor	151	
☐ **instrument**	151	
☐ insufficient	177	
☐ **insult**	238	
☐ **insurance**	228	
☐ insure	228	
☐ intellect	176	
☐ **intellectual**	176	
☐ intelligence	67	
☐ **intelligent**	67	
☐ **intend**	115	
☐ **intense**	267	
☐ intensify	267	
☐ intensity	267	
☐ intensive	267	
☐ intention	115	
☐ intentional	115	
☐ interact	136	
☐ **interaction**	136	
☐ interactive	136	
☐ **interest**	290	
☐ **interfere**	201	
☐ interference	201	
☐ **internal**	253	
☐ **interpret**	184	
☐ interpretation	184	
☐ interpreter	184	
☐ **interrupt**	188	
☐ interruption	188	
☐ **interview**	40	
☐ intimacy	255	
☐ **intimate**	255	
☐ **introduce**	89	
☐ introduction	89	
☐ **invade**	209	
☐ invaluable	124	
☐ invariably	95	
☐ invasion	209	

☐ **invent**	117	
☐ invention	117	
☐ inventive	117	
☐ inventor	117	
☐ **invest**	192	
☐ **investigate**	203	
☐ investigation	203	
☐ investment	192	
☐ invitation	20	
☐ **invite**	20	
☐ involve	158	
☐ **involved**	158	
☐ involvement	158	
☐ irrational	268	
☐ irrelevant	258	
☐ irresistible	185	
☐ irresponsible	143	
☐ **irritate**	198	
☐ irritated	198	
☐ irritating	198	
☐ isolate	263	
☐ **isolated**	263	
☐ isolation	263	
☐ **issue**	281	
☐ **item**	300	

J

☐ jail	234	
☐ **jam**	222	
☐ **jaw**	276	
☐ **job**	27	
☐ **join**	86	
☐ joint	86	
☐ **joke**	40	
☐ **journal**	51	
☐ journalism	51	
☐ **journey**	42	
☐ **joy**	50	
☐ joyful	50	
☐ **judge**	90	
☐ judgment	90	
☐ junior	254	
☐ Jupiter	148	
☐ **justice**	235	
☐ justification	235	

☐ justify	235	

K

☐ **keen**	253	
☐ **kid**	131	
☐ **kidney**	276	
☐ **kingdom**	216	
☐ **kitten**	122	
☐ **knee**	48, 276	
☐ kneel	48	
☐ **knock**	25	
☐ **knowledge**	139	

L

☐ **label**	47	
☐ **labor**	145	
☐ **laboratory**	228	
☐ laborious	145	
☐ **lack**	140	
☐ **ladder**	48	
☐ **land**	29	
☐ landlord	225	
☐ **landscape**	231	
☐ **largely**	181	
☐ **last**	278	
☐ lasting	278	
☐ **late**	307	
☐ lately	261	
☐ **later**	73	
☐ **latest**	178	
☐ **latter**	256	
☐ **laughter**	138	
☐ **launch**	201	
☐ **law**	30	
☐ lawn	43	
☐ lawyer	30	
☐ **lay**	20	
☐ **layer**	234	
☐ **lazy**	66	
☐ **lead**	288	
☐ leaf	50	
☐ **lean**	197	

322 **INDEX**

☐ leap ·····209	☐ load ·····218	☐ mark ·····25
☐ lease ·····105	☐ loan ·····48	☐ marked ·····25
☐ least ·····54	☐ local ·····157	☐ marriage ·····113
☐ leather ·····276	☐ locate ·····106	☐ married ·····113
☐ leave ·····284	☐ location ·····106	☐ marry ·····113
☐ lecture ·····150	☐ logic ·····240	☐ Mars ·····148
☐ leg ·····48	☐ logical ·····240	☐ mass ·····132
☐ legal ·····166	☐ lone ·····263	☐ massive ·····132
☐ legend ·····239	☐ lonely ·····263	☐ match ·····96
☐ legendary ·····239	☐ long ·····291	☐ mate ·····48
☐ leisure ·····229	☐ loose ·····253	☐ material ·····126
☐ lend ·····25, 117	☐ lord ·····225	☐ materialism ·····126
☐ length ·····145	☐ lose ·····143	☐ mathematical ·····41
☐ lesson ·····299	☐ loss ·····143	☐ mathematician ·····41
☐ let ·····13	☐ lost ·····143	☐ mathematics ·····41
☐ letter ·····292	☐ lot ·····308	☐ matter ·····286
☐ liberal ·····271	☐ loud ·····64	☐ mature ·····254
☐ liberate ·····271	☐ loudly ·····64	☐ maturity ·····254
☐ liberation ·····271	☐ lovely ·····67	☐ maximum ·····256
☐ liberty ·····271	☐ lower ·····64	☐ maybe ·····8
☐ license ·····47	☐ lunar ·····267	☐ meal ·····36
☐ lie ·····15	☐ lung ·····247	☐ mean ·····284
☐ life ·····288	☐ luxurious ·····235	☐ meaning ·····284
☐ lift ·····23	☐ luxury ·····235	☐ means ·····286
☐ light ·····27		☐ meanwhile ·····261
☐ like ·····306		☐ measure ·····297
☐ likelihood ·····156	# M	☐ meat ·····3
☐ likely ·····156		☐ mechanic ·····241
☐ likewise ·····164	☐ mad ·····305	☐ mechanical ·····241
☐ limit ·····23	☐ magazine ·····4	☐ mechanics ·····241
☐ limitation ·····23	☐ mail ·····37	☐ mechanism ·····241
☐ line ·····292	☐ main ·····55	☐ medical ·····172
☐ linguist ·····268	☐ mainly ·····55	☐ medicine ·····172
☐ linguistic ·····268	☐ maintain ·····296	☐ medieval ·····272
☐ linguistics ·····268	☐ maintenance ·····296	☐ medium ·····132
☐ link ·····21	☐ major ·····147, 263, 291	☐ meet ·····278
☐ liquid ·····178	☐ majority ·····147, 291	☐ melt ·····209
☐ literacy ·····274	☐ make ·····307	☐ memorial ·····33
☐ literal ·····274	☐ male ·····160	☐ memorize ·····33
☐ literally ·····274	☐ mammal ·····247	☐ memory ·····33
☐ literary ·····274	☐ manage ·····294	☐ mental ·····174
☐ literate ·····274	☐ mankind ·····231	☐ mentality ·····174
☐ literature ·····147	☐ manner ·····295	☐ mention ·····90
☐ live ·····60	☐ manual ·····272	☐ merchandise ·····243
☐ lively ·····269	☐ manufacture ·····107	☐ merchant ·····243
☐ liver ·····247, 276	☐ manufacturer ·····107	☐ Mercury ·····148
☐ living ·····28, 60	☐ maple ·····170	☐ mere ·····180
☐ lizard ·····122		☐ merely ·····180

- merit 234
- message 5
- method 141
- microscope 247
- midnight 50
- mild 8
- military 178
- millennium 28
- million 2, 149
- mind 285
- mine 225
- miner 225
- mineral 225
- minimal 256
- minimum 256
- minister 137
- ministry 137
- minor 263
- minority 147, 263
- minute 295
- miserable 259
- misery 259
- miss 280
- missing 280
- mission 223
- missionary 223
- mistake 85
- mistaken 85
- mix 22
- mobile 273
- mobility 273
- moderate 271
- modern 8
- modest 255
- modification 209
- modify 209
- molecular 250
- molecule 250
- moment 31
- monk 238
- monster 6
- monthly 8
- moral 164
- morality 164
- moreover 180
- mosquito 182
- most 285
- mostly 181

- moth 182
- motion 2
- motivate 239
- motivation 239
- motive 239
- mouse 122
- move 308
- mug 276
- murder 231
- muscle 232
- muscular 232
- museum 10
- mutual 265
- mysterious 46
- mystery 46
- myth 243

N

- narrow 58, 163
- narrowly 163
- nation 139
- national 139
- nationalism 139
- nationality 139
- nationwide 139
- native 159
- natural 264, 289
- naturally 72
- nature 279
- navy 45
- nearby 168
- nearly 168
- necessarily 181
- necessary 55, 181
- necessity 55, 181
- negative 164
- neglect 108
- neighbor 129
- neighborhood 129
- neighboring 129
- neither 70
- nerve 164
- nervous 164
- nest 250
- nevertheless 180

- nitrogen 235
- noble 257
- nod 196
- noise 37
- noisy 37
- none 37
- nonetheless 180
- nonsense 4
- nonverbal 269
- nor 75
- normal 8
- note 309
- notice 84
- noticeable 84
- notion 152
- novelist 50
- nowadays 171
- nuclear 166
- numerous 264
- nurse 39, 248
- nursery 248
- nursing 248
- nutrient 250
- nutrition 250

O

- oak 170
- obedience 185
- obedient 185
- obey 185
- object 294
- objection 294
- objective 216
- obligation 192
- oblige 192
- observation 298
- observe 298
- obstacle 237
- obtain 116
- obvious 159
- obviously 159
- occasion 131
- occasional 169
- occasionally 169
- occupation 216

- occupy ······107
- occur ······112
- occurrence ······112
- ocean ······4
- octopus ······182
- odd ······265
- offer ······80
- offering ······80
- officer ······125
- official ······128
- old-fashioned ······298
- once ······301
- operate ······99
- operation ······99
- opinion ······33
- opponent ······247
- opportunity ······141
- oppose ······118
- opposite ······118
- opposition ······118
- optimism ······269
- optimist ······269
- optimistic ······269
- option ······241
- optional ······241
- order ······283
- orderly ······283
- ordinary ······60, 265
- organ ······223
- organic ······223
- organism ······223, 243
- organization ······144
- organize ······144
- origin ······147
- original ······147
- originality ······147
- originate ······147
- otherwise ······280
- ought ······76
- outcome ······247
- outer ······66
- out-of-date ······271
- output ······225
- overall ······255
- overcome ······119
- overlook ······192
- overseas ······64
- overweight ······185
- overwhelm ······269
- overwhelming ······269
- owe ······110
- owl ······182
- own ······107
- ox ······122
- oxygen ······235

P

- pain ······131
- painful ······131
- palace ······10
- pale ······66
- palm ······244
- pants ······276
- paper ······301
- paragraph ······45
- parallel ······221
- pardon ······199
- park ······10
- (the) Parliament ······244
- part ······282
- partial ······282
- participant ······110
- participate ······110
- participation ······110
- particle ······248
- particular ······156
- party ······281
- pass ······26
- passage ······127
- passenger ······146
- passion ······239
- passionate ······239
- passive ······173, 256
- past ······29
- pastime ······205, 229
- path ······151
- patience ······129
- patient ······129
- pause ······233
- pay ······304
- peculiar ······256
- peculiarity ······256
- peer ······226
- penalty ······244
- perceive ······108
- perception ······108
- perform ······91
- performance ······91
- perhaps ······69
- period ······139
- permanent ······177
- permission ······117
- permit ······117
- personal ······67
- personality ······67
- perspective ······215
- persuade ······100
- persuasion ······100
- persuasive ······100
- pessimistic ······269
- phenomenon ······149
- philosopher ······153
- philosophy ······153
- physical ······158, 174
- physician ······236
- physicist ······158
- physics ······158
- pick ······17
- pigeon ······182
- pile ······216
- pine ······170
- pioneer ······245
- pity ······300
- place ······27
- plain ······259
- plane ······3
- planet ······148
- plate ······43, 276
- pleasant ······161
- please ······161
- pleased ······161
- pleasure ······161
- plenty ······154
- poem ······50
- poet ······50
- poetry ······50
- point ······301
- poison ······222
- poisonous ······222
- policy ······144
- polish ······211

INDEX 325

- polite 176
- political 172
- politician 172
- politics 172
- pollutant 148
- pollute 148
- pollution 148
- pond 3
- popular 7
- popularity 7
- populate 139
- population 139
- portion 243
- pose 308
- position 2
- positive 161
- positively 161
- possess 119
- possession 119
- possibility 169
- possible 169
- possibly 169
- post 38
- potential 175
- pour 204
- poverty 228
- practical 173
- practically 173
- practice 281
- praise 119
- precious 263
- precise 261
- precisely 261
- precision 261
- predict 120
- prediction 120
- prefer 84
- preferable 84
- preference 84
- prehistoric 29
- prejudice 219
- premature 254
- preparation 86
- prepare 86
- presence 288
- present 288
- presentation 288
- preservation 100
- preserve 100
- press 300
- pressing 300
- pretend 203
- pretty 296
- prevent 85
- prevention 85
- previous 162
- previously 162
- prey 223
- price 31
- pride 63
- priest 243
- primary 255
- prime 255
- primitive 177
- principal 264
- principle 131
- prior 271
- priority 237, 271
- prison 234
- prisoner 234
- privacy 159
- private 159
- privilege 233
- privileged 233
- prize 51
- probability 179
- probable 179
- probably 179
- problem 4
- procedure 235
- proceed 184
- process 184, 291
- produce 112
- product 112
- production 112
- productive 112
- productivity 112
- profession 232
- professional 232
- professor 144
- profit 148
- profitable 148
- profound 267
- progress 126
- progressive 126, 267
- prohibit 191
- project 129
- prominence 270
- prominent 270
- promise 18
- promote 117
- promotion 117
- prompt 200
- promptly 200
- pronounce 198
- pronunciation 198
- proof 86
- proper 160
- property 134
- proportion 212
- proposal 119
- propose 119
- proposition 119
- prospect 232
- prosper 233
- prosperity 233
- prosperous 233
- protect 113
- protection 113
- protective 113
- protein 249
- protest 213
- proud 63
- prove 86
- provide 79
- provided 79
- provision 79
- psychological 236
- psychologist 236
- psychology 236
- public 156, 159
- publication 120
- publish 120
- pull 19
- punish 206
- punishment 206
- pupil 45
- puppy 122
- purchase 120
- pure 266
- purity 266
- purpose 140
- purse 242
- pursue 186

- pursuit ... 186
- **push** ... 19
- **puzzle** ... 103

Q

- quake ... 151
- qualification ... 192
- qualified ... 192
- **qualify** ... 192
- **quality** ... 137, 140
- **quantity** ... 137
- **quarrel** ... 232
- **quarter** ... 133
- quarterly ... 133
- **quiet** ... 7
- quit ... 121
- quite ... 68

R

- rabbit ... 122
- race ... 270, 281
- **racial** ... 270, 281
- racism ... 270
- **radical** ... 272
- **raise** ... 84
- random ... 271
- range ... 127
- rank ... 213
- **rapid** ... 174
- rapidly ... 174
- **rare** ... 175
- rarely ... 175
- rat ... 122
- **rate** ... 125
- **rather** ... 68
- rating ... 125
- **rational** ... 268
- raw ... 264
- ray ... 235
- **reach** ... 80
- react ... 121
- reaction ... 121
- readily ... 157
- **ready** ... 157
- ready-made ... 157
- realization ... 81
- **realize** ... 81
- **rear** ... 305
- **reason** ... 286
- **reasonable** ... 163, 286
- reasoning ... 286
- **recall** ... 120
- **recent** ... 171
- recently ... 171
- recognition ... 83
- **recognize** ... 83
- **recommend** ... 118
- recommendation ... 118
- **recover** ... 105
- recovery ... 105
- **rectangle** ... 182
- **recycle** ... 22
- recycling ... 22
- **reduce** ... 85
- reduction ... 85
- **redwood** ... 170
- **refer** ... 87
- reference ... 87
- **reflect** ... 90
- reflection ... 90
- **reform** ... 232
- refresh ... 259
- **refreshing** ... 259
- **refrigerator** ... 241
- refuge ... 248
- **refugee** ... 248
- refusal ... 89
- **refuse** ... 89
- **regard** ... 83
- **regardless** ... 275
- **region** ... 130
- regional ... 130
- **register** ... 193
- registration ... 193
- **regret** ... 186
- regretful ... 186
- regrettable ... 186
- **regular** ... 62
- **regulate** ... 207
- regulation ... 207
- **reject** ... 97
- rejection ... 97
- **relate** ... 87
- relation ... 87
- relationship ... 87
- **relative** ... 130, 180, 181
- **relatively** ... 180
- relativity ... 130
- **relax** ... 20
- relaxation ... 20
- relaxed ... 20
- relaxing ... 20
- **release** ... 105
- relevance ... 258
- **relevant** ... 258
- reliable ... 98
- reliance ... 98
- **relief** ... 305
- relieve ... 305
- **religion** ... 148
- religious ... 148
- reluctance ... 264
- **reluctant** ... 264
- **rely** ... 98
- **remain** ... 80
- **remark** ... 104, 165
- **remarkable** ... 104, 165
- remarkably ... 165
- **remember** ... 293
- **remind** ... 96
- **remote** ... 265
- removal ... 95
- **remove** ... 95
- **rent** ... 105
- rental ... 105
- **repair** ... 103
- **repeat** ... 22
- repeatedly ... 22
- **replace** ... 93
- replacement ... 93
- **reply** ... 92
- **represent** ... 91
- representation ... 91
- representative ... 91
- reptile ... 247
- **reputation** ... 230
- **request** ... 22
- **require** ... 81

- requirement ······81
- **rescue** ······206
- **research** ······141
- resemblance ······120
- **resemble** ······120
- reservation ······104
- **reserve** ······104
- reserved ······104
- reside ······138
- residence ······138
- **resident** ······138
- residential ······138
- **resist** ······185
- resistance ······185
- resistant ······185
- resolution ······194
- **resolve** ······194
- **resort** ······198
- **resource** ······144
- **respect** ······286
- respectable ······286
- respectful ······286
- respective ······286
- **respond** ······98
- response ······98
- **responsibility** ······143
- responsible ······143
- **rest** ······292
- **restaurant** ······10
- **restore** ······208
- **restrict** ······187
- restriction ······187
- restructure ······145
- restructuring ······145
- **result** ······123
- **retain** ······206
- **retire** ······203
- retirement ······203
- **return** ······6
- **reveal** ······93
- revelation ······93
- reversal ······187
- **reverse** ······187
- **review** ······218
- **revolution** ······133
- revolutionary ······133
- **revolve** ······133
- **reward** ······134

- rewarding ······134
- **rhythm** ······3
- **ride** ······6
- ridicule ······270
- **ridiculous** ······270
- **right** ······278
- **rigid** ······268
- **ring** ······21
- ripe ······254
- **rise** ······16
- **risk** ······130
- risky ······130
- rite ······247
- **ritual** ······247
- **rival** ······4
- **rob** ······197
- robbery ······197
- **robin** ······182
- **role** ······140
- **roll** ······22
- **roof** ······6, 10
- **room** ······281
- **root** ······50, 202
- **rough** ······252
- **route** ······43
- **routine** ······214
- **row** ······214
- **royal** ······65
- **rub** ······210
- rubber ······210
- **rude** ······176
- **ruin** ······186
- **rule** ······291
- **run** ······278
- **rural** ······264
- **rush** ······97

S

- **sacrifice** ······206
- **safe** ······7
- safety ······7
- **sail** ······23
- sailboat ······23
- sailing ······23
- sailor ······23

- **sake** ······46
- **salad** ······4
- **salary** ······44
- **sale** ······36
- salesclerk ······36
- **salmon** ······182
- **same** ······8
- **satellite** ······238
- satisfaction ······115
- satisfactory ······115
- **satisfy** ······115
- Saturn ······148
- **save** ······293
- savings ······293
- **scale** ······40
- scarce ······262
- **scarcely** ······262
- **scare** ······195
- scared ······195
- scary ······195
- **scatter** ······210
- scattered ······210
- **scene** ······132
- scenery ······132
- scenic ······132
- **schedule** ······5
- **scheme** ······238
- **scholar** ······150
- scholarship ······150
- **score** ······204
- **scream** ······210
- **search** ······89
- seaside ······44
- **seat** ······111
- **secret** ······3
- **secretary** ······246
- secure ······134
- **security** ······134
- **seed** ······233
- **seek** ······88
- **seem** ······13
- seeming ······13
- **seemingly** ······13, 275
- **seldom** ······169
- **select** ······118
- selection ······118
- selective ······118
- self-confidence ······150

- self-conscious ……162
- self-control …………52
- self-discipline ……304
- **selfish** …………270
- **senior** …………254
- **sense** …………282
- sensible ……176, 282
- **sensitive** ……176, 282
- sensitivity …………176
- sensory …………282
- **sentence** …………300
- **separate** …………19
- separation …………19
- **series** …………40
- **serious** …………156
- servant …………293
- **serve** …………293
- **service** …………125
- **setting** …………49
- **settle** …………303
- settlement …………303
- settler …………303
- **several** …………54
- **severe** …………177
- **sew** …………196
- **shade** …………224
- **shadow** …………48
- **shake** …………98
- shallow …………56
- **shame** ………266, 306
- shameful …………266
- **shape** …………141
- **share** …………82
- **shark** …………182
- **sharp** …………8, 176
- **sheep** ………122, 251
- **sheet** …………38
- **shelf** …………237
- **shell** …………182
- **shelter** …………217
- **shift** …………109
- **shine** …………24
- **ship** …………2
- **shoot** …………6
- **shore** …………50
- **shortage** …………228
- **shot** …………6
- **shoulder** …………276

- **shout** …………26
- shrine …………238
- **shut** …………25
- **shy** …………267
- **side** …………30
- sidewalk …………30
- **sight** …………128
- **sign** …………125
- signal …………125
- signature …………125
- significance …………161
- **significant** …………161
- signify …………161
- **silly** …………265
- **similar** …………171
- similarity …………171
- **simply** …………69
- **sink** …………206
- **site** …………228
- situated …………139
- **situation** …………139
- skeleton …………276
- **skill** …………140
- skilled …………140
- skillful …………140
- **skin** …………276
- **slave** …………219
- slavery …………219
- **slight** …………178
- **smart** …………65
- **smell** …………39
- **smooth** ………66, 252
- smoothly …………66
- **snail** …………182
- **snake** …………122
- sneeze …………238
- **sociable** …………123
- **social** …………123
- **society** …………123
- sociology …………123
- **soil** …………152
- **solar** …………267
- **soldier** …………42
- **solid** …………178
- solution …………114
- **solve** …………114
- **somehow** …………169
- **somewhat** …………181

- **sophisticated** ……256
- **sorrow** …………238
- **sort** …………302
- **soul** …………307
- **sound** …………283
- **source** …………141
- sow …………233
- **space** …………30
- spacecraft ……30, 225
- **span** …………220
- **spare** …………302
- **sparrow** …………182
- specialist …………190
- **specialize** …………190
- specialized …………190
- **species** …………146
- **specific** …………162
- specifically …………162
- **spell** …………307
- **spend** …………14
- **spider** …………182
- **spill** …………202
- **spirit** …………132
- **spiritual** ……126, 132
- **split** …………197
- **spoil** …………184
- **spot** …………41
- **spread** …………87
- **spring** …………308
- **square** ………138, 182
- **squirrel** …………122
- stability …………266
- **stable** …………266
- **stairs** …………10, 49
- **stand** …………278
- **standard** …………142
- **stare** …………120
- starvation …………194
- **starve** …………194
- **state** ………144, 285
- **statement** …………144
- statistical …………218
- **statistics** …………218
- **statue** …………245
- **status** …………149
- steadily …………253
- **steady** …………253
- **steak** …………276

INDEX 329

- stem ·····202
- stereotype ·····224
- stick ·····297
- still ·····284
- stimulate ·····189
- stimulus ·····189
- stock ·····212
- stomach ·····247, 276
- stomachache ·····49
- storage ·····293
- store ·····293
- storm ·····154
- story ·····307
- straight ·····71
- strain ·····219
- strained ·····219
- stranger ·····147
- strategy ·····246
- stream ·····152
- strength ·····147
- strengthen ·····147
- stress ·····97
- stressful ·····97
- stretch ·····110
- strict ·····178
- strike ·····296
- striking ·····265, 296
- strip ·····224
- stroke ·····226
- structure ·····145
- struggle ·····100
- stuff ·····214
- stupid ·····178
- style ·····2
- subject ·····292
- substance ·····152, 259
- substantial ·····259
- substitute ·····188
- subtle ·····267
- suburb ·····239
- subway ·····3
- succeed ·····33, 303
- success ·····33
- successful ·····33
- succession ·····303
- successive ·····303
- sudden ·····8
- suddenly ·····8
- suffer ·····85
- suffering ·····85
- sufficient ·····177
- suggest ·····81
- suggestion ·····81
- suicide ·····248
- suit ·····93
- suitable ·····93
- sum ·····213
- summarize ·····213
- summary ·····213
- sunrise ·····16
- sunshine ·····24
- superior ·····163
- superiority ·····163
- supply ·····82, 88
- support ·····83
- suppose ·····84
- supposedly ·····84
- sure ·····53
- surface ·····144
- surgeon ·····249
- surgery ·····249
- surprise ·····59
- surprised ·····59
- surprising ·····59
- surprisingly ·····59
- surround ·····93
- surroundings ·····93
- survey ·····150
- survival ·····91
- survive ·····91
- suspect ·····106
- suspicion ·····106
- suspicious ·····106
- sustain ·····207
- sustainable ·····207
- swallow ·····128, 182
- sweat ·····250
- sweep ·····211
- symbol ·····2
- sympathetic ·····230
- sympathize ·····230
- sympathy ·····230
- symptom ·····233

T

- tail ·····3
- tale ·····231
- talent ·····155
- talented ·····155
- tap ·····202
- task ·····143
- taste ·····128
- tax ·····229
- tear ·····121
- technical ·····149
- technique ·····149
- technology ·····142
- teenager ·····3
- telegram ·····247
- telescope ·····247
- temper ·····219
- temperate ·····263
- temperature ·····147
- temple ·····238
- temporary ·····177, 264
- tend ·····82
- tendency ·····82
- tense ·····237
- tension ·····237
- term ·····280
- terminal ·····227
- terminate ·····227
- terrible ·····173
- terrified ·····173
- terrify ·····173
- terrifying ·····173
- territory ·····217
- terror ·····173
- terrorism ·····173
- theater ·····10
- theme ·····236
- theoretical ·····143
- theory ·····143
- therefore ·····168
- thick ·····166
- thin ·····166
- things ·····285
- thorough ·····275

- thoroughly ········275
- **threat** ········98
- **threaten** ········98
- threatening ········98
- **thrill** ········260
- **thrilled** ········260
- **thrilling** ········260
- **throat** ········276
- **throughout** ········74
- **throw** ········18
- **thumb** ········244
- **thus** ········170
- **tide** ········227
- **tight** ········255
- tighten ········255
- time-consuming ········121
- **tiny** ········175
- **tip** ········251
- **tired** ········59
- tiring ········59
- tobacco ········5
- **toe** ········244, 276
- **tongue** ········303
- **tool** ········51
- **tooth** ········276
- toothache ········49
- **topic** ········51
- **touch** ········299
- **tough** ········167
- tour ········36, 42
- **tourism** ········36
- **tourist** ········36
- **toy** ········3
- **trace** ········188
- **track** ········214
- **trade** ········126
- **tradition** ········145
- traditional ········145
- **traffic** ········128
- **tragedy** ········241
- tragic ········241
- **train** ········6
- **trait** ········245
- **transform** ········203
- transformation ········203
- **translate** ········205
- translation ········205
- transmission ········190
- **transmit** ········190
- **transplant** ········250
- **transport** ········138
- transportation ········138
- **trap** ········219
- **travel** ········2, 42
- **treasure** ········212
- **treat** ········86
- treatment ········86
- **tremendous** ········266
- **trend** ········135
- trendy ········135
- **trial** ········217
- **triangle** ········138, 182
- **tribe** ········237
- **trick** ········308
- trip ········42
- **tropical** ········263
- tropics ········263
- **trouble** ········123
- troublesome ········123
- **trout** ········182
- **true** ········57, 62
- truly ········57
- trunk ········137
- **trust** ········118
- truth ········57
- **try** ········12
- **tune** ········220
- **turn** ········278
- **turtle** ········122
- tutor ········144
- **twin** ········47
- **typhoon** ········5
- **typical** ········174

U

- **ugly** ········270
- **ultimate** ········267
- **umbrella** ········3
- unavoidable ········113
- underestimate ········94
- **undergo** ········210
- undergraduate ········95
- underlie ········257
- **underlying** ········257
- **undertake** ········197
- undoubtedly ········35
- unemployment ········101
- unfold ········211
- unfortunate ········72
- **unfortunately** ········72
- unify ········209
- **union** ········230
- **unique** ········61
- uniquely ········61
- **unit** ········230
- **unite** ········209
- unity ········209
- universal ········153
- **universe** ········153
- **university** ········10
- **unless** ········75
- **unlike** ········76
- **upper** ········64
- **upset** ········162
- **upstairs** ········49, 73
- **up-to-date** ········271
- **urban** ········177, 264
- **urge** ········111
- urgency ········265
- **urgent** ········265
- **usage** ········242

V

- vaccine ········245
- **vague** ········264
- **vain** ········257
- valuable ········124
- **value** ········124
- **vanish** ········207
- vanity ········257
- variation ········95
- varied ········95
- variety ········171
- **various** ········95, 171
- **vary** ········95, 171
- **vast** ········174
- vegetable ········3
- **vehicle** ········214

INDEX 331

☐ **venture** ·········223	☐ **wall** ·········10	☐ **willing** ·········159
☐ Venus ·········148	☐ wallet ·········242	☐ willingly ·········159
☐ **verbal** ·········269	☐ **walnut** ·········170	☐ **win** ·········17
☐ **version** ·········221	☐ **wander** ·········121	☐ **wing** ·········3
☐ vertebrate ·········247	☐ **war** ·········2	☐ **wipe** ·········208
☐ **very** ·········283	☐ **warn** ·········96	☐ wiper ·········208
☐ **vessel** ·········226	☐ warning ·········96	☐ **wisdom** ·········229
☐ **vice** ·········230, 307	☐ **waste** ·········306	☐ wise ·········229
☐ vicious ·········307	☐ **wave** ·········51	☐ **wish** ·········17
☐ **victim** ·········152	☐ **way** ·········283	☐ **withdraw** ·········200
☐ **victory** ·········4	☐ **weak** ·········7	☐ withdrawal ·········200
☐ **view** ·········290	☐ weaken ·········7	☐ **within** ·········75
☐ viewpoint ·········290	☐ **wealth** ·········148	☐ **witness** ·········216
☐ **violence** ·········152	☐ wealthy ·········148	☐ **wolf** ·········122
☐ violent ·········152	☐ **weapon** ·········151	☐ **wonder** ·········81
☐ virtual ·········274	☐ **wear** ·········292	☐ wonderful ·········81
☐ **virtually** ·········274	☐ **weather** ·········31	☐ **wood** ·········5
☐ **virtue** ·········230	☐ **web** ·········250	☐ **wool** ·········276
☐ virtuous ·········230	☐ Website ·········228	☐ **word** ·········299
☐ **virus** ·········245	☐ weekly ·········8	☐ **work** ·········288
☐ **visible** ·········264	☐ **weigh** ·········185	☐ **worm** ·········182
☐ **vision** ·········304	☐ **weight** ·········145, 185	☐ **worry** ·········81
☐ visual ·········264	☐ **welfare** ·········215	☐ **worship** ·········221
☐ **vital** ·········252	☐ well-being ·········215	☐ **worth** ·········158
☐ vitality ·········252	☐ **wet** ·········7	☐ **wound** ·········219
☐ **vivid** ·········260	☐ **whale** ·········122	☐ wounded ·········219
☐ **vocabulary** ·········150	☐ **wheat** ·········242	☐ **wrap** ·········24
☐ vocation ·········216	☐ **wheel** ·········214	☐ wrist ·········244
☐ vocational ·········216	☐ wheelchair ·········214	☐ **wrong** ·········8
☐ **voice** ·········2	☐ **whereas** ·········170	
☐ **volume** ·········230	☐ **whether** ·········76	
☐ voluntary ·········137	☐ **whisper** ·········211	
☐ **volunteer** ·········137	☐ **whole** ·········54	
☐ **vote** ·········138	☐ wholly ·········54	**Y**
☐ **voyage** ·········240	☐ **wide** ·········58	
	☐ widely ·········58	☐ **yard** ·········10, 246
	☐ widen ·········58	☐ **yet** ·········69
W	☐ **widespread** ·········177	☐ **yield** ·········305
	☐ width ·········58, 145	☐ **youngster** ·········246
	☐ **wild** ·········60	☐ **youth** ·········149
☐ **wage** ·········229	☐ **wildlife** ·········60, 243	☐ youthful ·········149
☐ **wake** ·········21	☐ **will** ·········285	

システム英単語 Basic 改訂新版		
著　　　者	霜　　　康司	
	刀祢　雅彦	
発　行　者	山﨑　良子	
印刷・製本	株式会社日本制作センター	
発　行　所	駿台文庫株式会社	

〒101-0062　東京都千代田区神田駿河台1-7-4
小畑ビル内
TEL. 編集　03(5259)3302
販売　03(5259)3301
《改訂新版⑭－352pp.》

©Yasushi Shimo and Masahiko Tone 2004
落丁・乱丁がございましたら，送料小社負担にてお取替えいたします。
ISBN978-4-7961-1090-7　　　　Printed in Japan

http://www.sundaibunko.jp
携帯サイトはこちらです→
http://www.sundaibunko.jp/mobile